本书系国家社会科学基金教育学一般课题"协同学视阈下博士生培养模式的国际比较研究"（课题批准号：BDA140028）的成果

协同学视阈下
博士生培养模式的国际比较研究

王梅 ◎ 著 ◀

中国社会科学出版社

图书在版编目（CIP）数据

协同学视阈下博士生培养模式的国际比较研究／王梅著. —北京：中国社会科学出版社，2021.1

ISBN 978 - 7 - 5203 - 7570 - 2

Ⅰ.①协… Ⅱ.①王… Ⅲ.①博士生—研究生教育—培养模式—对比研究—世界 Ⅳ.①G643.7

中国版本图书馆 CIP 数据核字（2020）第 244279 号

出 版 人	赵剑英
责任编辑	张　林
特约编辑	周维富
责任校对	周晓东
责任印制	戴　宽

出　　版	中国社会科学出版社
社　　址	北京鼓楼西大街甲 158 号
邮　　编	100720
网　　址	http://www.csspw.cn
发 行 部	010 - 84083685
门 市 部	010 - 84029450
经　　销	新华书店及其他书店
印　　刷	北京明恒达印务有限公司
装　　订	廊坊市广阳区广增装订厂
版　　次	2021 年 1 月第 1 版
印　　次	2021 年 1 月第 1 次印刷
开　　本	710×1000　1/16
印　　张	18.5
插　　页	2
字　　数	286 千字
定　　价	99.00 元

凡购买中国社会科学出版社图书，如有质量问题请与本社营销中心联系调换
电话：010 - 84083683
版权所有　侵权必究

目　录

第一章　绪论 …………………………………………………（1）
　第一节　问题的提出 …………………………………………（1）
　第二节　国内外文献综述 ……………………………………（2）
　　一　国外文献综述 …………………………………………（3）
　　二　国内文献综述 …………………………………………（12）
　第三节　研究目的与意义 ……………………………………（19）
　　一　研究目的 ………………………………………………（19）
　　二　研究意义 ………………………………………………（20）
　第四节　研究方法与内容 ……………………………………（20）
　　一　研究方法 ………………………………………………（20）
　　二　研究内容 ………………………………………………（21）

第二章　协同学视阈下博士生培养模式的理论建构 …………（24）
　第一节　博士生培养模式的概念 ……………………………（25）
　　一　模式的定义 ……………………………………………（25）
　　二　培养模式的定义 ………………………………………（28）
　　三　博士生培养模式的定义 ………………………………（29）
　第二节　协同学基本理论 ……………………………………（36）
　　一　产生背景及其哲学观 …………………………………（36）
　　二　协同学的重要概念 ……………………………………（37）
　　三　协同学的主要原理 ……………………………………（39）
　第三节　比较研究与样本规则 ………………………………（41）
　　一　比较研究的定义 ………………………………………（41）

二　比较研究策略的选择 …………………………………………（42）
三　确定比较研究的样本空间 …………………………………（43）
第四节　系统动力学与动态模型 ………………………………………（47）
一　系统动力学基本理论 ………………………………………（47）
二　系统动态行为的基本模式 …………………………………（51）
第五节　协同学与研究对象和方法的契合性探索 ……………………（55）
一　协同学与研究对象的系统特征契合度 ……………………（56）
二　协同学与比较研究的策略契合度 …………………………（57）
三　协同学与系统动力学的技术契合度 ………………………（58）

第三章　德国博士生培养模式研究 …………………………………（61）

第一节　德国博士生培养模式的历史变迁 ……………………………（62）
一　初创期（19世纪—20世纪初） ……………………………（62）
二　震荡期（20世纪初—20世纪80年代） ……………………（69）
三　改革期（20世纪80年代至今） ……………………………（72）
第二节　德国博士生培养模式的要素组成 ……………………………（75）
一　招生 …………………………………………………………（75）
二　修业 …………………………………………………………（79）
三　指导 …………………………………………………………（89）
四　资助 …………………………………………………………（94）
五　就业 …………………………………………………………（99）

第四章　美国博士生培养模式研究 …………………………………（104）

第一节　美国博士生培养模式的历史变迁 ……………………………（105）
一　萌芽化（19世纪60年代—19世纪末） ……………………（105）
二　制度化（20世纪初—20世纪中叶） ………………………（109）
三　规模化（20世纪40—70年代） ……………………………（112）
四　迟滞化（20世纪70—90年代） ……………………………（116）
五　变革化（20世纪90年代至今） ……………………………（119）
第二节　美国博士生培养模式的要素组成 ……………………………（124）
一　招生 …………………………………………………………（124）

二　修业 …………………………………………………… (126)
　　三　指导 …………………………………………………… (135)
　　四　资助 …………………………………………………… (137)
　　五　就业 …………………………………………………… (143)

第五章　日本博士生培养模式研究 …………………………… (145)
　第一节　日本博士生培养模式的历史变迁 …………………… (146)
　　一　初创期（19世纪70年代—20世纪20年代）………… (146)
　　二　发展期（20世纪20—50年代）……………………… (148)
　　三　重塑期（20世纪50—80年代）……………………… (150)
　　四　转型期（20世纪80年代末至今）…………………… (154)
　第二节　日本博士生培养模式的要素组成 …………………… (160)
　　一　招生 …………………………………………………… (160)
　　二　修业 …………………………………………………… (163)
　　三　指导 …………………………………………………… (167)
　　四　资助 …………………………………………………… (170)
　　五　就业 …………………………………………………… (175)

第六章　协同学视阈下博士生培养模式的结构与动因 ……… (178)
　第一节　博士生培养模式演化的动态比较 …………………… (178)
　　一　博士生培养模式的初始状态比较 …………………… (178)
　　二　博士生培养规模的历史演变 ………………………… (180)
　　三　博士生培养规模发展的行为模式 …………………… (182)
　　四　博士生培养规模的宏观指标体系 …………………… (185)
　第二节　博士生培养模式演化的涨落力探寻 ………………… (187)
　　一　环境因素的随机扰动 ………………………………… (187)
　　二　培养规模与环境因素的耦合作用 …………………… (189)
　　三　培养规模的增长模式 ………………………………… (192)
　　四　师资制度的作用力 …………………………………… (194)
　　五　人口变化的力量 ……………………………………… (197)
　　六　经济周期的作用 ……………………………………… (201)

第三节　基于VAR模型的博士生培养规模增长动因分析……（203）
　　　一　向量自回归（VAR模型）………………………………（204）
　　　二　变量选取………………………………………………（205）
　　　三　影响德国博士培养规模增长因素的实证分析…………（205）
　　　四　影响美国博士培养规模增长因素的实证分析…………（214）
　　　五　影响日本博士培养规模增长因素的实证分析…………（222）
　　　六　影响中国博士培养规模增长因素的实证分析…………（228）
　　　七　四国影响因素对比……………………………………（231）
　　第四节　基于协同理论的培养模式形成的半定量研究…………（232）
　　　一　多分量和中观法………………………………………（232）
　　　二　序参数和自组织理论…………………………………（235）
　　　三　培养模式的演进规律…………………………………（238）
　　　四　博士学位完成率的优化问题…………………………（240）

第七章　博士生培养模式的系统动力学建模………………………（245）
　第一节　博士生培养模式系统动力学模型构建………………（245）
　　　一　系统结构图……………………………………………（245）
　　　二　因果回路图……………………………………………（246）
　　　三　模型检验………………………………………………（248）
　第二节　博士生培养模式系统动力学模型仿真………………（251）
　　　一　德国博士生培养模式系统仿真………………………（252）
　　　二　美国博士生培养模式系统仿真………………………（252）
　　　三　日本博士生培养模式系统仿真………………………（253）
　　　四　中国博士生培养模式系统仿真………………………（253）
　　　五　博士生培养模式系统发展趋势比较…………………（255）
　第三节　我国博士生培养模式系统的优化策略………………（256）
　　　一　引用典型培养模式政策参数的仿真结果……………（256）
　　　二　政策实验的启示………………………………………（258）

参考文献……………………………………………………………（261）
后记…………………………………………………………………（281）

图 目 录

图1—1　博士生英文研究文献的时序分布 ………………………（5）
图1—2　博士生研究文献的聚类分析 ……………………………（6）
图1—3　博士生中文研究文献的时序分布 ………………………（13）
图1—4　1998—2017年有关博士研究主题的知识图谱 …………（13）
图1—5　关键词共现视角的研究思路 ……………………………（22）
图2—1　"模""式"的甲骨文 ……………………………………（26）
图2—2　"培""养"的甲骨文 ……………………………………（28）
图2—3　博士生培养的主要内容 …………………………………（30）
图2—4　博士生培养模式相关高频词 ……………………………（31）
图2—5　文献关键词分类 …………………………………………（33）
图2—6　学生关键词分类 …………………………………………（33）
图2—7　培养目标关键词分类 ……………………………………（34）
图2—8　全球博士研究学术热度Top20 …………………………（46）
图2—9　一阶指数增长系统的结构与行为 ………………………（52）
图2—10　一阶寻的行为系统的结构与行为 ……………………（52）
图2—11　二阶振荡系统的结构与行为 …………………………（53）
图2—12　一阶S形增长系统的结构与行为 ……………………（54）
图2—13　三阶超调与振荡系统的结构与行为 …………………（54）
图2—14　二阶超调与崩溃系统的结构与行为 …………………（55）
图3—1　分学科攻读博士学位人数占比 …………………………（79）
图3—2　分学科学位论文呈现方式 ………………………………（84）
图3—3　分学科博士冬季学期注册人数、攻读博士学位人数
　　　　　和获得学位人数占比比较 ……………………………（88）

图3—4 博士学位获得者年龄变化趋势……………………（88）
图3—5 导师指导博士生人数…………………………………（91）
图3—6 分学科导师指导博士生人数…………………………（92）
图3—7 分学科选择结构化模式的博士生比例………………（93）
图3—8 博士生每周工作小时数………………………………（96）
图3—9 分学科奖学金资助比例………………………………（97）
图3—10 分学科毕业博士在科学研究领域就职意向比例……（99）
图3—11 2008—2017年分学科德国教授平均年龄 …………（100）
图3—12 大学教授席位吸引率…………………………………（101）
图3—13 获得教授席位年龄……………………………………（103）
图4—1 美国1947—1970年高等教育入学人数……………（113）
图4—2 美国1950—1970年人口数…………………………（113）
图5—1 1996—2018年日本18岁人口数量 ………………（155）
图5—2 博士生接受导师指导频次 …………………………（169）
图5—3 博士学位取得率的比较 ……………………………（170）
图5—4 1985—2018年日本博士就业率变化………………（176）
图6—1 各阶段博士学位授予规模历史动态比较 …………（182）
图6—2 博士生培养规模的历史演变 ………………………（183）
图6—3 博士生培养规模"枢纽"环境变量的历史演变 ……（186）
图6—4a 样本国家环境因素影响比较…………………………（188）
图6—4b 样本国家人口因素比较………………………………（189）
图6—5a 德国人口结构与环境要素变化………………………（190）
图6—5b 美国人口结构与环境要素变化………………………（190）
图6—5c 日本人口结构与环境要素变化………………………（190）
图6—5d 中国人口结构与环境要素变化………………………（191）
图6—6 德国人口结构与环境要素变化拐点 ………………（191）
图6—7 样本国家培养规模比较 ……………………………（193）
图6—8 样本国家师资变化 …………………………………（196）
图6—9 样本国家人口结构质量比较 ………………………（198）
图6—10 样本国家"十年"人口结构比较 …………………（199）
图6—11 样本国家培养规模—人口结构—经济比较…………（202）

图 6—12　VAR 模型稳定性检验图（德国） …………………（208）

图 6—13　格兰杰因果关系图（德国） ……………………（210）

图 6—14a　变量对 lny_{1t} 的脉冲影响（德国） ……………（211）

图 6—14b　lny_{1t} 的预测方差分解（德国） ………………（213）

图 6—15　VAR 模型稳定性检验图（美国） …………………（216）

图 6—16　格兰杰因果关系图（美国） ……………………（218）

图 6—17a　变量对 lny_{2t} 的脉冲影响（美国） ……………（219）

图 6—17b　lny_2 的预测方差分解图（美国） ………………（222）

图 6—18　VAR 模型稳定性检验图（日本） …………………（223）

图 6—19　格兰杰因果关系图（日本） ……………………（225）

图 6—20a　变量对 lny_{3t} 的脉冲影响（日本） ……………（225）

图 6—20b　lny_{3t} 的预测方差分解图（日本） ……………（227）

图 6—21　VAR 模型稳定性检验图（中国） …………………（228）

图 6—22　格兰杰因果关系图（中国） ……………………（229）

图 6—23a　变量对 lny_{4t} 的脉冲影响（中国） ……………（230）

图 6—23b　lny_{4t} 的预测方差分解图（中国） ……………（231）

图 6—24　$B=0$ 时势函数曲线 ………………………………（242）

图 6—25　$A=0$ 时势函数曲线 ………………………………（243）

图 6—26　$A\neq0\ B\neq0$ 时势函数曲线 ………………………（244）

图 7—1　博士生培养模式系统结构图 ………………………（246）

图 7—2　博士生培养模式系统反馈结构图 …………………（247）

图 7—3　博士生培养模式系统因果回路 ……………………（248）

图 7—4　模型稳定性检验 ……………………………………（249）

图 7—5　"累计授予学位"拟合曲线（德国/美国） ………（251）

图 7—6　德国博士生培养模式系统仿真结果 ………………（252）

图 7—7　美国博士生培养模式系统仿真结果 ………………（253）

图 7—8　日本博士生培养模式系统仿真结果 ………………（254）

图 7—9　中国博士生培养模式系统仿真结果 ………………（254）

图 7—10　引用典型培养模式政策参数的仿真结果 …………（257）

图 7—11　引用德国培养模式的显著变化参数 ………………（258）

表 目 录

表1—1　博士生研究发文量的时间分布 …………………………（4）
表1—2　国内外研究维度的比较 …………………………………（18）
表2—1　博士生培养模式相关高频词（＞15）…………………（32）
表2—2　博士生培养模式要素结构（部分）……………………（35）
表2—3　全球主要经济体Top10（2000—2015年）……………（44）
表2—4　世界各国人口总数Top20（2000—2015年）…………（45）
表2—5　全球博士生培养体系发展贡献率Top30 ………………（47）
表2—6　协同学与系统动力学比较 ………………………………（60）
表3—1　大学毕业生攻读博士学位情况 …………………………（81）
表4—1　1968—1973年分学科未就业博士比例 ………………（118）
表4—2　斯坦福大学物理学系博士生导师类别及作用 …………（136）
表5—1　京都大学工学研究科课程 ………………………………（165）
表5—2　特别研究员制度分类情况 ………………………………（171）
表5—3　2019年特别研究员制度申请与录用人数 ……………（172）
表6—1　博士生培养模式样本的初始状态差异比较 ……………（179）
表6—2　博士生培养规模影响因素指标体系 ……………………（205）
表6—3a　VAR模型滞后期选择（德国）…………………………（206）
表6—3b　VAR模型稳定性结果（德国）…………………………（208）
表6—4　格兰杰因果检验结果（德国）…………………………（209）
表6—5　预测方差分解（德国）…………………………………（212）
表6—6a　VAR模型滞后期选择（美国）…………………………（214）
表6—6b　VAR模型统计量的表述（美国）………………………（216）

表 6—6c	VAR 模型稳定性结果（美国）	（216）
表 6—7	格兰杰因果检验结果（美国）	（217）
表 6—8	预测方差分解（美国）	（220）
表 6—9	VAR 模型稳定性结果（日本）	（223）
表 6—10	格兰杰因果检验结果（日本）	（224）
表 6—11	预测方差分解（日本）	（226）
表 6—12	格兰杰因果检验结果（中国）	（229）
表 6—13	四国影响因素对比	（232）
表 6—14	博士生培养系统的潜在变量与属性（部分）	（234）
表 7—1	样本国家培养规模平均误差率（1980—2017 年）（部分）	（250）
表 7—2	样本国家模型仿真与实际拟合系数表（1980—2017 年）（部分）	（250）
表 7—3	主要变量的未来变化（2017—2180 年）	（255）
表 7—4	典型国家博士生培养模式的表征变量	（256）

第一章

绪　论

第一节　问题的提出

博士生教育作为高等教育的顶端,肩负着国家科技创新主力军的角色,博士生教育的质量和数量是衡量一个国家高等教育发达程度和文化科学发展水平及其潜力的重要标志。博士生培养质量的保证,主要体现在集理念、目标、过程、结构、方式等为一体的培养模式上。长期以来,世界各国都在积极探索适合本国实际需要的博士生培养模式,发轫于中世纪、成熟于德国的师徒制博士生培养模式作为学术薪火传承的载体,拉开了博士生培养的序幕。20 世纪以来,师生间衣钵继承关系的弊端逐渐显露,以美国为代表的研究生院制博士生培养模式开始渐进发展。进入 21 世纪,通信技术革命进一步加剧了全球化的经济竞争,对博士生教育产生了直接和深远的影响,也对博士生培养模式提出了新的要求。"学术资本主义"(Academic Capitalism)、"三螺旋"(Triple Helix)、"知识生产模式 2"(Mode 2)等理论的提出对博士生教育以学术性为核心的培养理念提出了新的挑战和要求。我们可以清楚地看到,全球博士生教育已从仅仅被视为"对知识的无私追求"上升到"国家经济要素中新知识产生的重要战略资源"。根据欧美国家近 15 年左右的就业调查可知,博士的就业渠道已从学术界拓展至大学和研究机构以外的劳动力市场,博士生培养也不单是在象牙塔的封闭学习,而是更多地与政府、企业、科研机构、用户等合作,聚焦市场需求,在从事基础研究的同时参与到应用研究中,满足社会的需求,以期为其多元化职业生涯发展奠定基础。全球化的博士生培养由封闭走向开放，从"师徒"走向多主体，培养目标随着生产和科技的发展，逐渐从教学型、研究型、专家型向兼容型发展。

我国自1981年1月1日正式实施《中华人民共和国学位条例》以来，随着改革开放的步伐，博士生教育改革方兴未艾，博士生培养模式改革更成为我国博士生教育改革的核心，并影响着改革的方向与道路。但是，由于我国博士生教育起步较晚，如何建立规模与质量相适应的博士生培养中国模式尚处于探索阶段。相比之下，在德国、美国和日本等发达国家的博士生教育已历经百年发展，形成了较为成熟的与经济增长相适应的培养模式。为此，本书从协同学的新视角，对典型发达国家博士生培养模式的演变进行比较分析，并尝试借鉴经济学的实证研究方法，运用文献计量和系统动力学建模软件，研究博士生培养模式发展中的几个主要问题：典型发达国家博士生培养模式的构成要素有哪些异同？要素间是怎样的竞争与协作关系？推动各国培养模式发展的关键指标有哪些？培养模式的演进与经济增长是否有规律可循？我国的博士生培养模式变革有哪些特点？如何借鉴典型发达国家博士生培养的经验，结合我国学位与研究生教育改革的现实，探索重构适合我国新型博士生培养模式的理论依据和研究方法？

第二节　国内外文献综述

国内外关于博士生培养模式研究的科学文献数量极为巨大，这使得研究者难以对相关信息进行结构化概述[①]。本书利用文献计量分析（Bibliometric Analysis）工具对相关文献进行基于引用和内容的分析，并用知识图谱形象地展示博士生培养模式的核心结构、发展历史、研究前沿以及宏观架构。

---

① Rodrigues S. P., Van Eck N. J., Waltman L., et al. Mapping patient safety: a large-scale literature review using bibliometric visualisation techniques [J]. BMJ Open, 2014, 4 (3), pp. 1–8.

通过对出版文献历史信息的定量分析，能够绘制出特定研究领域内主题演变的历史及特征，揭示特定研究领域的最新进展；识别作者、机构、国家等之间的合作模式，从而确定有影响力的作者、机构和国家；了解特定主题发布的不同期刊的数量和分布。文献计量分析通过描绘出特定研究领域的宏观图景，有助于从海量文献中快速、准确地识别该领域的研究现状。因此，本节国外文献综述部分通过对具有开创性的内容、高质量的数据以及悠久的历史而被从事科学研究和评价的学者广为使用的 Web of Science 核心合集进行信息检索；国内文献综述部分通过对代表我国人文社会科学高水平文献的 CSSCI 数据库进行检索，分析出国内外关于博士生相关研究的现状。

一 国外文献综述

在 Web of Science 核心合集（SCI – EXPANDED、SSCI、A&HCI、CPCI – S、CPCI – SSH、ESCI）中以主题 =（doctora*），文献类型 = 论文（ARTICLE），类别为教育教学研究或教育科学学科（EDUCATION EDUCATIONAL RESEARCH OR EDUCATION SCIENTIFIC DISCIPLINES），检索时间 = 1900—2018（截至 2018 年 8 月 15 日）进行检索，共得到 8681 条记录，包含作者 18089 人，期刊 3317 本，被引参考文献 218549 条，提取关键词 11255 个。H 指数为 88，每项平均引用次数为 8.09，被引频次总计为 70262 次，施引文献 53229 篇。

（一）有关"博士生"的发文量分析

发文量是衡量学科发展趋势的重要指标，结合 HistCite 对 8681 条记录进行分析，可得到表 1—1。其中，总引用频次（Total Global Citation Score，TGCS）表示这篇文章被整个 WoS 数据库中所有文献引用的次数；总本地引用次数（Total Local Citation Score，TLCS）表示这篇文章在当前数据集（即博士生教育研究文献）中被引用的次数。如果一篇文章的 LCS 值高，意味着它是本检索领域内的重要文献。

表1—1　　　　　　　　博士生研究发文量的时间分布

年份	发文量	百分比（%）	TLCS	TGCS	年份	发文量	百分比（%）	TLCS	TGCS
1904	1	0.01	0	0	1974	10	0.12	12	59
1911	1	0.01	0	0	1975	11	0.13	20	113
1917	1	0.01	1	2	1976	9	0.10	6	10
1919	1	0.01	0	0	1977	11	0.13	9	62
1923	1	0.01	0	1	1978	16	0.18	7	48
1927	1	0.01	0	0	1979	21	0.24	22	90
1928	1	0.01	0	0	1980	19	0.22	14	65
1929	1	0.01	0	0	1981	22	0.25	19	134
1930	1	0.01	0	0	1982	19	0.22	38	146
1932	1	0.01	3	14	1983	17	0.20	32	106
1933	3	0.03	0	5	1984	20	0.23	22	85
1935	3	0.03	0	0	1985	21	0.24	26	76
1937	1	0.01	0	1	1986	29	0.33	63	282
1938	1	0.01	0	0	1987	29	0.33	66	182
1940	1	0.01	0	0	1988	29	0.33	32	127
1941	1	0.01	0	1	1989	17	0.20	28	98
1942	2	0.02	0	1	1990	22	0.25	40	166
1943	1	0.01	0	1	1991	43	0.50	90	383
1944	4	0.05	1	9	1992	100	1.15	112	1502
1946	4	0.05	1	2	1993	89	1.03	78	932
1948	2	0.02	0	1	1994	85	0.98	119	1341
1949	3	0.03	0	6	1995	112	1.29	183	1522
1950	2	0.02	0	0	1996	124	1.43	158	2411
1951	2	0.02	0	3	1997	110	1.27	201	1578
1952	5	0.06	0	8	1998	126	1.45	197	2004
1953	2	0.02	0	13	1999	116	1.34	127	1835
1954	3	0.03	1	4	2000	152	1.75	476	3220
1955	2	0.02	0	1	2001	126	1.45	268	2406
1956	5	0.06	1	3	2002	104	1.20	273	1980
1957	7	0.08	2	10	2003	133	1.53	268	3010
1958	6	0.07	1	5	2004	181	2.09	372	3853

续表

年份	发文量	百分比（%）	TLCS	TGCS	年份	发文量	百分比（%）	TLCS	TGCS
1959	8	0.09	3	5	2005	164	1.89	446	3942
1960	10	0.12	3	17	2006	222	2.56	432	4360
1961	9	0.10	2	3	2007	233	2.68	470	3574
1962	15	0.17	1	18	2008	290	3.34	569	4090
1963	9	0.10	1	21	2009	315	3.63	623	4215
1964	8	0.09	0	23	2010	333	3.84	433	3920
1965	13	0.15	3	9	2011	412	4.75	589	3864
1966	9	0.10	3	25	2012	390	4.49	487	3442
1967	14	0.16	14	87	2013	384	4.42	380	2389
1968	15	0.17	8	53	2014	432	4.98	362	2126
1969	11	0.13	3	32	2015	894	10.30	376	2101
1970	9	0.10	10	68	2016	957	11.02	179	1296
1971	10	0.12	13	31	2017	997	11.48	91	530
1972	7	0.08	2	13	2018	508	5.85	11	75
1973	10	0.12	5	28					

为了更好地分析博士生研究文献增长的模式，绘制出文献的时序分布图。

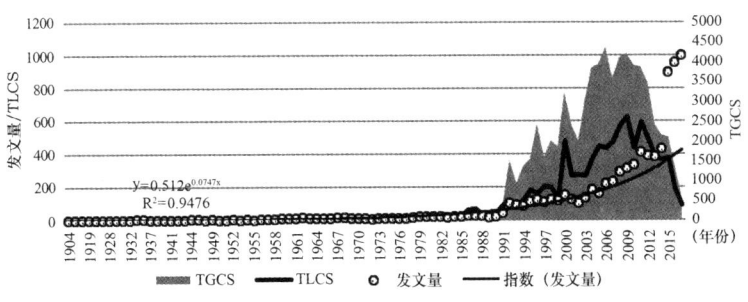

图1—1 博士生英文研究文献的时序分布

由图1—1中可知，博士生研究领域的发文量总体呈增长态势，2017年达到顶峰为 997 篇，说明随着时间的推进，有关博士生的研究在国外关注程度持续增长，该领域一直是不容忽视的研究热点。通过趋势线的绘制发现，其更符合指数增长模型（即 $y = 0.512\, e^{0.0747x}$），R^2 值接近 1（$R^2 = 0.9476$），说明拟合程度较好，可信度高。

（二）有关"博士生"的内容分析

文献共被引（Reference Co-citation）分析可用来研究科学文献的内在联系以及描绘科学发展的动态结构。通过对样本数据的 218549 篇参考文献进行分析，设置引证次数（即被引参考文献引文数量，Citations of a Cited Reference）为 20 进行数据筛选，共有 237 篇文献满足此阈值，得到了博士生研究领域的文献共被引分析网络，其中节点大小反映了某个特定文献被引用的总频次，节点的颜色表示所属聚类。聚类（Clustering）是将物理或抽象的对象集合分成多个组的过程，聚类生成的组称为簇（Cluster），即簇是对象的集合。聚类簇内部的各个元素之间具有较高的相似度，而不同簇之间则具有较高的相异度。VOSviewer 使用了模块化（Modularity）聚类方法。根据聚类分析可知，博士生研究主要有六个维度：

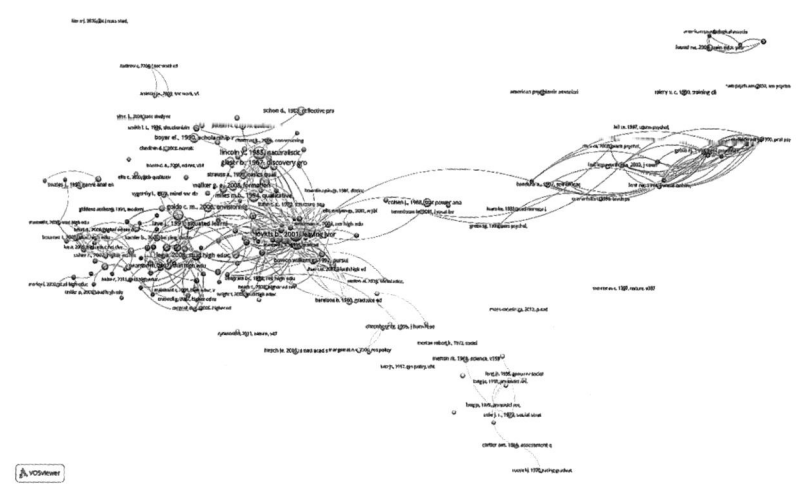

图1—2　博士生研究文献的聚类分析

第一个维度是关于研究方法。从聚类 1 中可以看出国外对博士生进行研究时使用的方法大多是质性研究方法。被引次数最多的文献为1985年 Lincoln 和 Guba 出版的著作《自然主义探究》（*Naturalistic Inquiry*）①（被引次数为122，总连接强度为482）。自然主义探究是一种理解社会世界的方法，研究者在社会和文化背景下观察、描述和解释特定的人和群体的经验和行为。它是一种研究传统，涵盖人类学和社会学最初发展的质性研究方法，包括参与观察（Participant Observation）、直接观察（Direct Observation）、人种学方法（Ethnographic Methods）、案例研究（Case Studies）、扎根理论（Grounded Theory）、无干扰研究法（Unobtrusive Methods）和实地研究方法（Field Research Methods）等。在人们生活和工作的地方，自然主义研究者利用观察、访谈和其他来源的描述性数据，以及他们自己的主观经验，创造丰富的、唤起性的描述和解释社会现象。自然探究设计对于探索性研究是有价值的，特别是当相关的理论框架不可用或对被调查的人知之甚少的时候。Miles 和 Huberman 在1994年出版的《定性数据分析：拓展性手册》（*Qualitative Data Analysis: An Expanded Sourcebook*）② 是一本对定性数据进行分析的工具书，介绍了定性数据分析的基础知识，数据显示的五种方法，即探索、描述、排序、解释和预测。

第二个维度是关于导生关系。在有关博士生教育的文献中，描述导师和博士生之间关系的术语中，导师的两种表达方式（Advisor 和 Mentor）经常被互换使用，被引次数最多的是 Lee Anne 在 2008 年发表的《博士生应该如何受到监督？博士研究监督的概念》一文中指出博士生导师需要调整他作为学者与个人的角色，并鼓励博士生在学术中逐渐走向独立的道路③。Gardner 对美国一所大学的60名博士生以及34名导师进行了访谈，分析不同文化背景和结构对博士生毕业率产生影响的原

---

① Lincoln Y. S., Guba E. G., Naturalistic Inquiry [M]. Beverly Hills, C. A.: Sage Publications, Inc, 1985.
② Miles M. B., Huberman A. M., Qualitative data analysis: An expanded sourcebook [M]. Thousand Oaks, C. A.: Sage, 1994.
③ Lee A., How are doctoral students supervised? Concepts of doctoral research supervision [J]. Studies in higher education, 2008, 33 (3), pp. 267–281.

因①,与此同时 Yaritza 也发现不同学科门类的博士生在毕业完成率中会有显著差异。② Ives 和 Rowley 研究了导师选择或者分配以及导师指导的连续性问题,发现导师对博士生的进步以及成果产出的作用影响重大,参与导师课题研究的博士生更容易与导师建立良好的人际关系,更有可能取得良好的进展并得到满足。③ Zhao Chun-Mei 等对美国 27 所大学 11 个学科的博士生进行全国调查,发现导师选择的标准与导师行为会对博士生的满意度产生影响,这项研究也存在着学科差异。④ 在竞争激烈的高等教育环境下,Halse 对澳大利亚一所高校五个学科领域的博士生导师进行访谈,发现亟须建立博士生导师需要做什么与如何指导学生的理论框架,并根据实证分析发现理论框架应该包括学习联盟、思维习惯、学术专长、技术和背景知识五个方面。⑤ Barens 在建构主义认识理论指导下,研究博士生导师如何成功指导学生,发现示范导师(exemplary advising)既包括智力维度,也包括关怀、支持和友善的情感维度。⑥ 新方案(agendas)、新生和新学位(degrees)的压力正在挑战博士教育中的传统教学框架,Malfroy 借鉴人类学研究,考察了博士生指导不断变化的本质以及博士学习的教学实践,发现导师和学生关系的不确定性较大,部分是由于期望的脱节,探讨了通过研讨会使用更多集体指导模式和协作知识共享环境的作用。⑦

---

① Gardner S. K., Student and faculty attributions of attrition in high and low-completing doctoral programs in the United States [J]. Higher education, 2009, 58 (1), pp. 97 – 112.

② Yaritza F., Departmental factors affecting time-to-degree and completion rates of doctoral students at one land-grant research institution [J]. Journal of higher education, 2001, 72 (3), pp. 341 – 367.

③ Ives G., Rowley G., Supervisor selection or allocation and continuity of supervision: Ph. D. students' progress and outcomes [J]. Studies in higher education, 2005, 30 (5), pp. 535 – 555.

④ Zhao C. M., Golde C. M., Mccormick A. C., More than a signature: how advisor choice and advisor behaviour affect doctoral student satisfaction [J]. Journal of further and higher education, 2007, 31 (3), pp. 263 – 281.

⑤ Halse C., Malfroy J., Retheorizing doctoral supervision as professional work [J]. Studies in higher education, 2010, 35 (1), pp. 79 – 92.

⑥ Barens J., Austin E., The role of doctoral advisors: a look at advising from the advisor's perspective [J]. Innovative higher education, 2009, 33 (5), pp. 297 – 315.

⑦ Malfroy J., Doctoral supervision, workplace research and changing pedagogic practices [J]. Higher education research & development, 2005, 24 (2), pp. 165 – 178.

第三个维度是关于博士生社会化，尤其关注博士生流失问题。聚类 3 中的关键文献是 Golde 在 2005 年分析的博士生流失现象，他认为学术整合不足是其重要原因，通过对一所大学四个院系学生的访谈揭示出六大原因。[1] Lovitts 对 816 个完成或未完成博士学位的学生进行调查，并且对未完成博士学位的学生进行访谈，找出了社会结构和文化组织是导致博士生离开象牙塔的根本原因。[2] Gardner 围绕博士生社会化问题开展了一系列研究，为更好地了解影响博士生成功社会化的因素，以及社会化过程在学位课程和学科文化中的差异，对 20 名化学和历史学科的博士生进行了访谈，描述了社会化过程的影响因素以及它们是如何促进或阻碍学位获得的[3]；2008 年进行了更加深入地研究，详细阐述了两个机构中化学和历史学科的 40 名博士生所经历的社会化过程中的独立之旅，包括对研究生院社会化的讨论、研究指导框架及其分析等，提出向独立学者过渡是博士生教育过程的重要组成部分[4][5]。Weidman 利用前期开发的研究生社会化框架，将博士生的社会化归结为研究和学术的规范，分析了社会科学学科（社会学）和一所研究型大学教育基金会的博士生对其所在院系的学术和学院文化认知，还以多变量分析为框架阐述了学生与导师和同龄人的社会关系以及他们参与学术活动的情况[6]。

第四个维度是关于博士生的心理问题，尤其关注博士生的自我效能感。Gelso 提出了最新的职业心理学研究生教育研究培训环境（RTE）理论，支持 RTE 六种主要成分作为"主效应"，另外的两种成分则显示出了"治疗相互作用的能力"，注重 RTE 的这些成分将会促进对科学家—

---

[1] Golde C. M., The role of the department and discipline in doctoral student attrition: lessons from four departments [J]. The journal of higher education, 2005, 76 (6), pp. 669 – 700.

[2] Lovitts B. E., Leaving the ivory tower: the causes and consequences of departure from doctoral study [M]. Maryland: Rowman & Littlefield Publishers, Inc, 2001.

[3] Gardner S. K., "I Heard it through the Grapevine": Doctoral Student Socialization in Chemistry and History [J]. Higher education, 2007, 54 (5), pp. 723 – 740.

[4] Gardner S. K., What's too much and what's too little?: the process of becoming an independent researcher in doctoral education [J]. The journal of higher education, 2008, 79 (3), pp. 326 – 350.

[5] Garener S. K., Fitting the mold of graduate school: a qualitative study of socialization in doctoral education [J]. Innovative higher education, 2008, 33 (2), pp. 125 – 138.

[6] Weidman J. C., STEIN E. L., Socialization of doctoral students to academic norms [J]. Research in higher education, 2003, 44 (6), pp. 641 – 656.

实践者模型最终价值进行合理的测试①。Bishop 将社会认知理论应用于咨询心理学博士研究兴趣的路径分析，研究结果预期、研究自我效能信念、调查兴趣、艺术兴趣和年龄是研究兴趣的重要预测变量，研究培训环境、计划年度等通过影响研究自我效能间接地影响了对研究的兴趣②。Phillips 以 125 名咨询心理学研究生为样本，探究了研究自我效能感、研究培训环境和研究生产率之间的关系，结果显示，研究自我效能感与研究培训环境，以及研究自我效能感与研究生产率之间都存在正相关关系③。Lent 等人提出了一种社会认知框架，用于理解职业发展的三个错综复杂的方面，即职业相关兴趣的形成、学术和职业的选择、教育的表现与坚持和职业追求。该框架主要源于 Bandura 的一般社会认知理论，关注自我效能，预期结果和目标机制，以及它们如何与其他人（例如性别）、语境（例如支持系统）和经验/学习因素相互关联④。

第五个维度是从社会学角度研究博士生，根据博士生发展现状，考虑到影响博士生发展的多种因素，从社会学的不同角度对博士生的职业发展、生产力、性别差异等方面进行探讨。Berelson 对美国研究生教育现状进行了详细分析，包括研究生、各类研究机构、院校和教育计划等，还考虑了教师的供应和需求、机构增长和分权，以及学生的准备和背景等，对博士学位、学位论文、硕士学位、博士后工作、外语要求和最终考试的持续时间等问题进行了研究⑤。Abedi 认为获得博士学位所需的时间对管理人员和教师来说至关重要。文章通过使用逐步多元回归技术，

---

① Gelso C. J., On the making of a scientist-practitioner: a theory of research training in professional psychology [J]. Professional psychology research and practice, 1993, 24 (4), pp. 468-476.

② Bishop R. M., BIESCHKE K J., Applying social cognitive theory to interest in research among counseling psychology doctoral students: a path analysis [J]. Journal of counseling psychology, 1998, 45 (2), pp. 182-188.

③ Phillips J. C., RUSSELL R K., Research self-efficacy, the research training environment, and research productivity among graduate students in counseling psychology [J]. The counseling psychologist, 1994, 22 (4), pp. 628-641.

④ Lent R. W., Brown S. D., Hackett G., Toward a unifying social cognitive theory of career and academic interest, choice, and performance [J]. Journal of vocational behavior, 1994, 45 (1), pp. 79-122.

⑤ Bereison B., Graduate education in the United States [M]. New York: Mc Graw-Hill, 1960.

预测了从可用的人口统计学、学术和金融变量中获得博士学位的时间，并确定了每个变量在时间上对博士学位的重要性，结果表明，支持来源是预测博士学位时间的最重要变量，而家属人数、性别和研究领域一起构成了攻读博士后计划的支持来源①。Mangematin 发现博士毕业生找到与其资历相适应的工作变得越来越困难，分析表明，博士生的专业轨迹并不灵活，他们必须在信息水平最低的时候就选择轨迹。当他们在完成博士学位选择第一份工作时，即从学术界转向私营部门的成本取决于他们在博士期间是否与私营部门进行过合作②。Fox 根据来自化学、计算机科学、电气工程、微生物学和物理系的3800名博士生的全国调查数据以及来自博士接受者/国家科学基金会调查的数据，分析了年轻科学家的职业偏好和前景，结果表明了主观和客观职业前景之间关系的复杂性。按照性别和科学领域的方式，则显示出博士生的个人倾向和条件"期望"依赖于所谓的可行性③。Long 认为，科学事业是一个在职业成就方面存在巨大不平等的行业，妇女和大多数少数群体的参与、地位、生产力和认可程度都低于白人④。

  第六个维度是关于专业博士变革。Usher 指出，澳大利亚博士学位的多样性与知识经济的发展紧密相关，知识生产变化和合法知识的构成与博士生教育相关，除了传统博士外，澳大利亚还有出版博士（doctorates by publication）、项目博士（PhDs by project）等多种类型⑤。Bourner 通过对过去10年中英格兰专业博士学位的调查分析，确定英国大学采用专业博士学位的程度，专业博士课程的发展速度，并阐明20个与众不同的特

---

  ① Abedi J., Benkin E., The effects of students´academic, financial, and demographic variables on time to the doctorate [J]. Research in higher education, 1987, 27 (1), pp. 3 - 14.

  ② Mangematin V., PhD job market: professional trajectories and incentives during the PhD [J]. Research policy, 2000, 29 (6), pp. 741 - 756.

  ③ Fox M. F., Stephan P. E., Careers of young scientists: preferences, prospects and realities by gender and field [J]. Social studies of science, 2001, 31 (1), pp. 109 - 122.

  ④ Long J. S., Fox M. F., Scientific careers: universalism and particularism [J]. Annual review of sociology, 2003, 21 (1), pp. 45 - 71.

  ⑤ Usher R., A diversity of doctorates: fitness for the knowledge economy? [J]. Higher education research and development, 2002, 21 (2), pp. 143 - 153.

征①。Park 对英国新型博士学位进行了深入探讨，解释了为什么需要对博士学位的假设和期望进行全面修订，并列出英国博士学位的起源和演变。变革的关键驱动因素包括对技能和培训的重视、提交率、监督质量、论文检查的变化以及国家基准的引入，探讨了博士学位作为产品和过程的变化，并概述了新形式博士学位（专业博士）出现的方式和原因②。Boud 等学者认为没有遵循学术逻辑而建立起来的专业博士学位是否能真正获得博士级别的学位资格，成为他们研究的重点，并提出专业博士在学术实践中的三个挑战③。

二 国内文献综述

在 CSSCI 数据库中以篇名 =（博士 *），文献类型 = 论文，检索时间 = 1998—2017 年（截至 2018 年 8 月 15 日）进行检索，剔除"博士"作为称谓，如"与××博士商榷"、会议通知、会议纪要、访谈、对话等，共得到 1631 条记录。

（一）有关"博士生"的发文量分析

发文趋势能够反映一个领域研究的动态，同时也可以展现该领域学术发展的成熟水平。

由图 1—3 中可知，1998—2017 年期间，博士生教育研究领域的论文数量总体呈增长态势，2017 年载文量达到最大值 358 篇，说明随着时间的推进，博士生教育在国内关注程度持续增长，该领域一直是不容忽视的研究热点。尽管在某些年份内出现波动，但并不影响整体发文数量上升的趋势。通过趋势线的绘制发现，其更符合指数分布的增长趋势（即 $Y = 55.458\, e^{0.0913x}$），R^2 值接近 1（$R^2 = 0.8753$），说明拟合程度较好，可信度较高。基于此可以看出，我国学者对博士生教育的研究始终保持一个相对稳定增长的状态。

---

① Bourner T., Bowden R., Laing S., Professional doctorates in England [J]. Studies in higher education, 2001, 26 (1), pp. 65 – 83.

② Park C., New Variant PhD: the changing nature of the doctorate in the UK [J]. Journal of higher education policy and management, 2005, 27 (2), pp. 189 – 207.

③ Boud D., Mark T., Putting doctoral education to work: challenges to academic practice [J]. Higher education research and development, 2006, 25 (3), pp. 293 – 306.

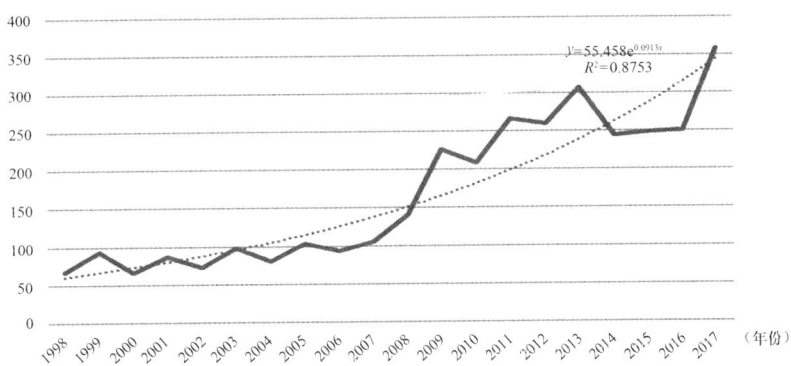

图1—3　博士生中文研究文献的时序分布

(二) 有关"博士生"的内容分析

将文献数据经 EndNote 进行数据格式转换可以得到 RIS 文件，再将 RIS 文件导入可视化工具 VOSviewer 中创建图谱，选择出现频次为 20 次以上的关键词为分析对象，共得到 91 个关键词，这些关键词经 VOSviewer 的模块化（Modularity）聚类方法，可得到国内关于博士生研究的五个主要维度。

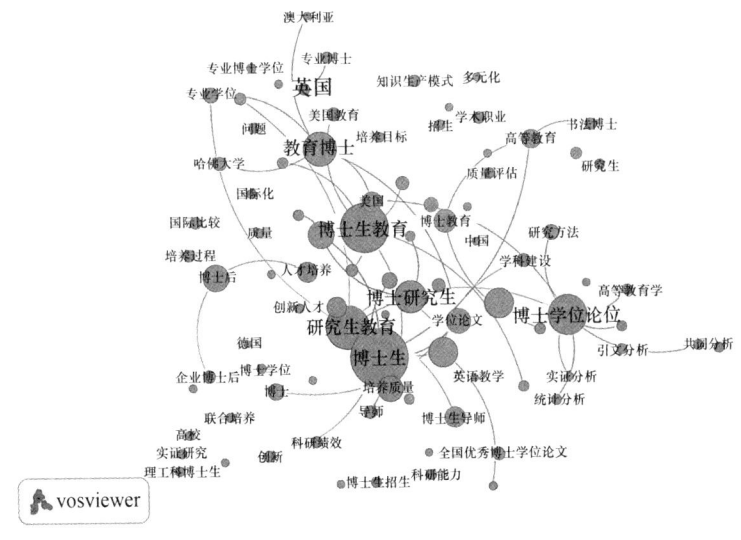

图1—4　1998—2017 年有关博士研究主题的知识图谱

第一个维度是关于博士学位论文的研究。该聚类中全国优秀博士学位论文、博士论文、学位论文等出现的频次均超过100，针对博士学位论文开展的研究大多采用共词分析、引文分析、知识图谱等文献计量学和统计分析等量化研究方法。全国优秀博士学位论文代表着博士生培养的最高水平，孙伟、孙彦青、赵世奎等利用统计分析方法对1999—2013年评选出的全国优秀博士学位论文进行了分析，得出全国优博论文在地域、学科门类、培养单位、导师、学术经历等方面的分布都具有不均衡性[①]。李明磊、王战军构建了全国优秀博士学位论文评选政策的分析论证模型，重点剖析了评选政策的方案和结果，并提出了评选工作机制社会化、吸引社会资源、使评选工作流程扁平化、增加评选篇数、促进评选工作与其他评估项目衔接等改进建议[②]。此外，于晓敏等运用CiteSpace软件对我国37种教育学核心期刊收录的127篇以"博士学位论文"为题的论文进行分析，通过期刊刊载量分布、作者—机构分布、关键词聚类、研究热点知识图谱以及突变词等的研究，揭示了当前我国学者对"博士学位论文"研究的现状、研究热点以及研究前沿[③]。博士学位论文是博士生培养质量的最重要载体，秦琳针对2015年全国博士学位论文抽检中管理学、经济学、法学和教育学四个学科门类的108篇不合格论文的233份专家评阅意见进行了文本分析，通过对文本内容的语义分析和编码，参考《抽检办法》对论文评价要素的划分，以"选题与综述""创新性与研究贡献""基础知识与科研能力""规范性"四要素作为评阅意见分析的一级问题维度，进一步选取了18项二级问题维度，讨论了社会科学博士学位论文在学术性、学科性和规范性这三个维度上应当满足的基本质量要求[④]。这一研究为今后提高博士学位论文质量、完善博士研究生培养过程提出了对策。

---

① 孙伟、张彦通、赵世奎：《1999—2013年全国优秀博士学位论文统计分析》，《学位与研究生教育》2015年第6期，第65—71页。
② 李明磊、王战军：《全国优博论文评选政策分析与改进》，《国家教育行政学院学报》2012年第1期，第15—19、34页。
③ 于晓敏、赵世奎、李泮泮：《我国"博士学位论文"主题研究的文献计量分析》，《国家教育行政学院学报》2016年第2期，第79—84页。
④ 秦琳：《社会科学博士论文的质量底线——基于抽检不合格论文评阅意见的分析》，《北京大学教育评论》2018年第1期，第39—54、187—188页。

第二个维度是关于专业博士。此聚类中包括知识生产模式、工程博士、教育博士、美国、英国、澳大利亚等关键词，表明在知识生产模式转型下，社会对特定行业高层次应用型人才的需求发生了变化，专业博士在美国、英国、澳大利亚、日本等发展迅速。李广平、饶从满等人对美、澳、英三国教育博士的培养目标、培养环节、入学要求、课程设置、学习与指导、论文写作与学位授予等进行了详细的阐述与分析①。饶从满又以伦敦大学教育研究院和格拉斯格大学为例，系统分析了这两所教育博士培养单位的招生要求、培养方案、培养方式、评价方式等，并分析了英国教育博士的特色，即视 Ed.D 为研究型学位，重视研究训练；突出过程指导与监控，注重培养质量；充分利用现代信息技术，开展网上教学②。澳大利亚的教育博士发展迅速，但在发展过程中仍普遍存在着和传统学术型博士趋同化的问题，这使得教育博士项目受到争议和批评。为此，澳大利亚一些高校对教育博士项目开展了多元化改革探索，其中新英格兰大学运用新知识生产模式理论和混合课程模型对教育博士项目进行重新设计，旨在提高与业界的合作水平、增强教育博士研究成果的可利用性，并从高度学术性的研究转向更加关注其专业背景的研究。马爱民对新英格兰大学教育博士项目改革的内容作了具体分析和阐释，并对我国教育博士的培养理念和培养定位等提出了具体的建议③。肖凤翔等梳理了当前我国工程博士专业学位研究生教育在招生、培养目标的设置、专业设置、课程设置、教学方法和方式、导师团队等环节的现状，分析了培养过程中报考资格和培养质量等方面的问题，提出今后我国的工程博士培养应完善入学选拔方式，完善实践教学方式，加强质量监控④。

第三个维度是关于博士生培养，包括博士生培养质量、博士生导师、

---

① 李广平、饶从满：《美、澳、英三国教育博士的培养目标与培养过程研究》，《学位与研究生教育》2010 年第 9 期，第 71—77 页。

② 饶从满：《英国教育博士研究生的培养及其特征——以伦敦大学教育研究院和格拉斯格大学为中心》，《外国教育研究》2010 年第 11 期，第 16—22 页。

③ 马爱民：《澳大利亚教育博士改革动向——以新英格兰大学为例》，《高等教育研究》2012 年第 2 期，第 104—109 页。

④ 肖凤翔、董显辉、付卫东等：《工程博士专业学位研究生培养现状及应注意的问题》，《学位与研究生教育》2014 年第 3 期，第 43—47 页。

人才培养等。陈学飞对法、英、德、美四国博士培养模式的演变进行了梳理和考察，13—18 世纪以法国为代表属于教学型博士培养模式阶段，19 世纪以德国为代表属于研究型博士培养模式阶段，20 世纪以美国为代表属于研究型、专家型博士培养模式阶段，20 世纪下半叶四国的博士培养模式共同朝着多元化（研究型、专家型、综合型）的趋势发展①。在研究生的成长过程中，导师是第一责任人，无论是在科研中还是生活中双方都保持着密切的关系。赵世奎、沈文钦从比较的视角对外国博士生导师的角色和责任、导师资格、学术指导方式、学术指导的质量保障机制等进行了剖析，提出我国的博士生导师队伍需要打破博导职称化的倾向，鼓励副教授担任博导，同时通过建立博士生指导小组制度或双导师制度，使青年教师参与到博士生指导中来②。

第四个维度是关于博士生教育改革。随着我国博士生规模的不断扩大，未来将会有越来越多的博士人才进入非学术劳动力市场，这就不仅要求博士生具有科研能力，还要具备一定的创新意识和创新能力，因此在招生方式、培养目标以及课程设置等方面需要进行改革以适应全球化进程和知识生产模式的变革。目前我国博士生招生主要有普通招考、硕博连读、直接攻博、申请审核四种方式，董泽芳审视了四种招生方式的优缺点，强调博士生招生改革涉及面广、难度大、矛盾多，是一项复杂的系统工程，必须从制度上重视宏观（国家）层面与微观（招生单位）层面的系统设计。必须在操作层面遵循整体设计与局部试验结合、立足国情与合理借鉴结合、适度突破与稳步推进结合的三条基本原则③。陈亮等进一步剖析了"申请—考核"制中存在的问题，提出了优化博士招生"申请—考核"制的有效路径④。在学术型博士研究生教育的课程中，包水梅提出卓越性、学术性、个性化、动态开放性的设置原则，也指出了

---

① 陈学飞：《传统与创新：法、英、德、美博士生培养模式演变趋势的探讨》，《清华大学教育研究》2000 年第 4 期，第 9—20 页。

② 赵世奎、沈文钦：《博士生导师制度的比较分析》，《学位与研究生教育》2011 年第 9 期，第 71—77 页。

③ 董泽芳：《关于博士生招生制度改革之我见》，《华中师范大学学报》（人文社会科学版）2014 年第 6 期，第 157—162 页。

④ 陈亮、陈恩伦：《"申请—考核"博士招生改革制度优化路径探究》，《学位与研究生教育》2015 年第 4 期，第 49—55 页。

课程目标指向学术创新性,课程结构体现系统性与灵活性,课程内容体现专深性与开放性,课程教学体现引导性与探索性的课程建设的具体思路①。顾剑秀、罗英姿指出大学有其内在的学术性以及外在的社会性,博士生培养也有其内在的学术逻辑以及外在的市场逻辑。深受大学内外部环境变化影响的博士生教育不仅是教育体系的一部分,也是大学知识生产体系的一个环节,大学市场化的科研行为以及外部劳动力市场的需求使得博士生培养除了遵循学术逻辑以外,还要遵循市场逻辑即社会对大学职能扩展的需求以及劳动力市场对博士生质量的要求②。王传毅、赵世奎深入分析了 21 世纪全球博士教育改革的趋势,从培养理念、规模结构、招生选拔、培养机构、导师队伍、课程结构、国际化和质量保障八个方面进行了总结③。

第五个维度是关于博士生教育的新发展,如企业博士后、联合培养博士等。王一鸣提出企业博士后科研工作站作为博士后制度的一种,对于深化产学研结合、科研体制改革,确立企业为产学研合作主体地位具有重要作用,同时对于解决科技和经济"两张皮"问题,助力产业升级转型具有积极意义④。王仁春、赵雪梅鲜明地指出在新形势下如何扩大企业博士后研究人员的招收规模,强化企业博士后的管理工作⑤。何峰、贾爱英等通过问卷调查和访谈,总结了高等学校与工程科研院所联合培养博士生试点工作存在的问题及实施效果,并对联合培养博士生工作提出了建议⑥。

小结:关于博士生的研究始终是国内外学者关注的热点,从指数型

---

① 包水梅:《学术型博士研究生教育中的课程建设方略研究》,《研究生教育研究》2014 年第 6 期,第 47—51 页。

② 顾剑秀、罗英姿:《学术抑或市场:博士生培养模式变革的逻辑与路径》,《高等教育研究》2016 年第 1 期,第 49—56 页。

③ 王传毅、赵世奎:《21 世纪全球博士教育改革的八大趋势》,《教育研究》2017 年第 2 期,第 142—151 页。

④ 王一鸣:《企业博士后科研工作站再探讨——产学研合作的深化与创新模式的会聚》,《科学管理研究》2013 年第 4 期,第 41—44 页。

⑤ 王仁春、赵雪梅:《壮大企业博士后人员队伍 强化企业博士后工作管理》,《中国高教研究》2005 年第 5 期,第 82—83 页。

⑥ 何峰、贾爱英、郑义等:《高等学校与工程科研院所联合培养博士生试点工作实施效果的调查分析》,《学位与研究生教育》2014 年第 2 期,第 52—56 页。

发文趋势可见一斑。从研究内容来看，虽然国内外都在不断探索博士生教育的改革与发展，相对而言，国外的研究领域更加全面成熟，研究的内容从博士生教育的内涵到外延及研究方法本身都有涉及，而国内则更聚焦于博士生教育内涵的探索。

表1—2　　　　　　　　　国内外研究维度的比较

	国外		国内	
	主要研究内容	研究意义与特点	主要研究内容	研究意义与特点
维度一	研究方法	分析社会问题的方法更加科学化	博士论文的研究	关注培养目标和质量评价
维度二	导生关系	国内外共同的课题	专业博士	国内外共同的课题
维度三	社会化	培养目标逐渐以满足社会需求为视角	博士生培养（包括培养质量）	与社会需求关系不紧密，更多在学术层面
维度四	心理问题	国外修业年限长，需要疏导；侧面反映培养质量	博士生教育改革	对培养模式的持续探索
维度五	从社会学角度研究博士生	社会对培养目标的期望和博士人才的需求	博士生教育的新趋势	重塑博士教育内涵，逐渐与社会发展相适应
维度六	专业博士变革	国内外共同的课题		

从研究视角来看，国外以微观研究为主，从学生个体发展视角研究博士生培养，包括自身的心理、与导师的关系、与社会的关系、与劳动力市场的关系等；国内以宏观研究为主，重在对博士生培养的相关政策及其效果进行分析，如招生、培养、学位授予等。

从研究方法来看，国外大多采用访谈或问卷等实证研究方法，对博士生个体及其利益相关者开展研究；国内大多以思辨或比较等方法进行研究，虽然近些年问卷法也逐渐被学者广泛采用，但访谈法使用得相对较少。

综上所述，博士生教育研究已经取得了丰硕的成果，多数学者在博士生个体心理等微观理论方面以及博士生培养制度、管理措施等宏观政策方面提出了许多有针对性的意见和观点，对于发展我国博士生教育具有重要的借鉴意义。但是，国内外研究均着眼于博士生培养过程，而将博士生培养作为一项系统工程，对于保障博士生教育稳步发展的制度环境、文化环境、经济环境等的互动关系关注不够，尚未将社会发展需要与博士生培养的契合作为提高博士生教育质量的目标之一，缺乏全面、系统、动态的博士生教育研究。特别是全球进入知识经济时代以来，博士生培养规模的发展变化被赋予了社会与经济的多重属性，并成为衡量国家高等教育发达程度和科学文化发展水平及其潜力的重要标志，博士教育的研究视角和方法也从教育学延伸至与哲学、社会科学、经济学、管理学及数学等紧密融合，对认识和解构博士生培养模式提出了更高的要求。

第三节　研究目的与意义

一　研究目的

1810 年德国柏林大学设立哲学博士学位，标志着现代博士生教育的开始，如何培养对知识有独创性的高级人才成为博士生培养模式发展的主要目标，博士生培养模式的研究也成为全球博士生教育中最受关注的问题之一。围绕此目标，世界各国学术界进行了大量的研究，一方面，博士生培养怎样适应博士生教育环境中出现的重大变化始终是高等教育改革的热点问题；另一方面，面对博士生培养模式发展的复杂性，能否打破学科间的壁垒开辟新的研究思路也成为一个难题。

近年来，国内有关博士生教育的研究工作取得了长足的进步，有关博士生培养模式的研究成果也逐年增多，但是总体上与国外的研究活跃度仍存在较大差距。正如前文对国内相关文献的梳理发现，国内关于博士生培养模式的研究多采用比较法、文献法和问卷法等方法，以案例分析和定性分析为主。由于研究方法和研究样本的相似性，导致研究结果有趋同的倾向，结论的客观性仍需加强。

笔者认为，博士生教育属于教育经济学范畴，宜采用经济学、教育学和数学的相关方法开展交叉研究。面对博士生培养模式这样一个充满复杂性的动态系统，想要作出有效的决策，就必须采用系统科学的思想，并且学习"像经济学家那样思考"（Think like an Economist），创新研究视角，灵活运用多种研究方法，利用合适的工具软件，协助我们认识和探索复杂系统的结构和运行规律。

二 研究意义

运用协同学理论，通过文献分析、实证分析、系统分析等研究方法，借助知识图谱和系统动力学工具，对文献资料、数据资料进行统计、研究和比较，对国内外博士生培养模式的研究成果进行系统梳理和可视化描述，为我国博士生教育改革的方向提供全球化视野的理论依据；瞄准"博士生培养"这一国家重大研究问题，在国际教育竞争、人口结构变化、科技创新驱动、社会变革推动等大形势大趋势下，基于统计数据，构建出博士生培养模式的协同学话语体系；通过抽象培养模式从无序到有序的演进过程，将旧结构转变为新结构的机制映射到时间轴建立可观测模型，开发一个研究博士生培养模式发展的分析工具，运用系统动力学进行决策模拟，研究思路与成果可用于政策规划的制定，有助于全面提高服务决策能力，为教育决策的科学化提供思路和实践路径，并为我国博士生教育改革的政策分析提供新的评估手段。

第四节 研究方法与内容

一 研究方法

（一）文献计量法

以博士生及博士生培养为主题词，收集整理国内外相关文献，描述典型发达国家博士生培养模式的发展路径、现状及特点，归纳总结各国博士生培养模式的结构要素、相互关系。运用统计分析和知识图谱软件对上述文献进行数据挖掘和可视化分析，分别从宏观和微观层面客观揭示博士生培养模式的研究现状，包括：宏观的合作网络、学术团体和代表人物，微观的知识基础、主流研究领域、各研究热点的发展演变时间跨度和研究进程，以及研究前沿，为我国博士生培养模式改革提供参考。

（二）历史研究法

以弄清历史事实、厘清发展脉络为出发点，对德、美、日三国博士生培养模式的演变历史进行梳理，从历史反思的角度探寻博士生培养模式演变的初始状态及关键要素，并以博士生培养规模为着眼点，以翔实的历史数据为基础，为比较研究奠定数据基础。

（三）比较研究法

收集整理国外文献资料，以"小规模比较研究"策略为基本法来选择样本，定义策略，分类并控制变量，以科学的方法进行逻辑分析。对德、美、日等发达国家的典型模式进行分析，并结合我国博士生培养规模的变化，从博士生培养规模演变的行为模式、环境变量影响等进行共性和差异化特征剖析，探讨协同学视阈下的运行规律。

（四）统计分析法

收集整理国内外博士生教育、社会结构与经济规模等相关统计数据资料，运用描述性统计方法对数据进行分类整理，揭示与培养系统发展相关的要素的分布、变化以及相互作用关系的详细信息；综合运用回归分析、时间序列分析、统计图表以及向量自回归与生产函数等方法，对培养模式与社会、经济发展之间的协同性进行实证研究。

（五）系统仿真法

运用协同学原理，对博士生培养模式进行动态的系统研究，分析复杂系统通过各子系统间相互作用从无序到有序的过程。建立协同学原理的博士生培养系统结构图和相应的解析表达式，通过可视化的方式，对子系统、关键变量的流动行为和运行机制等多个方面进行系统仿真分析，为我国博士生培养模式的决策评估提供新思路。

二 研究内容

本书基于协同学理论，通过比较分析典型国家博士生培养模式的演进过程，发现培养模式发展的内在协同机制，确定推动系统发展的结构要素及其流动过程，构建宏观层面的博士生培养模式动力学模型，旨在以"科学语言与社会语言融合"的方式论述推动博士生教育发展与国民经济社会发展动因的一般规律。主要研究内容包括以下三个方面：

（一）博士生培养系统的结构分析

围绕博士生教育、培养模式等主题概念系统地收集国内外相关文献，借助文献计量与知识图谱等计算机技术，进行多维度的引文分析、共现分析等定量研究和可视化分析，总结全球具有普遍共性特征的博士生培养体系的核心知识结构，概括博士生培养模式随时间推移所出现的新趋势、新变化及其原理。

（二）协同学视阈下国际比较研究

全面总结国际上具有代表性的博士生培养典型模式在过去近60年的规模发展与结构演变的过程，发现"支配"系统变革的序参数及支配原理，探寻"诱发"临界涨落的控制参数及其阈值，并通过研究培养体系内部的自组织行为模式确定博士生培养的系统结构，以期揭示培养模式发展变化的一般规律。

（三）系统动力学模型的构建

基于上述研究，进一步明确博士生培养的系统边界、因果循环、参数与规则，建立动力学模型。借助系统动力学模型，进一步描绘和比较未来150年以美国、德国、日本为代表的典型培养模式可能出现的变化趋势，并以此为依据提出影响我国博士生培养规模增长的动力因素与政策建议。

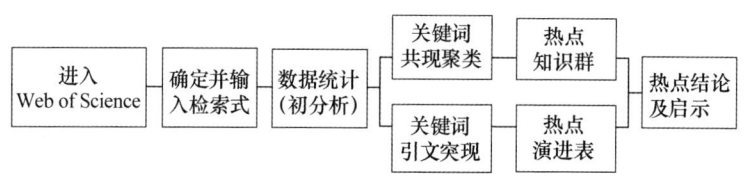

图1—5 关键词共现视角的研究思路

以协同学理论为指导，以构建动力学模型为目标，分步实施：

（一）通过知识图谱研究确定系统变量

借助知识图谱对Web of Science数据库中与博士生相关的海量文献进行分析，采用关键词共现技术抓取主题词，把握国外博士生教育研究的核心指标；基于引文突现描绘不同时空维度的研究热点变化，梳理国外博士生教育研究的演进规律。

（二）提出假设：以博士生的入学和毕业为主线，初步确定变量

以入学为起点，研究影响入学率的因素，从微观到宏观，从招生制度、博士生教育发展规划到社会经济增长动力等进行比较研究。

以毕业为核心节点，研究影响学位授予量的关键因素，从教学、科研训练两个角度对导师、教学、修业制度等进行比较研究。

在比较研究的基础上，抽象出影响博士生培养模式的关键要素，并对各要素间的控制条件、可能存在的相互作用提出假设。

（三）采集历史数据，作为实证研究的基础

以上述假设为依据，全面收集典型样本国家的相关统计资料，制定信息采集表，录入数据。

（四）建模

1. 列出模型里的每个观察变量，整理对应采集表有效数据；

2. 列出模型里的内生变量，做算法研究；

3. 修正模型。

（五）模拟仿真

最后用模型运算结果，输出图像验证研究结果：

一是印证采用协同学原理进行比较研究的必要性，在世界经济发展的四个历史阶段，博士生是推动系统自组织的序参数；

二是验证前面比较研究结论的正确性；

三是基于协同学视角，分析未来发展趋势。

第二章

协同学视阈下博士生培养模式的理论建构

所有的社会现象都是随着时间的持续而连续发生着变迁,社会科学家们对变迁的研究从未停止,研究的理论和方法也日臻多样。从理论角度而言,社会科学很多经验研究都是建立在20世纪50年代出现的人口调查的基础之上[①],研究人员利用交叉表和各种相关分析技术对调查数据进行处理,这些经验极大地促进了人们对社会以及社会变迁的理解,促进了数学方法在社会科学研究中的应用,并逐步形成了以统计技术为主流的社会科学分析方法,统计模型现已成为常规的实证分析应用技术,为确认变量之间的因果关系带来便利。但是,随着社会科学研究对象的复杂度日益提高,相关变量及因果链的数量呈爆炸式增长,统计模型技术的壁垒也逐步显现,一方面受到既有数学方程的限制,另一方面,传统的两两变量因果分析无法满足多变量随时间交叉变化的动态非线性变化过程。受到自然科学,特别是物理学领域相变理论的启发,越来越多的科学家开始尝试引入微分方程处理时变问题,对社会现象的构建理论也出现了从解析论向整体论的迁移,协同学应运而生。

协同学与物理学结合,重新定义了驱动系统非平衡相变的"序参数";与统计学结合,提出了支撑发展系统宏观有序结构的"自组织原理"。因此,协同学在动力系统理论和统计物理之间建立了联系,并从物

---

① [加]约翰·福克斯:《社会科学中的数理基础及应用》,贺光烨译,格致出版社2011年版,第161页。

质的基础层面阐明了相变规律,从而成为现代系统科学的基础理论之一。同时,协同学通常运用类比法并使用自然语言进行描述和解释,其中,类比是基于分类与比较的推理方法,属于比较研究范式。可见,协同学之于比较研究是理论之于方法的关系,同属于人的主观认识范畴,前者把握原理,属于既存客观规律的发现范畴;后者提供工具,属于基于实践的创造范畴。二者功能互补、缺一不可,一方面,比较研究以协同学为指导;另一方面,协同理论通过比较研究得以实现。此外,社会系统的时间演化现象(时变现象)也值得关注。很显然,普通的比较研究对此问题显得有些力不从心,这就意味着我们还需要某种更恰当的工具,既符合协同学的基本理论,又擅长用连续的时间模型模拟研究社会变迁的动因,与比较研究形成研究方法的有效互补,为此,我们注意到系统动力学。它是系统科学的一个分支,在解决社会和经济问题中得到广泛应用,系统动力学模型更被喻为社会系统"实验室"。从更为普遍的观点看,系统动力学与协同学都是研究系统随时间演化的动态,以及支配这一行为的一般规律。因此,本书将协同学与比较研究、系统动力学融合使用,探索博士生培养模式发展变化的规律问题。

第一节 博士生培养模式的概念

博士生培养模式的内涵十分丰富,想要正确认识和理解它,就必须从"博士生""培养""博士生培养""模式"和"培养模式"等基本概念出发进行深入探讨。对博士生培养模式相关概念的考察有助于明确这些概念所反映的本质属性,揭示概念及其使用所蕴含的认识和观念。

一 模式的定义

中国古代以单音节词为主,"模"与"式"的含义要远丰富于今天的"模式"的意义。从语义上分析,根据《说文解字》所述,"模,法也",指铸造器物的框架。从"模"的甲骨文字构形分析,字形采用"木"作形旁,即义符,"莫"为声旁。对"木"的理解影响着对"模"的理解。"木,冒也",指冒地而生,强调了框架形成的过程。"式,法也",其字形采用"工"作形旁,"弋"为声旁。"工,巧饰也,象人有规榘也",

工为器物，所以人能以手持之，即人手持规矩（即曲尺）之形。所以"式"指遵循法度、规矩。根据语义分析可知，"模式"指遵循一定的法则使事物形成标准化框架的程序，其中，法则可以是群体行为共同遵守的制度或章程等规则，也可以是事物内部发展变化的本质联系和必然趋势等规律。从该定义中可看出，"模式"具有抽象性、标准性和动态性。

图2—1 "模""式"的甲骨文

英语中与"模式"对应的单词有很多，如 Pattern（the regular way in which sth happens or is done）, Mode（a particular way of doing sth; a particular type of sth）, Method（a particular way of doing sth）, Model（a simple description of a system, used for explaining how sth works or calculating what might happen, etc.）。可见，英文中"模式"的核心含义为方法，同时，又蕴含着"方法论"和"认识论"两个层面：对实践经验进行抽象和升华后提炼出来的解决问题的核心知识体系，即为方法论"模式"；以及将解决某类问题的方法归纳总结到理论高度的思维方式，即为认识论"模式"。本书将方法论"模式"称为模式的方法观，而将认识论"模式"称为模式的过程观。

因此，"模式"的字面含义包含静态和动态的双重概念。静态角度定义，如《当代汉语词典》将模式定义为"某种事物的标准形式或使人可以照着做的标准样式"。动态角度定义，如《新语词大词典》定义为"模式是理论的一种简化形式，即对现实事件的内在机制和事件之间关系的直观、简洁的描述；能够向人们表明事物结构或过程的主要组成部分及其相互关系。广义的模式包括文字叙述、图像描述、数学公式等；狭义的模式指词语同图像的结合"。

美国科学史家 Kuhn 在1962年发表了他最重要的科学哲学著作《科学革命的结构》（The Structure of Scientific Revolutions），首次提出了动态结构理论——"范式"（Paradigm）的概念。在这本引起科技哲学界震动的著作中，Kuhn 教授指出，"按照其已确定的用法，一个范式就是一个公认的模型或模式。"他还认为，范式就是"像惯例法中一个公认的判例一样，是一种在新的或更严格的条件下有待进一步澄清和明确的对象"①。同时，《牛津词典》对"范式"注解为：Paradigm（a typical example or pattern of sth），可见，"范式"也是"模式"的同义词，但"范式"又强调了新旧交替的动态过程。基于这个理论体系，越来越多的学者更倾向于从动态角度来理解"模式"。

从系统角度看，模式是对现实结构和整体行为的解析，可以通过建立模型（Model）来描述和模仿。系统动力学创始人、美国麻省理工学院 Forrester 教授认为，"描述某些事物的一组法则与关系就是该事物的模型。人们的想法都依赖于模型"②。模型可以作为对现实系统的简单抽象和高度归纳，二者之间存在适当的映射关系，因此，以解析的方法看系统，模式即为实现和保持目的状态的模型。与之相类似，英国学者 Mcquail 等认为，"一个模式试图表明任何结构或过程的主要组成部分以及这些部分之间的相互关系。"③ 由此可见，系统学的"模型"概念是结构、要素和作用过程的统一，可以对现实系统进行高度抽象化、概括化和结构化的动态描述，是对"模式"含义较为完整的概括。本书将系统论"模式"称为模式的模型观。

基于上述理论，本书将"模式"定义为：是对主体的目标状态、结构要素及其交互行为进行简单抽象和高度归纳的"系统模型"。系统模型源于现实却不是对现实的重构，以维护目的状态为原则，根据解决问题的需要提取适当的构造要素，并以数学方法解析整体行为与内外条件变化的因果互变过程，从而描述该主体在目标驱动下的结构特征及运动法则。系统模型通常由目标、变量和函数关系构成，其中，目标是现实的理想状态，变量是结构要素，而函数关系则是要素间的互动方式，系统模型完全具备系统论"模型"的功能性，是整体和个体的统一，是目的

---

① ［美］库恩：《科学革命的结构》，金吾伦、胡新和译，北京大学出版社 2012 年版，第 19 页。
② 陶在朴：《系统动态学：直击〈第五项修炼〉奥秘》，中国税务出版社 2005 年版，第 4 页。
③ ［英］麦奎尔、［瑞典］温德尔：《大众传播模式论》，祝建华、武伟译，上海译文出版社 1987 年版，第 223 页。

和过程的统一，有因果转换性和目的性，是"理论与实践之间的中介"，具有描述现实、可复制、可预测等功能。因此，模型观的"模式"具备通过抽象和升华概括现实核心结构要素的特点，涵盖了"模式的方法观"；同时，模型构建过程是将现实归纳总结到理论高度的思维过程，也包含了"模式的过程观"。

二 培养模式的定义

培养模式是"模式"的下位概念，针对"培养"这一类具体活动。从语义上分析，根据《说文解字》所述，"培，培敦，土田山川也。从土音聲。薄回切"，意为：培，培筑土敦，指在田里加土筑埂，或在河心堆填起小山，字形采用"土"作边旁，"音"是声旁。"養，供養也。从食羊聲。羖，古文養。余两切"，意为：养，供养，字形采用"食"作边旁，"羊"是声旁。

图2—2 "培""养"的甲骨文

中文"培养"的本意指以适宜的条件促使生发和繁殖，衍生含义是指按照一定的目的长期地教育和训练。其中，与其衍生含义"教育和训练"相对应的英文高频词分别为 Education 和 Training，其中"Education（教育）"一词尤指在学校或学院以提高知识和发展技能为目的的教学、训练和学习的过程（a process of teaching, training and learning, especially in schools or colleges, to improve knowledge and develop skills），"Training（训练）"一词指教授或被教授特定工作或活动所需技能的过程（the process of teaching or being taught the skills for a particular job or activity）。

"培养模式"的中文字面含义即为培养的模式。根据对国外文献的大量检索和分析，发现以"培养模式"为主题词的研究也基本聚集于"Education Model"和"Training Model"。可见，国内外学者对"培养模式"的理解和研究方向基本一致。学术界对"培养模式"的讨论主要围绕培养模式的外延和属性两个维度,广义上认为培养模式是实现一定人才培养目标的整个管理活动的组织建构方式。基于"模型观",本书将"培养模式"定义为:按照一定的目标,有组织开展长期教育和训练的"系统模型"。

1994 年,原国家教委启动并实施的《高等教育面向 21 世纪教学内容和课程体系改革计划》中首次提出"培养模式"一词,后在 1998 年下发的《关于深化教育改革,培养适应 21 世纪需要的高质量人才的意见》中,将人才培养模式表述为:"学校为学生构建的知识、能力、素质结构,以及实现这种结构的方式,它从根本上规定了人才培养特征并集中地体现了教育思想和教育观念。"从定义中可以看出,培养模式既包含结构,又包含实现结构的方式。

三 博士生培养模式的定义

(一) 博士生培养的主要内容

获得博士学位者意味着具备创新和批判性地评价知识的能力,具备保存传承过去和当下学术的重要思想和发现的能力,具备了解知识如何改变我们生活的能力,具备与其他学者交流学术知识的能力[1]。接受博士教育是成为学者的一种专业化途径,获得博士学位则意味着已经完成了从学生到教师、从学徒到师父、从新手、实习生到独立学者和领导的角色转变,并成为专业学科和职业的"守护人",具有智力和道德的合一性[2],不仅对本学科领域理解深刻,还有探索未知的意识和积极行动的意愿,富有完善学科、让学科服务社会的责任感。

正如卡内基博士生教育促进计划(Carnegie Initiative on the Doctorate, CID)的研究所指出的,博士生培养是一个学者养成的复杂过程,肩负专业知识和语言的传授的职责,而"养成"不仅指专业知识的发展,而且体现了"个性、特点、心智"的成长以及"最大程度上具备了在专业学

---

[1] [美]乔治·E. 沃克、[美]克里斯·M. 戈尔德等:《学者养成:重思 21 世纪博士生教育》,黄欢译,北京理工大学出版社 2018 年版,第 10 页。

[2] 同上书,第 2 页。

术领域和社会上的能力"。博士生培养使学者形成了多维度的专业特性，这也正是博士生培养的长期目的。

根据国内外关于博士生培养的文献资料，通过文献分析和计量的方法也再次印证了上述观点，如图2—3所示，与博士生培养相关高频词包括科研训练、社会化、独立性、知识、协同、创造力、演进和创新，意味着博士生培养的主要内容是通过科研训练和知识传承，培养具有独立创造力的社会化创新人才，同时，博士生培养活动本身也是一个多主体协同和不断演进的过程。

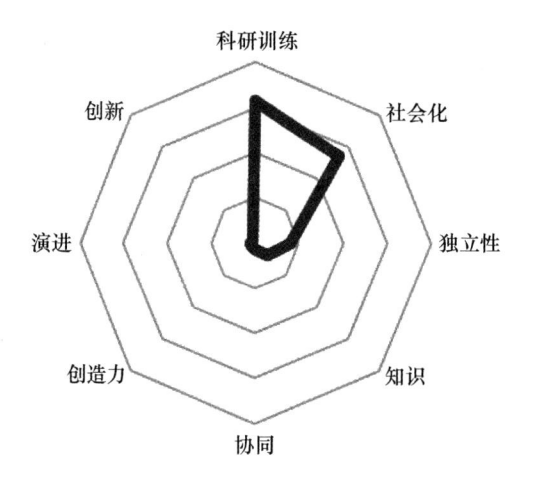

图2—3 博士生培养的主要内容

（二）博士生培养模式

基于上述研究，本书将"博士生培养模式"定义为：按照博士生培养的标准和主要内容，对攻读博士学位的学生进行长期教育和训练的"系统模型"。

博士生培养模式是政府、大学、社会等不同部分在政治、经济、文化、科技等环境下相互配合、彼此制约的统一体。博士生培养需要导师、教师在不同的岗位上，有组织地进行教学、指导；需要培养单位搭建培养所需的条件平台，提供各种资源；国家政策导向、社会各经济体的支持以及教育、科技、文化的发展也是必不可少的。博士生培养模式就是通过显性和隐性知识的学习，训练博士生成为训练有素的人才所开展的活动所形成的复杂系统。对博士生培养模式的研究，就是对这样一个包括众多子系统，且子系统之间又具有复杂相互作用的系统变化过程和规律进行分析。

（三）博士生培养模式的要素分析

系统是相互联系的元素的集合，是一种联系方式，在这种方式中，若干有特定属性的要素经特定关系而构成具有特定功能的整体。运用协同学对博士生培养系统进行分析之前，必须明晰组成该系统的要素，以便进一步分析博士生培养系统的结构与演变。本书采用文献计量法，在 Web of Science 核心合集（SCI–EXPANDED、SSCI、A&HCI、CPCI–S、CPCI–SSH、ESCI）中以主题=（Doctoral Education）OR（Doctoral Training），文献类型=论文（ARTICLE），类别为教育教学研究或教育科学学科（EDUCATION EDUCATIONAL RESEARCH OR EDUCATION SCIENTIFIC DISCIPLINES），检索时间=1998—2017年进行检索，共得到524条记录。借助 CiteSpace 软件统计和整理出与博士生培养模式相关的高频词汇，如图2—4所示：

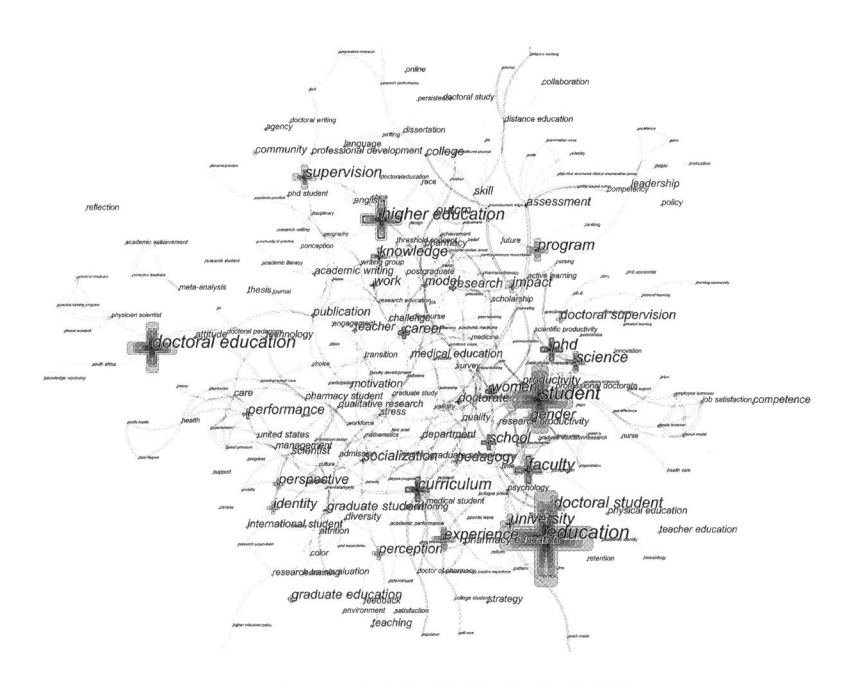

图2—4 博士生培养模式相关高频词

在此基础上，进一步使用 HistCite 软件对词频进行统计，得到如表2—1所示的频次 >15 的词汇：

表2—1　　　　博士生培养模式相关高频词（>15）

#	Keyword	Name	Freq	#	Keyword	Name	Freq
1	doctoral	博士生	443	25	publication	出版物	30
2	student	在校生	259	26	history	历史	30
3	RD	研发	86	27	writing	论文写作	30
4	supervision	监督指导	86	28	university	大学	29
5	nursing	护理	84	29	chemistry	化学	28
6	socialization	社会化	76	30	networks	网络	26
7	work	工作	75	31	training	科研训练	25
8	faculty	师资	70	32	quality	质量	25
9	program	课程	70	33	academic	学术的	25
10	professional	专业的	66	34	policy	政策	23
11	doctorate	博士学位	66	35	discipline	学科	23
12	phd	博士学位	65	36	concept	概念	23
13	doctoral experience	博士实践	64	37	agency	机构	21
14	science	科学	59	38	curriculum	课程	20
15	social	社会	59	39	interdisciplinary	跨学科	19
16	practice	实践	56	40	impact	影响	18
17	researcher	研究员	47	41	theory	理论	18
18	perspective	观点	41	42	transition	转变	18
19	identity	认同	40	43	scholar	学者	17
20	independent	独立	40	44	evaluation	评价	17
21	process	过程	36	45	need	需求	17
22	pedagogy	教育学	35	46	physical education	体育	16
23	learning	学习	33	47	success	成功	16
24	supervisor	导师	31				

对所有词汇进行分类汇总，国外关于博士生培养的相关研究围绕着学生（即博士生）、培养模式、理论研究、领域、学位、师资、大学、国别、环境展开，各类所占的百分比如图2—5所示。其中，关于学生的研究着眼于博士学位、在读、课程、科研训练、就业、论文、考试、完成、修业时间、流失、奖学金、满意度等；而关于培养目标则强调社会化、独立性、知识、协同、演进、创造力和创新等。

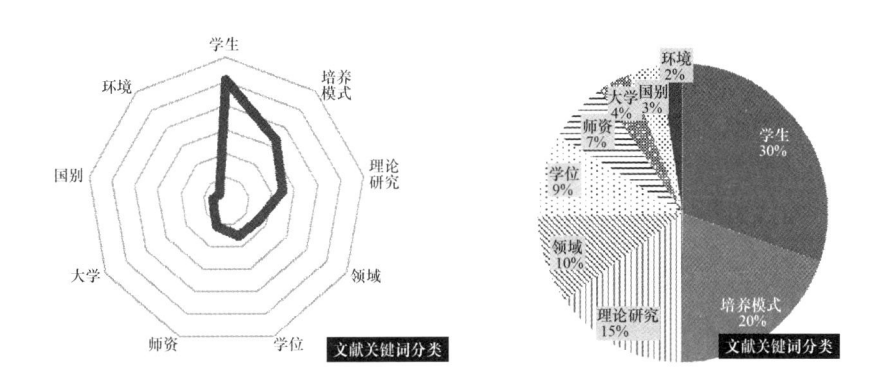

图2—5　文献关键词分类

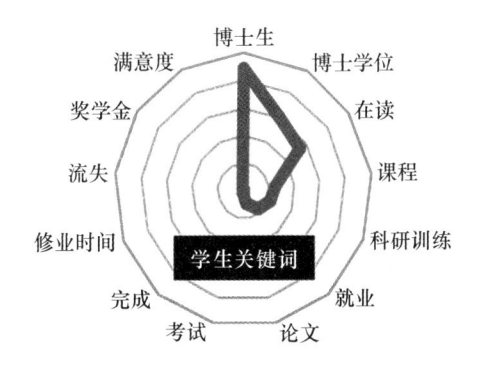

图2—6　学生关键词分类

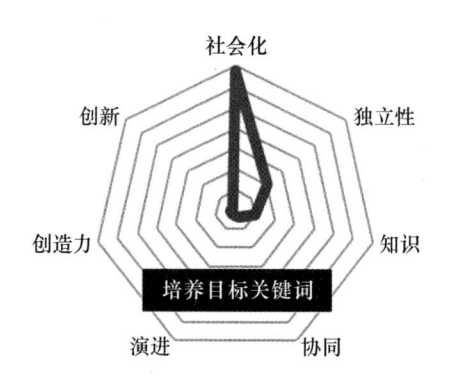

图 2—7 培养目标关键词分类

上述文献分析结果表明，博士生培养模式是一个多主体构成的复杂整体，其关键组成可以概括为客观环境、培养单位、实施主体、实施对象以及培养过程等五类要素，每一类要素又根据不同的行为主体表现出复杂的属性特征。

如表 2—2 所示，顶层（$L1$）由国家、大学、师资、学生以及模式等宏观主体类别构成培养系统的边界，中间层（$L2$）有多个细分的行为主体并分别承担不同的功能，底层（$L3$）则是服务于中间层主体的具体行为或内容。国家中包含了诸多社会部门，涉及经济、工业、文化等领域，决定了博士生培养的网络结构；现实中，培养主体存在多种类型，但通常以大学为开展博士生培养工作的基本主体，并决定了师资、学生以及培养途径的具体要求和内容，包括师资配置及职责，学生的身份形成及过程等。其中，"博士生"既是博士生培养的对象，又是博士生培养的主体，其培养过程在根本上是一个学生自我塑造和成长的过程，涉及课程学习、综合考试、撰写论文等多个培养环节，同时，教师向学生传授知识，指导其开展学术研究，在形式上促成一种稳定的师生学术共同体，为达到学术目标创设了重要条件，对实现培养单位目标及外部环境要求提供了可能性。

可见，在博士生培养模式的具体实践中，既有纵向的多层嵌套与反馈，又有横向的相互关联，从而形成了多个子系统共同参与的博士生培养活动，反映出博士生培养系统的复杂性。显然，所有这些子系统的边界是模糊和多孔的，物质、能量、信息、人员等在其内部及相互之间以复杂的模式交换和移动，每个要素的可能变化都可以影响到系统的其他部分。从微观层面看，博士生或导师的数量、性格、培养方式等发生变化都可能打破原有的导生关系；从宏观层面看，经济危机、科技革命、国际竞争等也会对社会部门乃至国家决策等产生深远影响。这种跨越层级的相互影响呈现出非线性的动态变化，因此，本书将以表2—2为基础，在协同学理论的指导下，研究确定系统结构及其功能，进而深入分析一般意义上博士生培养模式的演化规律。

表 2—2　　　　　　博士生培养模式要素结构（部分）

层级	客观环境	培养单位	实施主体	实施对象	培养过程
L1	Country 国家	University 大学	Faculty 师资	Student 学生	Model 模式
L2	Institutional 体制 Cultural 文化 Industry 工业 Economic 经济	School 学校 Faculty 学院 Department 系	Supervisor 导师 Teacher 教师	Doctorate 博士学位 Doctoral Student 博士生 Candidate 候选人 International Student 国际生	Doctoral Program 博士生项目 Research Training 科研训练
L3	Socialization 社会化 Internationalisation 国际化 Knowledge Creation 知识创造	Policy 政策 Management 管理 Doctorate 博士学位 Discipline 学科 Quality 质量 Satisfaction 满意度	Mentoring 指导 Science 科学 Knowledge 知识 Scientist 科学家 Academic Literacy 学术素养	Research 研究 Learning 学习 Doctoral 博士学位 Identity 认同 Employability 就业 Innovation 创新	Curriculum 课程 Thesis 论文 Scholarship 奖学金 Evaluation 评估 Experience 实践

第二节　协同学基本理论

协同学是一门跨越自然科学和社会科学的横断学科，由德国著名物理学家 Haken 于 1970 年在斯图加特大学的演讲中首次提出，以哲学思想为背景，现代系统理论的新成果为基础，数学方法为工具，主要研究开放系统中子系统之间是怎样合作以产生宏观的空间结构、时间结构和功能结构（即：自组织），协同学既处理确定论过程又处理随机过程。①

一　产生背景及其哲学观

Haken 在 20 世纪 60 年代研究激光理论时发现，远离平衡系统的激光所发生的有序结构的形成过程是一个典型的非平衡相变，并受此启发开始转向协同理论的创思和构建。他首先发现，热力学不能提供任何关于结构产生的原理和机制，同时他证明了统计物理学的结构有误——当一个远离平衡系统从无序走向有序时，熵不一定减少，甚至可能增加，用熵研究"自组织"太过粗糙，也无法揭示系统宏观现象的微观机制。为了能够在原理上解释有序结构乃至生命结构的形成，即系统的相变过程，他和他的学生兼合作者 Graham 于 1971 年在《科学技术要览》（Umschau in Wissenschaft und Technik）杂志发表了文章《协同学：一门协作的学说》（*Synergetik-Die Lehre vom Zusammenwirken*），首次正式表达了协同学的主要概念和思想②。随着研究的日臻完善和成熟，Haken 于 1976 年出版了协同学的第一本专著《协同学导论》，1983 年又出版了《高等协同学》，标志着协同学作为一门可贯穿众多领域的新兴边缘学科的诞生。

---

① 吴大进、曹力、陈立华：《协同学原理和应用》，华中理工大学出版社 1990 年版，第 1 页。

② Haken H., Graham R., Synergetik-Die Lehre vom Zusammenwirken [J]. Umschau in Wissenschaft und Technik, 1971 (6), pp. 191 – 195.

"协同学"（Synergetics）源于希腊文，意为"协调合作之学"①，该概念的提出旨在从大自然展示出的千差万别的结构中探寻到统一的规律，从而说明结构是怎样形成的。研究表明，虽然不同系统中的子系统存在质的差异，但是在非平衡相变的演化过程中却遵循着相同或相似的微分方程，并由此得出"相变过程与子系统性质无关""相变过程的特点是由子系统之间的协同效应所决定"的重要结论②。可见，协同学是一门在普遍规律支配下的有序自组织集体行为的科学，可用来确定不同科学领域中系统自组织的规律③。因此，无论在自然界还是在人类社会，从原子、分子、细胞、动物到人类，这些单独的个体都是由其集体行为，一方面通过竞争，另一方面通过协作而间接地决定其自身的命运，协同学为深入研究这些由性质完全不同的子系统是如何通过合作而实现宏观尺度上质变的共同规律提供了理论依据，以更为深刻地揭示与子系统性质无关并支配着自组织过程的一般原理④。

协同学是博采众长的学科体系，汲取了数学、物理学、化学、生物学、系统学与哲学的基础理论、研究方法和处理技术等，形成了"自组织理论""非平衡相变理论""哈肯模型""基本方程"等一系列宝贵的知识财富。同时，协同学理论的产生和发展也体现出鲜明的辩证唯物主义认识观，如果说哲学的发展构成了人类理性探索支配世界现实的第一原理和第一原因的发现史，那么协同学则以科学与自然哲学方法开启了人类认识世界的新视角。

二 协同学的重要概念

（一）序参数（Order-parameters）

序参数的概念出自 Ginzburg 提出的平衡相变理论（Landau - Ginzburg theory），哈肯将它推广到诸如"激光现象"等非平衡相变，成

---

① ［德］赫尔曼·哈肯：《大自然成功的奥秘：协同学》，凌复华译，上海译文出版社 2018 年版，第 5 页。
② 郭治安：《协同学入门》，四川人民出版社 1988 年版，第 22 页。
③ ［德］赫尔曼·哈肯：《大自然成功的奥秘：协同学》，凌复华译，上海译文出版社 2018 年版，第 9 页。
④ ［德］H. 哈肯：《高等协同学》，郭治安译，科学出版社 1989 年版，第 1 页。

为协同学的基本概念，并将其比喻为"使一切事物有条不紊地组织起来的无形之手"。序参数是描述系统宏观有序状态的参数，在系统的自组织过程中从无到有地地产生和变化，当系统无序时参数值为零，而系统出现有序结构时则非零，由此可以指示系统相变前后所发生的质的变化，亦可代理确定系统宏观不稳定状态的振幅。序参数由系统内各部分相互协作而产生，反过来，序参数又支配着各部分的行为，形成一种循环因果关系。有时在临界点处可能同时存在几个序参数，它们协同控制系统，并共同决定着系统的有序结构，但随着控制参数的继续变化，处于合作中的序参数的地位也相应改变，一旦控制参数达到新的阈值，某一个由竞争"脱颖而出"的序参数将起主导作用并单独决定系统的行为，从而"支配"系统达到更高一级的有序。二维自组织系统的宏观行为可以表述为序参数方程，该方程的解即为序参数 u 的增长规律，也同时反映了系统有序的演进情况。

$$\frac{du}{dt} = -\gamma_1 u - \frac{ab}{\gamma_2} u^2$$

式中：$\gamma_2 > 0$ 且 $\gamma_1 \gg \gamma_2$，u 为序参数。

（二）涨落（Fluctuations）

在包含了多组分单元的开放的自组织系统中，各组分的独立运动及其相互作用在控制变量的随机影响下，会使系统可测的宏观量瞬时值偏离平均值，这种现象即为"涨落"。涨落是偶然的、随机的、杂乱无章的。涨落在稳定系统和不稳定系统中所产生的结果截然不同，在处于稳定有序状态的系统中，"涨落"很快衰减，所产生的扰动不大，系统状态保持不变；而在不稳定系统内，组分间耦合活跃度不断上升并持续出现远离平衡态的运动，此时，涨落将驱使系统去探索新的状态，如果某种偶然的涨落得到大多数组分的支持和响应，该涨落力就会放大成为推动系统进入新的有序结构的巨涨落，并催生出临界无阻尼的序参数，进而推动系统进入新的有序结构。因此，涨落是形成系统宏观有序结构的动力，是系统的有序之源。

（三）竞争（Competition）与协同（Synergy）

竞争与协同是协同学的一对基本概念。竞争是协同的前提条件，是系统演化中最活跃的力量。系统内各组分单元之间都存在着或大或小的差异，这些差异随系统的永恒运动而始终存在，并造成系统内部永恒的竞争状态，竞争实际上是由系统内部的差异性而反映出来的事物的个体性与独立性。竞争的存在能够造成系统内各组分之间更大的差异，并增加系统的不平衡性。

协同是竞争的结果，它体现了协同学的本质，"协同"包含着两层含义：一是指子系统之间的协同合作产生宏观的有序结构；二是当临界系统有一个以上的序参数同时存在时，虽然每一个序参数都企图主宰系统，但由于彼此处于均势状态，从而促使序参数之间彼此妥协并自发地形成合作关系协同控制系统，此时，系统的宏观结构由这几个序参数共同决定。[①]

协同效应（Synergy Effects）是指由于协同作用而产生的结果，是开放系统中大量子系统相互作用而产生的整体效应或集体效应。协同效应包括两个方面：从数量上来说，就是"1＋1＞2"的效应，即整体大于部分之和；从质量上来说，是指系统的结构、元素、特点等有了新的内容，即"涌现"。对千差万别的自然系统或社会系统而言，任何处于临界点的系统均因协同效应而发生质变，并从混沌中衍生出某种新的稳定结构，它是形成系统有序结构的内驱力。

竞争与协同是系统内部两种完全相反的状态和趋势，但是二者又相互依赖、相辅相成。系统各部分间的"竞争"使系统趋于不稳定的非平衡状态，而其间的"协同"又推动系统向稳定的平衡状态转化，因此，竞争与协同的相互作用是系统宏观有序状态演化的动力。

三 协同学的主要原理

（一）支配原理（Slaving Principle）

支配原理又称伺服原理，即序参数支配子系统、快变量服从于慢变量的现象。支配原理是协同学最为重要的概念之一，既体现了抽象概括的哲学思想，又具有极大的数学价值。它高度精练地描述了快慢两种变量在临界点附近通过竞争与协同成功推动系统演化的自组织行为，与老

[①] 郭治安：《协同学入门》，四川人民出版社1988年版，第24页。

子"重为轻根、静为躁君"的哲学思想异曲同工；同时，其重要意义还在于通过"支配原理"，将高维度的多模问题简化为由很少量序参数建立的低维度方程，从而把数学上难于求解，甚至无法求解的一组非线性方程简化为序参数方程，极大降低了模型的复杂度，又与老子"大道至简"的哲学思想不谋而合。

支配原理在协同学中起着核心作用，"支配"一词丝毫不含贬义，仅表达一种因果关系[①]。协同学认为，系统在临界点附近，内部不平衡被非线性放大，各子系统或诸参数中就会迅速区分出快慢两种变量，通过竞争与协同作用，最终形成慢变量支配快变量继而决定系统演化进程的宏观格局。慢变量与快变量各自都不能独立存在，慢变量使系统脱离旧结构，趋向新结构；而快变量又使系统在新结构上稳定下来。伴随着系统结构的有序演化，两种变量相互联系、相互制约，表现出一种协同运动，这种协同运动在宏观上则表现为系统的自组织运动。

支配原理的实质在于规定了临界点上系统的简化原则"快速衰减组态被迫跟随于缓慢增长的组态"，即在接近临界点时，系统的动力学和突现结构通常由少数几个序参数决定，而其他变量的行为则由序参数支配。正如哈肯所说，序参数以"雪崩"之势席卷整个系统，掌握全局，主宰整个系统演化过程。

(二) 自组织原理（Self-organization）

自组织是相对于他组织而言的。他组织是指组织指令和组织能力来自系统外部，而自组织则指系统在没有外部指令的条件下，其内部子系统之间能够按照某种规则自动形成一定的结构或功能，具有内在性和自生性特点。对开放系统而言，从无序状态转变为具有一定结构的有序状态，或是从有序状态演化为新的有序状态，首先需要环境提供物质和能量做保证，也就是说控制参数达到阈值时，这种变化才成为可能，这是必要的外部条件；然而，系统相变前后的外部环境并未发生质变，可见，系统并未从外部获得如何组织形成并维持何种结构的指令信息，而是在一定的环境条件下由系统内部自行组织，并通过各种形式的信息反馈来

---

① ［德］赫尔曼·哈肯：《大自然成功的奥秘：协同学》，凌复华译，上海译文出版社2018年版，第8页。

控制和强化这种创生的结果,这个过程被称为自组织,相应的描述叫作自组织原理。自组织一般的动力方程是一组非线性随机偏微分方程,其中序参数 q 为中观(mezoscopic)层次变量:

$$q = N(q, \nabla, \alpha, X, t)$$

式中:q 序参数,∇nabla 算子(也称空间梯度),α 控制参数,X 空间坐标,t 时间。

第三节 比较研究与样本规则

一 比较研究的定义

"没有比较,不成思考",比较与"分类"共同成为理解世界的关键概念化过程,进行比较就意味着描述与解释变量变异,而描述性比较包含了"名义的""定序的"以及"定量的"三种类型,分别对应社会科学研究中的三个测度层级:定类变量、定序变量和定距/定比变量。可见,比较的高层次内涵是一种分析现象及其因果关系的科学方法,它是一种不可或缺的认知、描述与解释工具,是控制变异并建立变量间普遍关系或"法则"的方法,同时,也是一种以发现"因果律"为目标的归纳推理方法,谓之"比较研究法"(简称"比较法",亦称"比较研究"),与统计研究法(简称"统计法",亦称"统计研究")、实验法(亦称"实验")并称为"三分法",是社会科学研究中广泛使用的重要方法。[①]

同时,我们也发现,虽然三种方法都是基于相同的方法论且不同方法间存在根本上的连续性[②],但是在社会科学研究中的辨识度却大相径庭:实验法因其可以"操控变量的能力"相对少见;而常见的统计和比较法之间则通常"并无明显的分界线",加之比较研究总是更能满足人们对辨识宏观社会单元间共性与差异的浓厚兴趣,因此,长期以来被简单等同于宏观属性而多用于解释性的描述中,并常常作为统计研究设计中

---

① [加]约翰·福克斯:《社会科学中的数理基础及应用》,贺光烨译,格致出版社2011年版,第263—270页。
② 同上书,第264页。

"定性的"技术,与被认为是"定量的"技术的统计法一概而论。可是我们也应该意识到,与其他两种方法一样,"比较法"作为一个特定研究技术的代名词,同样具有基于变量间的相关性,即通过将个案划到具有相似变量值的不同组别中,以消除他变量对关键因果关系影响的能力。诚然,这也并不意味着比较研究不能使用"统计法"技术。事实上,在许多重要的大规模比较研究中,因二者之间存在着逻辑本质和方法论的共同性,比较法常被赋予基于统计设计的研究策略身份并作为控制变量出现[①]。

二 比较研究策略的选择

近年来,随着社会科学和信息技术的进步,"样本"数量显著增加,比较研究法也逐渐分化为基于统计技术的大样本"宏观分析"的比较法,以及基于小规模典型样本"对比取向"的比较法两种不同的策略类型,分别被称为"大规模比较研究"和"小规模比较研究"。通常,"大规模比较研究"因其样本多而变量少更适合于较宽泛的"变量取向"研究策略,随着计算机数据统计分析技术的发展,此研究类型越来越接近统计分析,方法也更趋向解析论;"小规模比较研究"由于变量多而样本少更适于较深入的"样本取向"研究策略,它更加关注样本整体而非单个变量,体现出鲜明的整体方法论。[②]

随着全球竞争加剧,社会与政治系统出现趋异化特征。受此影响,学术界越发重视对样本特殊构造的深入分析,并更多采用复杂的、构模式和组合性的研究方法,以小样本设计与布尔逻辑方法为核心的"小规模比较研究"在社会科学有关中观层面的属性研究中发挥出巨大的作用。

博士生教育是衡量一个国家高等教育发达程度和科学文化水平与潜力的重要标志,作为宏观社会系统的中观层面,博士生培养体系涉及社会活动的诸多方面,具有样本形态多样、变量数量多、属性空间大、因

---

① [加]约翰·福克斯:《社会科学中的数理基础及应用》,贺光烨译,格致出版社2011年版,第345页。

② 同上书,第273页。

果关系错综复杂等特点。因此，本书以"小规模比较研究"策略为基本法来选择样本，定义策略，分类并控制变量，以科学的方法进行逻辑分析。

三 确定比较研究的样本空间

（一）确定样本空间的基本准则

根据"小规模比较研究"策略的内涵，本书将"小样本"的基本标准定义如下：

1. 分析单位以地域为基本类型，即以国家为"典型单位"；
2. 具有时间维度属性，即变量可按时点采样；
3. 避免"高尔顿"扩散导致的无效个案，即应选择功能属性并无实质联系的国家，以保证样本具有相互独立的"典型性"；
4. 样本与属性空间应可测度并适用统计方法，即样本应有明确的定类、定序和定量测度层级，其中，定量变量的数量应足够大以便开展必要的统计研究。

可见，"典型单位"是确定比较研究样本的基础，是国际比较研究的中观概念，每一个"典型单位"即为一个取样点，以 ω = 国家$_1$，国家$_2$，国家$_3$……来标记，取样点的集合表示为 $\Omega = \{\omega\}$，ω 的集合称为 Ω 的域，是国际比较研究的宏观概念。根据选样规则和测度需要而制定的每一种取样标准将构成 Ω 的一个特定集，比如下文中全球十大经济体集合 E，全球人口 20 大国集合 P，全球博士研究学术热度 20 排行榜 H，以及全球博士生培养体系集合 S 等，此外，同时出现在每个特定集的取样点又组成了一个新的特定集，即：$E \cap P \cap H \cap S = \{\omega | \omega \in E, \omega \in P, \omega \in H, \omega \in S\}$，本书将其记为 U。在集合 U 中，每个元素都有确定性、互异性和无序性，即完全符合所有的取样规则且地位平等、相互独立，分别代表一种独立的博士生培养体系。因此，集合 U 又构成了博士生培养模式比较研究的样本空间。

（二）确定选样标准与特定集

1. 经济规模

博士生教育是一项耗资巨大的社会活动，历史经验表明，经济发展水平在宏观层面影响着博士生培养的规模与质量。世界银行 2000—2015

年全球十大经济体中(见表2—3),美国、日本和德国的经济总量稳居世界排名前五位,而英国、法国则始终在第五位与第六位之间相互胶着,中国作为高速发展的新兴经济体代表,2005年开始取代英、法两国进入该榜单前五位并逐年上升,2009年又超越日本和德国稳居榜单第二位,现已成为全球经济总量仅次于美国的第二大经济体。因此,将十大经济体定义为特定"典型单位"集合 E,由表2—3中可知:

$E = \{$美国,中国,日本,德国,英国,法国,$\cdots\}$

表2—3　　　　全球主要经济体 Top10(2000—2015年)

年份	2000	2001	2002	2003	2004	2005	2006	2007	2008	2009	2010	2011	2012	2013	2014	2015
美国	1	1	1	1	1	1	1	1	1	1	1	1	1	1	1	1
中国	6	6	6	6	6	5	4	3	3	2	2	2	2	2	2	2
日本	2	2	2	2	2	2	2	2	2	3	3	3	3	3	3	3
德国	3	3	3	3	3	3	3	4	4	4	4	4	4	4	4	4
英国	4	4	4	4	4	4	5	5	6	5	6	6	6	6	5	5
法国	5	5	5	5	5	6	6	6	5	6	5	5	5	5	6	6
印度	10	10	9	9	9	10	10	10	10	9	9	9	9	9	9	7
意大利	7	7	7	7	7	7	7	7	7	10	8	8	8	8	8	8
巴西	9	9	10	10	10	9	9	9	8	7	7	7	7	7	7	9
加拿大	8	8	8	8	8	8	8	8	9	8	10	10	10	10	10	10

资料来源:根据世界银行数据整理①。

2. 人口规模

博士生培养对象的核心是人,其过程对应着特定"人口"属性与结构的变化,可见人口对培养体系有深远而直观的影响。将世界银行2000—2015年全球人口20大国(表2—4)定义为"典型单位"初选集合 P,由表2—4中可知:

$P = \{$中国,印度,美国,印度尼西亚,巴西,$\cdots\}$

---

① 本书如未提及数据来源,则均根据世界银行数据整理而得。

表 2—4　　世界各国人口总数 Top20（2000—2015 年）

年份	2000	2001	2002	2003	2004	2005	2006	2007	2008	2009	2010	2011	2012	2013	2014	2015
中国	1	1	1	1	1	1	1	1	1	1	1	1	1	1	1	1
印度	2	2	2	2	2	2	2	2	2	2	2	2	2	2	2	2
美国	3	3	3	3	3	3	3	3	3	3	3	3	3	3	3	3
印度尼西亚	4	4	4	4	4	4	4	4	4	4	4	4	4	4	4	4
巴西	5	5	5	5	5	5	5	5	5	5	5	5	5	5	5	5
巴基斯坦	7	6	6	6	6	6	6	6	6	6	6	6	6	6	6	6
尼日利亚	10	10	9	9	9	9	8	7	7	7	7	7	7	7	7	7
孟加拉国	8	8	8	8	8	8	9	8	8	8	8	8	8	8	8	8
俄罗斯联邦	6	7	7	7	7	7	7	8	9	9	9	9	9	9	9	9
日本	9	9	10	10	10	10	10	10	10	10	10	10	10	10	10	10
墨西哥	11	11	11	11	11	11	11	11	11	11	11	11	11	11	11	11
菲律宾	14	14	14	12	12	12	12	12	12	12	12	12	12	12	12	12
埃塞俄比亚	16	16	16	16	15	13	15	14	14	14	13	13	13	13	13	13
越南	13	13	13	13	13	15	13	13	13	13	14	14	14	14	14	14
埃及	15	15	15	15	16	14	16	16	16	16	15	15	15	15	15	15
德国	12	12	12	14	14	16	14	14	15	15	16	16	16	16	16	16
土耳其	18	18	18	18	18	18	18	18	18	18	18	18	18	18	18	18
伊朗	17	17	17	17	17	17	17	17	17	17	17	17	17	17	17	17
刚果（金）	20	20	20	20	20	20	20	20	20	20	20	20	20	19	19	19
泰国	19	19	19	19	19	19	19	19	19	19	19	20	20	20	20	20

3. 博士教育关注度

博士生培养体系的建立和发展，离不开社会各界，特别是学术界的关注和研究，并成为推动培养模式科学演进的动力。仍以 524 条记录为样本，根据作者国别进行统计，得到全球围绕"博士"研究的学术热度 20

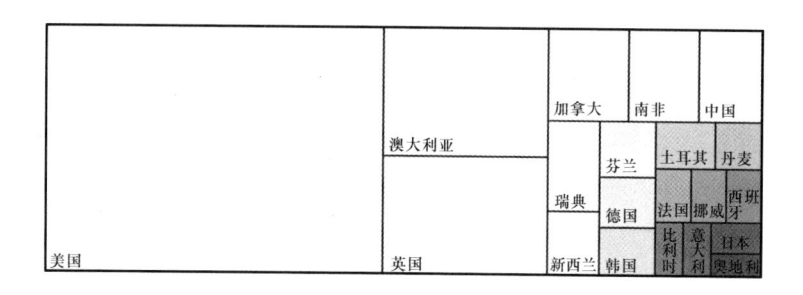

排行榜（图2—8）定义为特定"典型单位"集合 H，可知：

H = {美国,澳大利亚,英国,加拿大,南非,…}

图2—8 全球博士研究学术热度 Top20

4. 独立培养体系分类

随着知识经济时代的到来，各国对博士生教育越发重视，原本独立的培养系统全面深度合作已成为新的趋势，系统间不断进行交换或协调，在客观上形成了相互依赖的整体，在比较研究中增加了控制样本选择性偏差的难度。博士生培养模式的发展不再是孤立与自足的，它也受到其他国家培养模式发展变化的扩散过程的影响，相应增加了确定"典型单位"的"高尔顿问题①"风险。因此，本书借鉴"扩散可能性矩阵"的方法，以语言相似性、地理接近度以及培养体系趋同性为控制因素，在不同的情境中选择样本，以保证"典型单位"的相互独立性。如表2—5所示，全球博士生培养体系发展贡献率最高的30个国家在"扩散依赖体系"这一属性上，美国、德国、英国等国（取值1）与澳大利亚、中国等国（取值0）不同，二者所对应的匹配变量分别为"北美体系""博洛尼亚进程体系""英联邦体系"和"独立体系"等不同取值。由此，概括出四个相互独立的同质样本群，定义为特定"典型单位"集合 S，可知：

S = {美国,…,德国,…,英国,…,澳大利亚,中国,…}

---

① ［加］约翰·福克斯：《社会科学中的数理基础及应用》，贺光烨译，格致出版社2011年版，第282页。

表 2—5　　　　　　全球博士生培养体系发展贡献率 Top30

分类角色	概括层级			
可比性	扩散依赖体系（1）			非扩散依赖体系（0）
匹配 （相同取值）	北美体系： 美国、加拿大	博洛尼亚进程体系： 德国、瑞典、芬兰、土耳其、丹麦、法国、挪威、西班牙、比利时、意大利、奥地利、瑞士、爱沙尼亚、荷兰、波兰、葡萄牙	英联邦体系： 英国、威尔士、北爱尔兰	独立体系： 澳大利亚、南非、中国、新西兰、韩国、日本、泰国、伊朗、俄罗斯

（三）确定样本空间

根据确定样本空间的基本原则，集合 E、P、H 与 S 交运算即可得到 U：

U = {美国,德国,中国,日本}

因此，本书将美国、德国、日本和中国作为比较研究的典型个案，其变量属性的测度按定类、定序和定量展开。其中，定类主要分为相关经济结构、相关人口结构及博士生培养体系结构等，并以此为据分析相关资料和数据进行定序与定量研究。

第四节　系统动力学与动态模型

一　系统动力学基本理论

1956 年，系统动力学由美国麻省理工学院 Forrester 教授创立，并首次发表于论文《工业动力学——决策的重要突破口》（Industrial Dynamics-A Major Breakthrough for Decision Makers），最初被称为工业动态学（Industrial Dynamics），主要针对企业管理。在这之后，Forrester 教授先后出版了《系统原理》（Principles of System）、《世界动力学》（World Dynamics）两部著作，进一步论述了系统动力学的理论、方法及其应用范围,也成为全球建模领域的开端①。随后,该学科的应用领域日益扩大,并迅速超越了"工业"的范畴,被重新命名为系统动力学(System Dynamics,简称 SD,也称为系统动态学),并成为一门研究信息反馈系统的交叉学科。

(一) 系统的概念

系统动力学的发展离不开"系统"的概念。"系统"(System)一词源于希腊语"Σύστημα (systεma)",本意为"放在一起"。《牛津词典》将"系统"解释为"系统是由一组事物相互关联或协作形成的集合"(a group of things, pieces of equipment, etc. that are connected or work together)。

20 世纪初,一般系统论创始人 Bertanlanffy 提出了生物有机体的概念,并强调只有把有机体当作一个整体研究,才能发现不同层次上有机体的组织原理。同时,他定义"系统是相互联系相互作用的诸元素的综合体",并提出数学概念的"系统":如果对象集 S 满足"S 中至少包含两个不同对象"和"S 中的对象按一定方式互相联系在一起"两个条件,则称 S 为一个系统,并称 S 中的对象为系统的元素②。该定义指出了系统的三个特性:一是多元性,系统是多样性的统一,差异性的统一;二是相关性,系统不存在孤立元素组分,所有元素或组分间相互依存、相互作用、相互制约;三是整体性,系统是所有元素构成的复合统一整体。与之相对应的,乌克兰数学心理学家 Rapoport 则用大量的数学方程提出了非数学化的系统概念:"一个系统是世界的一部分,被看做一个单位,尽管内外发生变化,但它仍能保持其独立性。"③

自 20 世纪 50 年代开始,随着系统动力学的发展,国内外学者都在各自领域对"系统"的概念作出了更为详尽的定义。Forrester 教授在《系统原理》一书中提出,"系统是为了一个共同的目的而一起运行的各部分的组合。"美国统计学家 Gorden 将系统概括为"相互作用、互相依靠的

---

① 王其藩:《系统动力学》,上海财经大学出版社 2009 年版,第 2 页。
② 陶在朴:《系统动态学:直击〈第五项修炼〉奥秘》,中国税务出版社 2005 年版,第 2 页。
③ 同上书,第 3 页。

所有事物，按照某些规律结合起来的综合"①。我国著名科学家钱学森则提出了更为完整的定义：系统是由相互作用、相互依赖的若干组成部分结合而成的具有特定功能的有机集合体，同时，系统又是它所从属的更大系统的组成部分②。该定义从系统、要素、结构和功能的高度全面概括了要素与要素、要素与系统、系统与环境三方面的关系，即：功能集合体构成了大系统的内部，其组成部分成为要素，要素间相互结合的机制形成了结构；该整体以外的部分称为系统的环境，环境是系统存在和发展的必要条件并对系统产生约束力；整体内部与环境之间的分界面即为系统的边界。该定义也成为系统动力学的基本观点和研究视角。

(二) 系统动力学基本原理

系统动力学是系统理论的一个方向，以辩证唯物主义认识论的系统观为理论基础，吸取信息论和控制论的重要观点，采用数学建模技术并借助计算机构建、理解和讨论复杂系统的动态行为，其理论与方法的基本点强调了如下基本原理：

1. 以整体论为思想核心

现代整体论始于20世纪初，它以唯物辩证法为哲学基础，揭示了整体和局部的辩证关系。第二次世界大战后，随着系统论、控制论、信息论等早期系统科学理论逐步形成，整体论的方法也从思辨的哲学层次延伸到科学层次，并伴随现代科学技术由高度分化向高度融合演进的脚步而蓬勃发展，这些跨领域、跨学科的融合发展也构成了整体论方法从哲学到科学、再到应用技术等各个层面的完整视图，用科学的整体论方法认识和研究事物俨然成为大势所趋。作为系统论的一个方向，系统动力学同样着眼于研究整体以及整体之间的关系，并将研究对象划分为若干子系统，再通过建立各个子系统之间的因果关系网络，将对事物的认识在整体和局部的各个层次联结起来，从而实现对"整体"和"个体"认识的统一，既符合唯物辩证法的哲学思想，也符合人们认识事物的客观规律。因此，整体论可视为系统动力学最根本的思想核心。

---

① 钟永光、贾晓菁、钱颖：《系统动力学》，科学出版社2013年版，第10页。
② 贾仁安、丁荣华：《系统动力学：反馈动态性复杂分析》，高等教育出版社2002年版，第1页。

2. 以系统论为上位法

系统论属于钱学森倡立的系统科学,是研究系统的一般模式、结构和规律的学科,它研究各种系统的共同特征,用系统理论知识定量地描述其功能,探索并确立适用于一切系统的原理、原则和模型。从哲学层面而言,系统论的哲学思想是:世界是关系的集合体,而非实物的集合体,即:我们研究的系统内部所存在的各种相互关系的总和构成系统的结构,相应地,系统结构的直接内容就是系统要素间的关系,这些关系对于关系物是内在的,而非外在的,其性质会因受到系统整体的约束和限制而被屏蔽,并丧失独立性。由此可见,系统的整体性质并不等于其要素属性之和,这种特性被称为整体突现性。系统科学方法突破了东西方文化差异对思维模式的桎梏,既符合西方的整体论,又与东方文明的整体观一致。广义的系统科学包括系统论、信息论、控制论、耗散结构论、协同学、突变论、运筹学、模糊数学、物元分析、泛系方法论、系统动力学、灰色系统论、系统工程学、计算机科学、人工智能学、知识工程学、传播学等一大批学科在内,是 20 世纪中叶以来发展最快的一大门综合性科学。系统动力学作为系统论的主要分支,必然以系统方法论为其上位法。

3. 以控制论为理论基石

"控制论"一词源于希腊语"κυβερνητική",本意为"操舵术",就是掌舵的方法和技术的意思。在古希腊哲学家柏拉图的著作中,经常用它来表示管理的艺术。1948 年,美国数学家和哲学家 Wiener 发表了著名的《控制论》(*Cybernetics*),并将控制论定义为"动物和机器中控制和交流的科学研究"。控制论强调,存在因果循环的系统适用于控制论,即:系统的动作会在其环境中产生一些变化,同时,这些变化又以某种方式反馈到系统中,并触发系统变更。因此,控制论的核心是研究一切事物如何处理信息,对信息作出响应并发生改变,或是可以为了处理和响应信息而发生改变的机制,即信息反馈机制。其中,反馈环是控制论中最基本的要素。系统动力学正是汲取了控制论的"反馈环"理论,并提出在每个系统中(生命系统和非生命系统)都存在信息反馈机制的主张。可见,控制论是系统动力学的基础理论之一。

4. 以决策理论为技术基石

决策理论是将系统理论、运筹学、计算机科学等综合运用于管理决策问题，形成的一门有关决策过程、准则、类型及方法的较完整的应用技术理论体系。与之相似，系统动力学也是基于运筹学、为适应现代社会系统的管理需要而发展起来的独立学科，它不是依据抽象的假设，而是以现实世界为前提通过流图和构造方程实现问题的符号化，并借助计算机仿真技术建立系统模型并进行模拟、试验与评估，解决问题的过程借鉴并应用了决策技术，其中，建模过程通常是对政策目标的分解以及决策过程与准则的分析和描述，仿真试验则成为发现系统主导要素并以此为核心制定或改进战略与决策的重要手段。因此，决策理论也是系统动力学应用技术体系构建的基础之一。

二 系统动态行为的基本模式

系统动力学原理认为，回路是组成系统结构的基本单元，反馈机制决定了回路的变化规律。系统的行为变化可归纳为三种基本模式，即：由正反馈决定的指数增长、负反馈决定的追求目标行为（Good-Seeking），以及存在延迟的负反馈所决定的振荡波动。在此基础上，如果这些基本的正、负反馈结构间产生非线性作用，还将出现更加复杂的变化，如 S 形增长、超调增长/崩溃、静态平衡、随机以及混沌等。以下列举了部分重要的动态模式的特点、产生该模式的因果关系及其与时间相关变化的曲线。①

（一）指数增长

一阶正反馈结构中，变量在自增机制的作用下会出现随时间的指数增长模式，即连续增长。指数增长又分为倍增时间为常数的纯粹指数增长，以及倍增时间逐渐缩短的超指数增长，后者的增长速度高于前者。通常，指数增长在初始的倍增期内与线性增长非常相似，容易被误判。但是，指数增长的后发力巨大，如果按照线性关系进行处理，其实际增长情况将与线性预测之间出现重大差异，最终导致决策失误。因此，在

---

① 钟永光、贾晓菁、钱颖：《系统动力学》，科学出版社 2013 年版，第 38—45 页。

系统动力学模型中，一阶正反馈系统的行为就是指数增长（净增长＞0）或指数衰减（净增长＜0）。人口增长和复利都是典型的指数增长实例。

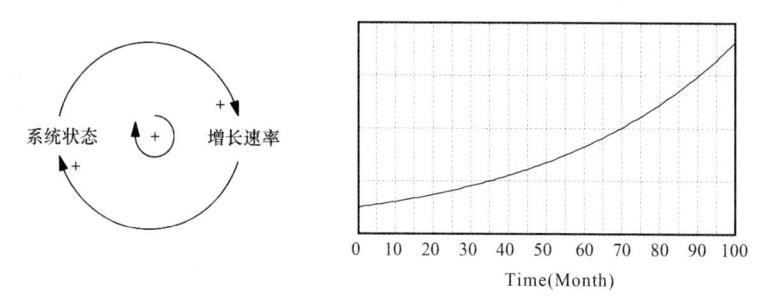

图2—9 一阶指数增长系统的结构与行为

（二）寻的行为

在一阶负反馈结构中，变量的增长受到负反馈回路的制衡，当实际状态偏离稳定状态或目标时由回调机制进行纠偏，产生向目标逐渐靠近的行为；同时，该回调机制也导致增长速度逐渐放缓，相应的倍增时间逐渐加大，系统趋向收敛于目标渐近线。可见，负反馈回路具有补偿功能，即：系统可通过偏差调节建立新的平衡，且该平衡值与原目标值不同，因此，负反馈回路也称为平衡回路。一阶负反馈系统的寻的增长构成了动态系统的第二种基本模式，其重要特点就是跟随目标的特性（寻的行为）。

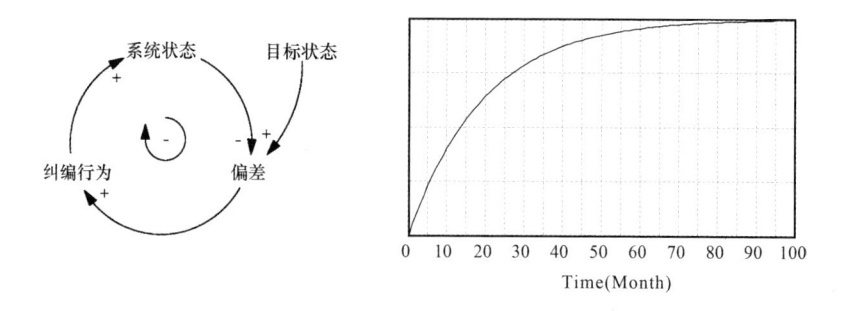

图2—10 一阶寻的行为系统的结构与行为

(三) 振荡波动

振荡是动态系统的三种基本模式之一，也是最常见的一种，由负反馈回路中存在的显著延迟所引起。系统中显著的时延会造成纠偏过度，如前所述，负反馈回路有很强的力图维持系统处于平衡状态的特性，因此，又会再次触发纠偏行动进行反向纠偏，如此反复，延迟将造成持续不断的反向调节，呈现振荡状态。

在系统动力学模型中，振荡系统是高阶系统，至少包含两个及以上的状态变量，若要使系统处于稳定状态，需要两组输入、输出变量同时各自相等。假设一个状态变量处于稳态，但另一个状态变量可能尚未稳定，来自后者的不稳定力将反馈作用于前者，从而产生振荡。振荡包括减幅振荡、等幅振荡和发散振荡等多种类型，每个变种都由特定的反馈结构引起，并由各自的参数集来决定回路的强度和时延，但究其核心则都是带有延迟的反馈回路。

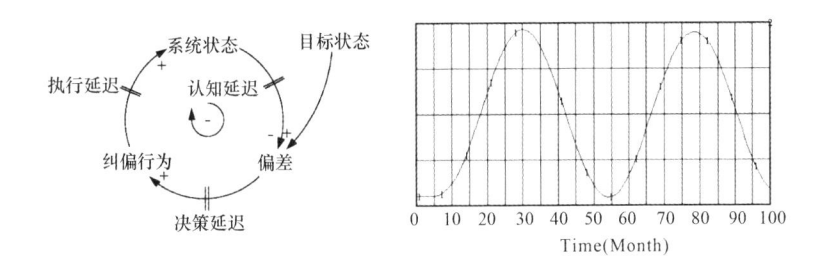

图 2—11 二阶振荡系统的结构与行为

(四) S 形增长

S 形增长是非常典型的系统行为，它是一个受目标控制的反馈结构，由正反馈回路与负反馈回路的相互非线性作用而产生，包含了正反馈主导阶段出现的发散型指数增长，以及负反馈主导阶段趋向预期目标的收敛增长两种过程。S 形增长在现实中普遍存在，如学习过程、生物繁殖和传染病蔓延等。

从反馈机制分析，系统产生 S 形增长的基本条件是系统内部起主导的反馈作用受非线性作用的影响由正反馈转化为负反馈，即：正反馈先起主导作用，经过转折点后由负反馈转而起主导作用。在此过程中，状态变量的增长速率先随状态值而增长，直至受限于系统承载能力达到极限之后逐步减小到零，从而状态存量不再变化，系统达到稳态并永远保持平衡。

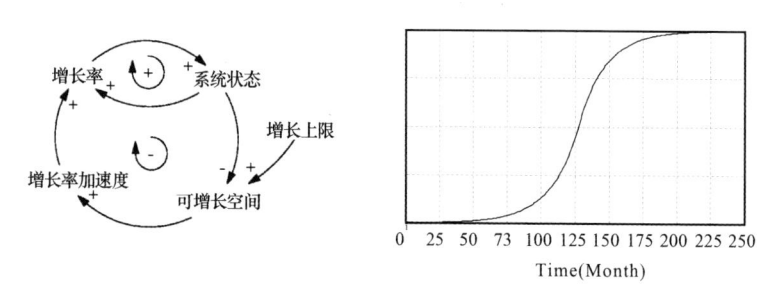

图 2—12　一阶 S 形增长系统的结构与行为

（五）超调与振荡

根据系统动力学的基本概念，S 形增长的关键条件之一是负反馈回路中不能有任何显著的时延，然而，现实情况往往与之相反，负反馈回路经常会出现非常明显的延迟，这些延迟的出现就会导致系统状态围绕着承载能力过度调整和振荡的动态模式。该动态模式通常包括显著的单峰增长与消退，以及在系统到达稳定状态之前围绕着极限的阻尼振荡。

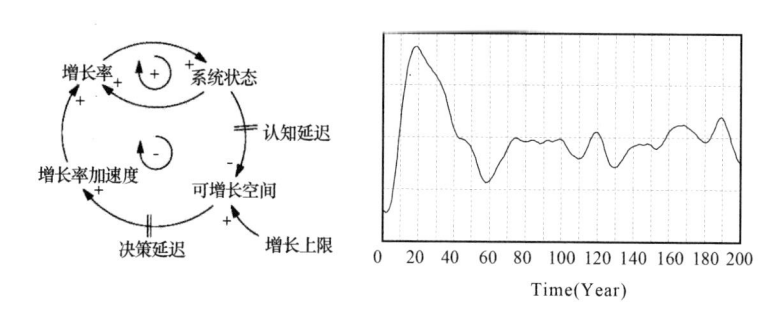

图 2—13　三阶超调与振荡系统的结构与行为

（六）超调与崩溃

在现实世界中，有许多状态变量并非是经过缓慢增长逐步发展到稳定状态的，而是以超指数增长迅速到达峰值后突然崩溃并进入平衡。这种"超调与崩溃"的复杂结构与"超调与振荡"相似，也是 S 形增长结构的扩展。该动态模式为：在存量达到顶峰之前系统行为接近 S 形增长，此阶段系统资源承载力相对丰富，状态存量呈现出快速的超指数增长，随着资源逐渐枯竭、承载力显著不足，消退模式取得主导，存量达到峰值后再也无法持续增长并开始迅速衰退殆尽；与此同时，系统承载能力也相应下调至更低的水平，以趋向于达到新的均衡。

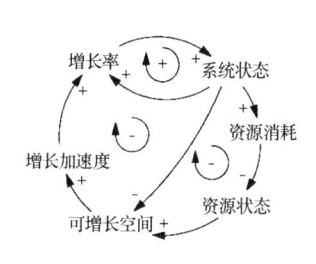

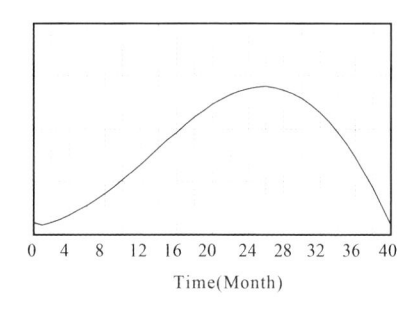

图 2—14 二阶超调与崩溃系统的结构与行为

第五节 协同学与研究对象和方法的契合性探索

博士生培养是一个复杂系统，以模式的模型观而言，博士生培养模式就是一个社会化动态模型，与所有的社会科学的研究对象一样，都会随时间推移而连续地发展变化，其中，可能是招生规模的扩张或限制、年毕业率的升降、导师制度的调整、培养经费的增减，也可能是经济增长或衰退、人口增长率或正或负的变化，等等，并由此延伸到系统的内部结构、要素及功能等问题。博士生培养模式的演化，在宏观层面上，是全球不同培养模式间的相互影响和竞争；在中观层面上，是各国博士生培养体系受到控制变量影响的自组织行为；在微观层面上，则反映出各相关主体间的竞争与协作对培养结构形成与发展的支配作用，其中，中观层面是博士生培养模式问题的研究重点，也是本书的主要研究内容。对此，本书提出基于协同学视阈比较研究的主张，并分为两个层级：一是以协同学理论确定研究视角和基本法则，二是用协同学理论指导建立研究策略、研究技术和研究对象及边界。因此，在开展研究之前，首先探究理论与策略、技术及对象之间的契合度，具有重要的理论意义和实践价值。

一　协同学与研究对象的系统特征契合度

随着日益激烈的国际化竞争，各国都对创新进程提出了更高要求，作为培养创新主力军的"博士生培养模式"更是全球性问题。本书将"博士生培养模式"定义为按照博士生培养的标准和主要内容，对攻读博士学位的学生进行长期教育和训练的"系统模型"，并希望以此概念强调博士生培养模式的系统属性及特征，即：是一个多要素交互构成的开放的、非线性的复杂动态系统，由多层嵌套的政府、大学和其他社会部门等主体随时间推移持续产生耦合效应，并与外部环境进行大量的物质、能量和信息交换。因此，在协同学视阈下对博士生培养模式的研究，实际上是协同学在社会科学的一个应用，二者在基本层面高度契合。

（一）开放的动态系统

协同学主要研究非平衡相变系统的自组织原理并主张：实现非平衡相变的系统，必须是开放系统。也就是说，只有通过外界环境不断提供的物质流、能量流或信息流，系统才能维持非平衡状态，开放性是自组织动态形成时间、空间和功能有序结构的前提和基础。

本书提出的博士生培养模式定义表明，博士生培养系统具有与外部持续交互的开放性和随时间连续变化的动态性，是一个开放的动态系统，其开放性和动态性主要表现为：

1. 工业化水平的发展、总体经济规模的增长、科技进步、人口素质结构的调整以及相关政策法规的出台等都对博士生培养产生复杂的影响，政治、经济、社会等外部环境不断将政策、资金、适龄人口、竞争需求等输入到系统中，同时，该系统也通过内部子系统间的耦合作用，产生大量的人才、智力成果并源源不断地向外输出。可见，博士生培养系统与环境之间存在着输入和输出的关系，运行中出现的问题可以通过与外部环境进行交互得到一定程度的解决，从而推动系统持续发展，是一个典型的开放系统。

2. 博士生培养系统结构的变迁过程是随着时间的推移连续发生的，培养系统不断获取来自政府、产业界、社会组织等利益相关者的各种资源，并在这些外部控制因素的作用下演化出新的结构状态，同时，系统状态的变化对外部环境直接或间接、显著或潜在的影响又将在不同时间显现出来，是一个动态系统。

（二）非线性的随机属性

协同学提出非平衡相变系统宏观结构的产生及演化途径的数学表达是子系统运动方程，其中，子系统的运动方程必须是非线性的。同时指出，正因为这些普遍存在的非线性运动的作用，导致系统内部必然出现某些耗散并伴随着涨落，从而也引起系统从一种状态到另一种状态的质的变化。随机因素可能是系统内部的涨落，或是来自外部的输入，两方面均可导致开放系统必然呈现随机性。

众所周知，非线性是社会系统等一切实际系统所固有的动态属性，同时决定了在社会科学中几乎不存在所谓"完全"的预言。显而易见，博士生培养系统是由众多子系统及其组成单元耦合而成一种实现特定功能的社会系统，内部时刻发生着子系统及其相互间的非线性协同作用，并不断驱动系统远离平衡状态，同时，其外部也不断受到环境因素的影响，并且受此影响，培养模式的结构将在临界点附近以自组织的方式发生难以完全控制和预测的新变化。可见，非线性和随机性是推动博士生培养模式不同的原动力，分别对应于协同学基本方程中的子系统运动方程和涨落力因子。

二 协同学与比较研究的策略契合度

协同学是研究各种系统中各层次不同的相变特性及相同的演化规律的重要理论，通过分析事物的共性与个性、主要因素与次要因素、竞争与协同、平衡与非平衡，采用物理统计学的绝热消去法排除大量的非决定性因素（即：快变量），在错综复杂的矛盾个性中把握"支配"事物结构与功能进化的共性要素（即：序参数）。同时，相比更大或更小的宏观与微观层面，协同学主要以中观层面描述为主，并聚焦于发生在系统内部的导致系统宏观结构蜕变的自组织行为。可见，协同理论主张的分析事物的过程就是比较研究的过程，采用绝热消去法的实质就是控制变量，对"支配"行为的分析即为因果关系的描述,最为重要的是,协同学对"矛盾"的认识和研究无处不在,展现出鲜明的辩证法思想。

比较研究通常被视为最重要的认识世界的智力工具,目的在于逻辑分析"是什么"和"为什么",或用反逻辑消除"不是什么"的问题。比较法也是所有方法的核心,其本质是描述和解释变异,即发现个案间的差别并通过解释变量因果律描述其成因,它是社会科学研究中的重要方法。比较的目的是发现异同,本身就体现了辩证思想,逻辑比较是确定事物内部变量与属性空间,以及变量间因果关系的过程,控制变量是排除干扰变量对关键因果关系的影响、降低不必要变异的过程,比较的类型明确了研究的层面,并以样本规模划分为宏观或中微观。

综上所述,比较研究与协同学在研究策略方面有很高的契合度,并主要从以下途径得以实现:首先是基于相同的哲学观,即辩证法;其次是追求相同的目的,即分析和描述事物其然与其所以然;第三是采用相同的研究语言体系,即自然语言与数学相结合的基本框架。

三 协同学与系统动力学的技术契合度

协同学与系统动力学作为系统理论体系中的两个重要分支,不仅在基本思想、基本方程上,而且在数学处理技术上都存在许多共同点,协同学与系统动力学呈现高度的技术契合度。

(一) 基本思想

协同学是一门关于多组分系统如何通过各部分协同行为而导致结构有序演化的自组织理论,主要研究动态变化的开放系统在与外界有物质或能量交换的情况下,如何通过其内部非线性的协同作用,自发地形成时间、空间或功能上的宏观有序结构,旨在寻求复杂系统由无序状态到有序状态进化的共同特征和一般规律,适用于对由复杂系统内在机制驱动的自组织形成结构的过程研究。

系统动力学是系统科学的动力学方法,即:对系统及其内部组成结构的产生机制、运动变化和相互作用的动态抽象化重构。可见,系统动力学是对整体运作本质的思考方式,它把结构的方法、功能的方法和历史的方法融为一个整体,同时融合了系统科学的思想与计算机科学的方法,目的在于提升人类组织的"群体智力"。

(二) 基本方程

协同学研究系统的进化，其基本方程如下：

$$\dot{q} = N(q, \nabla, \alpha, X, t)$$

式中：q 序参数，∇ nabla 算子（也称空间梯度），α 控制参数，X 空间坐标，t 时间。

该方程具有以下特征：首先，是一阶非线性微分方程组，序参数 q 在时间历程上演化，因此这是一个演化方程；其次，所有协同系统都是开放系统，控制参数 α 表示了系统外界对于系统的作用，通过改变控制参数，可以来研究系统的行为；最后，该方程体现了随机性，对于处于临界状态的系统，涨落发挥着至关重要的作用，随机性无所不在。因此，在协同学的基本方程中，序参数 q 是中观层次变量，协同学从中观层次变量出发，寻找描述宏观模式进化的方法。

系统动力学研究系统行为，参数时间也扮演着重要的角色：

$$\dot{q} = f(q, u, t)$$

式中：q 存量，f 存量的净流入率，u 控制变量，t 时间。

该方程具有的特征为：首先，是高阶非线性随机微分方程，处理的也是系统的时间进化问题。虽然方程中没有包含空间变量 X，这只是对现实问题的一种简化，当所考虑的系统较大、空间结构上的分布很重要时，也可引入空间坐标及其梯度，因此，一般的系统动力学方程也是一种具有时空结构的进化方程。其次，由于系统的客观行为主要取决于系统的内部结构，即自组织性的体现，因而系统动力学强调闭环结构，同时认为客观世界的系统都是开放系统，控制变量也起了连接环境与系统的作用，而不将控制、优化作为目的。最后，该方程也体现了随机性。因此，在系统动力学的基本方程中，变量均是中观层次变量，是关于各种同类单元集合的描述，与协同学一致。[①]

(三) 数学处理技术

协同学的核心是研究自组织系统在外界控制参数变化的情况下产生

[①] 王其藩、杨炳奕：《系统动力学与协同学：比较与借鉴》，载《系统动力学：一九八六年全国系统动力学会议论文集》，长沙：《系统工程》编辑部，1986 年，第 51—59 页。

的非平衡相变问题,数学处理技术也是以此为核心而发展起来的。具体程序为:首先对协同学方程在旧结构的基础上做 Taylor 展开,得到一个新的非线性方程;其次对新的非线性方程做线性稳定性分析;最后解出序参数方程,得到系统的行为。

由于系统动力学基本方程是高阶非线性随机微分方程,要找出这类方程的解析解从数学上来说目前仍有很大的差距,因此处理技术是使用计算机仿真。

由此可见,协同学与系统动力学均以多子系统联合作用的非线性复杂的开放系统为研究对象,并通过数学方法(高阶非线性随机微分方程)研究系统结构及其产生原理,其中,系统动力学更是以数学模型为基础,借助计算机技术实现了系统仿真。可见,协同学与系统动力学的关系正如协同学创始人 Haken 教授所述:"协同学是关于理解结构是如何产生的一门科学,即关于动力学的科学。"①

表2—6　　　　　　　　协同学与系统动力学比较

协同学 更抽象/各学科领域	系统动力学 更具象/社会科学领域
非线性开放系统	非线性开放系统
一旦变化则有增无已,不可逆	按时间序列展开,不可逆
序参数(慢变量)	内生变量(存量)敏感变量
涨落	内生变量(流量)存量的变化速率
控制参数(静态变量)	外生变量(环境变量)
支配原理	主回路方程(算法)
自组织原理	动力学模型流图
循环因果关系	因果键
基本方程:$q = N(q, \nabla, \alpha, X, t)$ 其中:q 序参数,∇ nabla 算子(也称空间梯度),α 控制参数,X 空间坐标,t 时间	基本方程:$q = f(q, u, t)$ 其中:q 存量,f 存量的净流入率,u 控制变量,t 时间
稳定性分析	稳定性分析

---

① [德]赫尔曼·哈肯:《协同学:大自然构成的奥秘》,凌复华译,上海译文出版社2013年版,第132页。

第三章

德国博士生培养模式研究

德国的博士生教育起源于中世纪，传统"师徒制"博士生培养模式影响了世界博士生培养的进程。德语"博士"（Doktor）一词可以追溯到古代，它源于拉丁语 docere，意思是"教学"（lehren），doctus 则为"教授"，"博士"指在一个学习领域教授他人的人和所处的一种地位。关于博士学位教育的历史可以追溯到比德语区大学的历史更久远的地方。1348 年查理四世在布拉格建立了当时德意志民族神圣罗马帝国的第一所大学；1386 年，海德堡大学建立；1388 年科隆大学建立。从 14 世纪起，德语区有了博士学位（Promotion）的概念、头衔和程序。然而，它在大学系统中的第一次历史应用并不是标志着一个高级科学学位，而仅表示实际完成了多年的学习。Ellwein 在谈到 17 世纪和 18 世纪的博士生培养时写道，"博士生学习的时间很短，事实上，三年的博士生学习结束时只有 19 或 20 岁，这并不是一个例外……"[①] "博士"头衔仅授予神学院、法学院、医学院的学生，而对研究自由艺术的博雅学科的学生则仅授予"文科硕士"（Magister）头衔[②]。随着大学的发展及其对师资水平要求的提高，18 世纪中期在德国大学中出现了高校执教资格考试（Habilita-

---

① Ellwein T., Die deutsche Universität. Vom Mittelalter bis zur Gegenwart [M]. Wiesbaden: Fourier Verl, 1997: 61. 转引自 Deutscher Bundestag. Unterrichtung durch die Bundesregierung: Bundesbericht zur Förderung des Wissenschaftlichen Nachwuchses [M]. Köln: Bundesanzeiger Verlagsgesellschaft mbH, 2008, p. 29。

② Deutscher Bundestag. Unterrichtung durch die Bundesregierung: Bundesbericht zur Förderung des Wissenschaftlichen Nachwuchses [M]. Köln: Bundesanzeiger Verlagsgesellschaft mbH, 2008, p. 30。

tion），用以取代博士学位与任教资格混为一体的机制，博士学位才成为单纯的学位。

第一节　德国博士生培养模式的历史变迁

德国博士生培养经历了初创期、震荡期和改革期三个阶段。

一　初创期（19世纪—20世纪初）

（一）各种思潮奠定了博士生教育的思想基础

不同于处在天主教会统治下阴云笼罩的15世纪的德国，19世纪初的德国，先后经历了理性主义思潮、宗教改革、新人文主义思潮等的洗礼。这些思潮，可以说赋予了德国博士生教育鲜活的生命，活跃的思想运动，从以下两个方面充实了德国教育的灵魂：其一，是对于"人"的重视。这些不同的思潮中，或许对人、对世界的看法都不尽相同，但他们都达成了一个共识，那就是肯定人的地位。人类有着美好的灵魂，有着改变世界的能力，有着尊重自己的理由……因而此时的德国，人的价值与地位达到了一个空前的高度。人们开始崇尚自由，注重保护人的尊严，发挥人的价值，并且深度挖掘自身的潜能，这些思想的进步为德国博士生培养模式的形成提供了重要条件——以人为本的理念和对自然科学执着而又纯粹的追求，是德国博士生培养模式的基石；其二，人们越来越相信自然规律的存在，并认为人类可以认识到并且掌握这种规律，人具有从事研究的创造能力，从事研究的基本目的是使学术与文化开辟通向"改善人类现状"和"道德与幸福之境"的道路[1]，这种可知论的乐观主义在人们思想中逐渐占据统治地位。

新人文主义思想为德国开办创造性研究为其本质特征的博士生教育奠定了坚实的思想基础。新人文主义被誉为第二次文艺复兴运动，虽然依旧无条件地崇奉古典文化为完美的典型，但在复兴的对象、历史背景和复兴方式上又与之不同。从复兴的对象来看，第一次文艺复兴运动旨

---

[1] ［德］弗·鲍尔生：《德国教育史》，滕大春、滕大生译，人民教育出版社1986年版，第66页。

在恢复古罗马文化,而第二次则把雅典文学和艺术以及雅典哲学和雄辩术的辉煌岁月视为黄金时代;从历史背景来看,第一次文艺复兴运动起源于意大利,带着一种浪漫的爱国主义色彩来恢复被毁灭的古代语言和文化。而第二次运动则起源于新教统治下的北德意志,力求证实德国人与希腊人在精神生活方面具有密切关系,均是以哲学和科学、文学和艺术等思想因素为国家存在的重心,而不是像罗马人或法国人那样以政治和军事为国家生存的重心;从复兴方式上来看,新人文主义运动并不是以仿古复古为圭臬,而是要自己创作出可与希腊文学媲美的作品。当在德国文学界发挥支配作用的歌德与席勒一同站在新人文主义的立场之上时,他们让德国文学界相信古希腊是人性发展的最高境界。而教育的目标是"用希腊模式塑造你们自己""人已不是按照社会习惯准则所塑造的傀儡,也不是他所隶属的职业界的枯燥无味的专家,更不是神学教条的奴隶,而是具有人的个性和特性的人,具有真正人的意义的自由人,他们像有创造才能者创造艺术作品那样来创造自己的生活,他们确实是这种伟大艺术作品——公民自治社会——的首创者"①。

(二) 洪堡模式提供了博士生培养的理论雏形

在启蒙主义思潮影响下,人们普遍认为大学的首要功能在于其社会实际价值,但当时的大学脱离了国家的实际需要,已无法满足社会发展的需求,所以建议取消大学的人不在少数。当 Kant 在其古老的《学院之争》(*Der Streit der Fakultäten*) 中信奉科学的"真理"(Wahrheit) 和"自由"(Freiheit) 时,德国大学的发展与其他欧洲大学一样陷入了停滞的窘境。1789 年欧洲有 143 所大学,1815 年只有 83 所;1800 年 34 所德国大学中有 18 所消失了。18 世纪的"大学之死"(Universitätensterben) 延续到 19 世纪初,即使是位于奥得河畔和柯尼斯堡法兰克福幸存的普鲁士大学(除了被没收的大厅外)也处于危险的境地。在这种背景下,两种话语潮流融合在一起。首先,如何在一所新的大型大学的基础上建立一个示范性和高效的大学教育,柏林将是一个合适的位置;其次,普鲁士国王弗里德里希·威廉三世的顾问们提出,必须通过增强精神力量来

---

① [德] 弗·鲍尔生:《德国教育史》,滕大春、滕大生译,人民教育出版社 1986 年版,第 111—113 页。

弥补政治和军事力量的丧失，其目的是通过全面的学校改革，改变不合理的大学制度，实现前所未有的通识性的和科学性的修养（allgemeine und wissenschaftliche Bildung）。

当 Humboldt 决定在普鲁士政府担任国家枢密院顾问和公共教育负责人时，他陷入了良心的冲突。由于大学委员会（Universitätsgremien）在领导大学方面的能力较差，完全的程序性利益冲突和幼稚的争吵削弱了"深陷爱河的大学"中每一个丰富的思想。科学最好掌握在经验丰富的科学家手中。但国家当局一再表明，他们准备建立大学，并将国家的责任分配给大学委员会。然而，从长远来看，事实证明他们完全无助，无法控制自己的衰退，更不用说停止或逆转衰退了。虽然 Humboldt 以他年轻时的经历使他倾向于一种他称之为"完全国家文化自由原则"（Grundsatz einer vollkommenen Staatsfreiheit der Kultur）的立场，但现在他认为这种脱离国家的自由只可能是"通过国家的自由"，这是一种复杂的关系，而不是当局和科学家之间相互理解和调解的结果。所以 1810 年柏林大学成立的基本基调是由一个坚定的假设所决定的，即只有明确的国家决定，而不是企业理念和协议，才能对这种新型大学类型的出现做出公正的判断。

Humboldt 上任时陷入了绝望的境地。他后来著名的大学原则并没有得到根本性的更新。他把这一原则描述为："比首脑会议更高的科学机构的概念，在这个概念中，所有直接发生在国家道德文化基础上的事情都是以首脑会议为基础的。他们决心要在这个词的最深层和最广泛的意义上从事科学工作，并将其作为一种物质加以使用，但不是有意的，而是由其自身的精神和道德教育所准备的。然而，由于这些机构只有在每个人都尽可能地面对纯粹的科学观念的情况下才能实现它们的目标，寂寞和自由（Einsamkeit und Freiheit）才是在他们的圈子里盛行的原则。但是，既然人类的精神工作只是作为一种合作而繁荣，不仅是为了一方取代另一方所缺乏的，而且是为了一方的成功激励另一方，使所有普通人都能看到它的原创性……这些机构的内部组织产生并保持一种不间断的、自我恢复的、非强制性的和无意的合作。高等科学院的一个特点是，他们总是把科学当作一个还没有完全解决的问题来对待，因此总是停留在研究中，因为学校只处理完成和既定的知识……这就是为什么教师和学生变得与以前大不相同的原因。前者不是后者，两者都是科学的；……所谓的高等科学机构，除了其形式之外，什么都不是，只是人民的精神生活，是外部的需要，是内部为科学研究而奋斗的需要。"①

Humboldt 领导的新人文主义教育改革运动将科学研究引入传统大学。Humboldt 和他的同事们希望把自然科学研究和他们的创新实践带到大学，综合教育和系统研究为他们提供了一个和谐、互补的整体。这些研究活动可以是实验室实验、自然探索、收藏品的完成和评估、矿物学或文化历史发掘、档案和文献来源的发现和评估、经验语言研究、所有语言的文学作品的学习和批评。扩大现有知识，发现实质性的新事物，纠正错误是很重要的，它要求创造性思维、识别、整理、系统化，并将可重复、可证实的事实和先进的理论体系结合起来，处理现有知识和对普遍性的新的、更深入的理解。

Humboldt 反对将"大学""高等教育机构"理解为"学校"。学校是讲授现成的、随时可用的速成知识来进行职业培训，而大学是一个内在活跃的科学探究场所，为新知识创造内在动力和自由空间，以在人类知识和人类智力能力的极限下产生新的知识。Humboldt 主导的大学改革带来了德国大学的勃勃生机，使德国的高等教育开始摆脱长期的危机，1810 年创立的柏林大学也成为众多国家竞相膜拜和效仿的对象。

当大学建立和改革后，随着大学的科学功能对博士生培养提出了新的要求，博士学位重新吸引了公众的关注。然而，Humboldt 没有提出与其大学理念相适应的新的博士计划。19 世纪以前，受过充分教育、有资格申请博士学位，能够负担得起这笔巨额费用的人②，提交一份阐明核心观点的书面辩论或专题论文，并参加一次严格的知识性考试（Rigorosum）和辩论性考试，即答辩（Disputation），通过后授予博士学位。此外还会举行一些复杂的仪式，如布置宴会厅，向教授和其他相关人士赠送礼物，

---

① Schelsky H., Einsamkeit und Freiheit: Idee und Gestalt der deutschen Universität und ihrer Reformen [M]. Reinbeck bei Hamburg: Rowohlt, 1963: 148. 转引自 Deutscher Bundestag. Unterrichtung durch die Bundesregierung: Bundesbericht zur Förderung des Wissenschaftlichen Nachwuchses [M]. Köln: Bundesanzeiger Verlagsgesellschaft mbH, 2008, pp. 30–31。

② 即使到19 世纪，攻读博士学位的财务支出仍是由博士学位候选人自己承担。

安排宴会等。授予博士学位头衔和举行庄重的仪式体现出贵族阶层的等级制度,这种精神激励在权贵中广受欢迎①。根据 Humboldt 的意图,19 世纪的博士学位授予过程考查的是候选人对其所选学科的理解和掌控能力,其中论文的研究结果为其今后发展提供了出发点。为提高博士研究的科学水平,Wollgast 倡议采纳 Mommsens 提出的修订考试标准,取消缺席博士研究的资格,并引入学位论文的压力②。

关于博士学位,洪堡模式没有提出全面控制的要求或设计学习计划的问题,而是提出如何确定和促进数量不定的年轻人,使其比一般人更具有科学能力,能够在"科学的寂寞和自由"中有着内在的影响和成熟,最后还指出应鼓励他们提供优秀的研究成果,努力在出版物、学术会议上展示科学知识。在洪堡模式的推动下,柏林大学 1886/1887 学年授予博士学位 203 个,其中神学博士 1 人,法学博士 5 人,医学博士 127 人,哲学博士 70 人。从 1891 年夏季学期到 1911/1912 年冬季学期的 20 年里,德国共授予博士学位 23217 个,其中新教神学 191 个,天主教神学 145 个,法学 2987 个,医学 9424 个,哲学 10470 个。每学年在拥有博士学位授予权的大学里大约有 33000 名学生,其中有 1160 名博士生,即每 100 名学生中有 3.5 名博士生③。由此可知,在 19 世纪,许多人攻读博士学位,因为这是实现职业发展最合适的方式,这也被视为一个与世界各地特权贵族竞争的机会。

(三)工业化进程加速了社会对博士生的需求

第一次工业革命开始于 18 世纪 60 年代的英国,并在后面的数十年里逐渐蔓延至欧洲各国。但此时的德国,国内邦国割据、战火纷飞,正处在一个极度混乱的情况。因此,一直到 19 世纪 30 年代,即工业革命后期,德国才开始了工业化进程。虽然德国工业革命是在 19 世纪 50 年代后

---

① Deutscher Bundestag. Unterrichtung durch die Bundesregierung: Bundesbericht zur Förderung des Wissenschaftlichen Nachwuchses [M]. Köln: Bundesanzeiger Verlagsgesellschaft mbH, 2008, pp. 29 – 30.

② Wollgast S., Zur Geschichte des Promotionswesens in Deutschland [M]. Bergisch Gladbach: Dr. Frank Grätz Verlag, 2001, p. 179.

③ Deutscher Bundestag. Unterrichtung durch die Bundesregierung: Bundesbericht zur Förderung des Wissenschaftlichen Nachwuchses [M]. Köln: Bundesanzeiger Verlagsgesellschaft mbH, 2008, p. 32.

从轻工业开始，但受到英、法等先进资本主义国家在重工业领域具有雄厚技术基础的刺激，加之普鲁士政府大力发展军备工业的需求，德国在轻工业发展不久就开始了对重工业领域的技术革新。迅速发展的重工业促使德国很快跻身先进资本主义国家的行列。从1870年到1913年，德国工业生产增加了4.6倍，而英国只增加了1.3倍，法国增加了1.9倍。德国国民生产总值以年均2.9%的速度增长，超过了英国（2.2%）和法国（1.6%）。在1913年世界工业生产总额中，德国仅次于美国的36%，以16%的份额超过了英国（14%）和法国（6%）①，成为世界第二号工业大国。

随着德国工业化发展得越来越好，其产业结构也完成了重组，三大产业发育成型，1913年德国工业产值占国民经济总产值的45%，农业产值下降到23%，工业化的实现使农村剩余劳动力开始流入城市的第二、第三产业，这为德国的城市化带来了强大的推动力。在城市化中，德国在农村农奴制改革中所采取的"普鲁士道路"发挥了重要作用，多年的封建农奴制被废除，但当这些农奴获得人身自由后，在农村却没有属于自己可以耕种的土地，为了谋生只能进入城市。德国的城市化从19世纪70年代起进入快速发展阶段，1871年德国的农村人口占比为63.9%，城市人口仅为36.1%；而到了1910年城市人口占总人口的60%，农村人口占40%。② 城市人口规模不断扩大，以柏林为例，1820年柏林只有20万人，1910年达207.19万人，成为欧洲第三、世界第五的大都市③。第二、三产业的迅猛发展对高质量人才有着极大的需求量，越来越多的劳动力想要涌入第二、第三产业以获得更好的薪资与工作条件，这就使得人们接受高等教育的意愿越来越强，而人口的聚集则为一大批新型大学的博士生培养提供了生源。

工业化进程对科学技术提出的新挑战，使德国政府对博士生教育高度重视，德国政府承担了高等教育的所有开支④，为基础理论研究者提供

---

① 姜德昌、夏景才：《资本主义现代化比较研究》，吉林人民出版社1989年版，第287页。
② 同上书，第285页。
③ 吴友法：《德国现当代史》，武汉大学出版社2007年版，第16页。
④ ［瑞士］瓦尔特·吕埃格：《欧洲大学史第三卷：19世纪和20世纪早期的大学（1800—1945）》，张斌贤、杨克瑞译，河北大学出版社2013年版，第116—117页。

了良好的环境,一大批和洪堡大学一样的新型大学建立起来,在这些大学中,学者们享有充分的学术自由,并且政府也给予了学术研究多方面的支持。1880年至1914年间,自然科学和技术教授与工业和殖民主义一起增长;人文学科的教授与政界——新闻记者、作家、伟大且久负盛名的艺术家和作曲家结合在一起,所有这些都使学术职业更具吸引力①。1911年年底,德国还创建了"威廉皇帝科学促进协会"(Kaiser-Wilhelm-Gesellschaft,即马克斯·普朗克学会的前身),为杰出学者提供专门从事研究工作的机会。正是在这些有利条件的保障下,德国在19世纪末20世纪初诞生出爱因斯坦、赫兹、普朗克等一大批优秀的科学家,不仅加速了德国的科技发展,而且也为人类科学的进步和生产力的提升做出了重要贡献。正如法国爱国科学家帕舍尔指出的,法国在普法战争中的失败是在"科学上失败了","德国增设大学,在大学之间培植有益的竞争心理,对大学教授和博士很尊敬并给予荣誉,设立宽敞的实验室,并具有精良的实验仪器;而法国则只顾革命,沉醉于理想政体的无益争论之中,对高等教育的设施也只是给以偶尔的注意。"②

工业化进程也让企业意识到博士生的重要性,促使大学与企业之间开始出现密切的联系,很多公司通过拨款或科学设备的赠予来鼓励大学实验室开展科研工作。同时,科学技术的发展使人们开始摆脱纯学术研究的羁绊,新学科和应用性学科不断涌现,大学的研究领域不断拓宽,这就对陈旧或不适应形势的博士生教育提出新的要求③,也为后期德国博士生培养模式的转变奠定了基础。

小结:到19世纪末20世纪初,德国的博士生教育在各种思潮的洗礼、洪堡模式的指引,以及工业化进程的推动下迅猛发展,顺应了发展人类理性的要求,有利于促进科学的进步,因此吸引了来自欧美的大量留学生前来学习,德国博士生培养模式成为各国学习的典范。而政府作为博士生培养的主要财政来源,在其中发挥着重要作用。但自19世纪40

---

① [瑞士]瓦尔特·吕埃格:《欧洲大学史第三卷:19世纪和20世纪早期的大学(1800—1945)》,张斌贤、杨克瑞译,河北大学出版社2013年版,第137页。
② 日本世界教育史研究会:《六国技术教育史》,教育科学出版社1984年版,第236页;转引自吴友法《德国现当代史》,武汉大学出版社2007年版,第25页。
③ 符娟明、迟恩莲:《国外研究生教育研究》,人民教育出版社1992年版,第275页。

年代以来的功利主义和实证主义成为与新人文主义并存的精神力量影响着德意志各邦的大学政策,因普遍坚持功利主义的态度,对以纯科学研究为目的的研究所以及博士生教育的支持并不积极,同时也未开辟其他资金渠道,从而使博士生绝大部分来自社会上层子弟,博士生教育带有很明显的阶级烙印。这种对于政府的高度依赖性给博士生教育的发展带来了危机。

二 震荡期(20世纪初—20世纪80年代)

(一)第一次世界大战和经济危机刺激了规模的扩张

第一次世界大战后,由于战争的负担和《凡尔赛和约》的赔款几乎全部转嫁到德国,德国经济遭受了重大破坏,但旧有垄断资本的势力并未因此而削弱。德国资产阶级初次登上了统治的舞台,使德国走上了资产阶级自由、民主的道路,1919年魏玛共和国的建立以及《魏玛宪法》(*Weimarer Reichsverfassung*)的颁布,在一定程度上确立了资产阶级民主、自由的原则,相较帝国时期的旧宪法而言是一种进步①。1920年,战后资本主义世界爆发的第一次世界经济危机波及德国,使许多工厂停产,生产下降。但从1924年开始,以高度垄断经济为支柱的德国走上了经济复兴的道路,1928年出现了繁荣。这一时期是魏玛共和国的"黄金时代",政治上也迈入世界大国的行列。魏玛共和国初期,在批判传统教育的同时,政府试图探索教育的民主改革的新道路,使人人享有受教育的权利,并在科隆和汉堡又创办了两所新型大学,过去被排斥的犹太人及社会主义学者都活跃在德国大学的讲台上,广泛讲授社会科学领域的新思想和新见解,极大地丰富和推动了德国大学学术活动的繁荣和发展②。同时,伴随着战后大批退伍士兵涌进德国大学,德国大学生的数量迅速增加。1929年再次爆发的世界资本主义经济危机把魏玛共和国又一次拖入经济和政治危机的漩涡之中,然而大学注册人数却空前增多,从大战结束时1914年的6.1万多人增至1931年的13.8万多人,博士生教育规模迅速扩张。

---

① 吴友法:《德国现当代史》,武汉大学出版社2007年版,第96—99页。
② 同上书,第127—140页。

(二) 第三帝国的兴衰阻碍了博士生教育发展

德国经济高度依附于美国，从美国纽约股票市场崩溃开始的第二次世界经济危机使德国经济遭受到沉重打击。德国财政出现巨大赤字，失业人数剧增，从1929年的200万人增加到1932年的600多万人，最高时达到800多万人，失业人数占全部劳动人数的43.8%。失业队伍中除了中小企业主、手工业破产者等，还有数十万政府职员、教师、工程师和文化艺术工作者。失业导致社会危机加剧，绝大多数高等学校毕业生找不到工作，1931年至1932年，每年有2.6万名大学毕业生，找到工作的仅有1万人左右。这些失业和无业人员在危机中走投无路，成为纳粹党煽动和争取的对象。法西斯势力迅速崛起，魏玛政府无法维持现存的统治方式，逐渐走上了专制主义的道路[①]。1933年纳粹政权上台，随着第三帝国的兴起，德国高等教育进入衰落时期，大学传统的学术自由被政治集权控制所替代，纳粹在科学德意志化的口号下肆意驱赶犹太籍科学家和大学生，许多教授在种族政策的迫害下流亡国外，14.34%的大学教师和11%的大学教授被解雇或开除，教师和学生人数锐减，大学生人数由1931年的10.4万人减到1938年的4.3万人[②]。1935年各大学通过焚书活动将迫害知识分子的运动推向高潮，而大学也变成了一种教化的场所，大批知识分子流亡他国，极大地破坏了德国的学术文化事业和科学研究。加上大战的破坏，到第二次世界大战结束时，全国原有的24所大学中有13所被严重摧毁。博士生教育的境况也可从整个高等教育的窘境中窥见一斑。

(三) 恢复重建期创造了培养规模扩张的条件

第二次世界大战后，德国开始恢复重建，经济得以快速增长。1950年至1960年，工业生产年平均增长率为9.2%，仅次于日本的16.5%，超过了美国（3.5%）、英国（3.1%）和法国（6.4%）。虽然20世纪60年代中期，尤其是1966年至1967年经济危机之后，经济增长速度开始下降，但国民经济仍保持平均每年增长5.9%的速度[③]。重视科学

[①] 吴友法：《德国现当代史》，武汉大学出版社2007年版，第147—150页。
[②] 符娟明、迟恩莲：《国外研究生教育研究》，人民教育出版社1992年版，第280页。
[③] 吴友法：《德国现当代史》，武汉大学出版社2007年版，第342—343页。

技术和教育事业是德国经济迅速崛起的重要原因，经济的高速发展也对高等教育提出了新的要求，急需培养出大批具有高等教育水平的科技人员和管理人员。德国加大了对科学研究的投入力度，20世纪60年代联邦德国的科技研究经费年平均增长率达15%，为西方国家之冠。1977年科学研究经费达273亿马克。进入20世纪80年代，为了使出口产品在国际市场上占有优势，联邦德国大力从科学技术方面着手提高产品质量，为此又不断增加科学研究的开发投资。科学技术人员队伍也不断扩大，1975年就达到30万人，平均每1万人口中就有49名科学研究人员。第二次世界大战后德国出现的生育高峰使新生人口在20世纪60年代中期正好处于入学年龄，1965年德国18—21岁人口达250万人[①]。根据德国联邦统计局的统计，德国大学的毕业生数由1960年的20300人增长到1970年的26192人，年均增长率为2.58%；此后增速加快，以年平均8.60%的速度增长到1980年的46331人，为博士生教育输送了更多高质量的生源，博士学位获得者的数量以7.02%的年平均增长率从1960年的6200人上升到1980年的12222人，逐步改变了博士生教育的特权特征和象牙塔的地位，同时为广大的科学和产业部门培养了众多优秀的科学后备人才，为博士生教育规模的进一步扩张创造了条件。

小结：从20世纪初到20世纪80年代，德国的博士生教育在社会动荡的影响下经历了起起落落。虽然两次世界大战和第三帝国带给德国的灾难是无法弥补的，大批杰出的科学家流亡他国，使德国失去了世界科学中心的地位，但是，德国是一个高度重视教育的国家，教育经费在国家财政支出中占有较大的比例，国民文化素质和劳动者的职业素质较高，博士生教育培养的高级科技人才促进了德国科学技术水平的飞速提高，为工业部门输送了大量高级人才，有力地支撑了德国经济长期稳定的发展。随着德国各行各业对博士需求的日益旺盛，博士生培养规模不断扩张，但这也带来了发展的隐患。

[①] 陈凌、张原、国懿：《德国人才战略：历史、发展与政策》，党建读物出版社2016年版，第114—115页。

三 改革期(20世纪80年代至今)

(一)德国统一后的失业问题刺激了博士需求

1989年11月9日柏林墙倒塌,德国开始通往统一的道路,1990年10月3日,原德意志民主共和国(即东德)并入德意志联邦共和国(即西德),实现了两德统一(Deutsche Wiedervereinigung)。再度统一起来的德国,由于其经济实力以及众多的人口而成为欧洲最强大的国家。但在统一后的一段时期内,国内遇到了不少困境,对博士生教育影响最大的莫过于失业人数不断攀升。东部地区1990年6月底失业人数是14.2万,7月底上升到22万,到1991年年底超过了100万人,1992年失业人数为190万,1993年又上升为240万人。全德失业人数在1996年突破了400万,1997年年底高达452.2万,全国失业率为11.8%,而东部地区高达19.4%。1998年年初,全国失业率接近12.6%,失业人数近500万,创第二次世界大战以来的最高纪录[1]。随着失业问题日益严峻,就业市场形势不断恶化,准备攻读博士学位的人数却在增加,2000年约有25780名博士候选人,非医学博士候选人数从1993年到2000年增长了33.7%[2][3]。

为解决失业问题,德国政府继续加入对科研的投入,根据德国联邦统计局数据显示,从1991年对高校研发投入57.13亿欧元,以年均2.55%的速度持续增长,2000年达到71.69亿欧元,以期通过科研来开发未来工业,不再向传统工业找回失去的工作岗位。这也在一定程度上让博士生看到了未来的希望,攻读博士学位成为远胜于早早就业的最佳选择。但高绝对数量和相对较高的博士学位比例促成了对德国博士学位质量的讨论,德国博士生培养也越来越成为争论的焦点。

---

[1] 吴友法:《德国现当代史》,武汉大学出版社2007年版,第436页。

[2] Wissenschaftsrat. Empfehlungen zur Doktorandenausbildung [R]. Saarbrücken:WR, 2002, p.7.

[3] 由于德国大多数执业医师都要求具有医学博士学位,医学博士的培养过程等与其他博士学位有很大区别,因此医学博士培养在德国博士生培养中属于一个特殊的类别,本书不作为重点予以讨论。

(二) 对博士生培养的批评敦促了模式的变革

自20世纪80年代以来，德国传统的博士生培养模式开始受到关注和批评[①]。

一是所有学科组获得博士学位的平均年龄不断上升。1993年的这一数值为32.1岁，而在2000年之前上升到33岁。这意味着在仅仅七年的时间内延长近一年，特别是语言与文化科学（36.1岁）以及工程科学（33.6岁）明显高于平均水平，法律、经济与社会科学（32.7岁）和人类医学（32岁）以及数学与自然科学（31.8岁）与平均年龄基本持平。在主要的研究领域中，历史科学获得博士学位的平均年龄增长特别高，达到了2.3年。攻读博士学位时间过长使得获得博士学位的年龄增大，从而导致年轻科学人口的老龄化，因此，需要进一步努力缩短年轻科学家的总体资格期限，其中一项举措就是缩短成为博士候选人到开始撰写博士论文的持续时间。虽然生物学和数学的这段时间跨度不超过半年，但电气工程、经济学和德国研究（Germanistik）为1.5年，社会科学为2.9年。

二是博士学位对青年学者的吸引力日益下降，尤其是博士学位获得者的劳动力市场和职业机会在一定程度上发生了变化。总体来说，1997年至1999年毕业的博士生中，大约有6%在10年后被任命为教授。如果不考虑医学和艺术学科，这个比例将增加到9%。在自然科学中，新职业与博士学位之间的关系较少，在法律、经济与社会科学以及语言与文化科学中，博士就业的比例稍大。而在艺术与艺术科学，毕业博士相对较少，他们面临着相对较多的新职业[②]。这也敦促了博士生培养模式的变革。

(三) 结构化模式的兴起提供了培养的新途径

20世纪80年代初期，德国高等学校校长联席会议（Hochschulrektorenkonferenz）开始关注传统的"师徒制"博士生培养模式产生的问题，

---

① Wissenschaftsrat. Empfehlungen zur Doktorandenausbildung [R]. Saarbrücken: WR, 2002, pp. 7-12.

② Hauss K., Kaulisch M., Zinnbauer M., et al. Promovierende im Profil: Wege, Strukturen und Rahmenbedingungen von Promotionen in Deutschland [M]. Berlin: Institut für Forschungsinformation und Qualitätssicherung, 2012, pp. 31-32.

围绕指导关系的变化（指导团队、指导协议和指导与评估的分离），攻读博士学位的时长，在课程、研讨会和座谈会中专业和非专业关键技能的传授，博士学位条例中基于出版物的累积论文的规定，博士生在大学任教的活动，考试和指导过程的透明度和德国博士学位对外国研究生的吸引力等进行了广泛的讨论。基于上述问题，德国对博士生培养模式进行了改革。

20世纪90年代初德国研究基金会（Deutsche Forschungsgemeinschaft, DFG）成立了DFG研究生院（DFG-Graduiertenkollegs），其核心理念是进行结构化博士生培养，其特点是更为正规化的指导、多位大学教师的支持、强制性教学和课程的提供、跨学科和跨专业能力的提升、透明化的选择过程，以及更广泛的专题研究背景的融入。自世纪之交以来，非大学研究机构纷纷建立自己的研究生院结构，并为参与研究的博士生建立自己的培养结构，例如马克斯·普朗克学会（Max-Planck-Gesellschaft）在这方面处于领先地位，其他研究团体也采取了类似的举措。2004年，施罗德政府决心重振德国大学，打造数所哈佛式的精英大学。这一计划被称为"卓越倡议"（Exzellenzinitiative），于2006年启动，卓越倡议开始大规模建设研究生院。卓越倡议只是最新和最知名的支持计划之一，它明确地旨在通过结构化的提议来提高对青年人的支持，不仅在39所研究生院（Graduiertenschulen），而且在研究集群（Forschungscluster）和未来概念（Zukunftskonzepte）的竞争中提拔年轻人也很重要[①]。博士生教育已经成为大学的"旗舰"，此后，大学以研究生中心、研究生学校、博士学院、研究生学院、研究生院等形式开设了各种结构化的博士生课程，极大扩大了博士生课程的范围，提供了更多的教学资源，有力提升了博士生指导质量。

2011年2月随着对前国防部长Guttenberg以"故意欺骗"方式获取博士学位的指控，拜罗伊特大学（Universität Bayreuth）法律与经济学

---

① Moes J., Die strukturierte Promotion in Deutschland: Erfolgskriterien und Stolpersteine [M]//Wintermantel M., André J., Mayer M., Promovieren heute: Zur Entwicklung der deutschen Doktorandenausbildung im europäischen Hochschulraum. Hamburg: Herstellungsbüro, 2010, pp. 42 – 52.

院撤销了其博士学位，公众开始就良好的科学实践规则展开辩论，起初并不是因为公众对科学诚信的兴趣强，而是因为该案件涉及一位杰出的政治家。此后，德国总理关于 Guttenberg 未被聘为"学术助手"（wissenschaftlicher Assistent）的声明引起了科学界的强烈愤慨，由 63713 人联名签署的公开信中指出，随意授予博士头衔是一种犯罪，认为"学术荣誉在现实生活中是无关紧要的"是对所有学术助手和所有真诚地寻求为科学进步贡献自己力量的博士候选人的嘲弄。这引发了一场辩论，不仅仅关注个别政治家的不端行为，而且还关注大学的质量标准和保障程序。随后对自由民主党欧洲政治家 Koch-Mehrin 的剽窃指控也导致海德堡大学撤销其博士学位①。一系列丑闻使博士生培养的质量问题再次成为大众关注的焦点。在 2011 年的立场文件中，科学理事会确认了其确保博士学位质量的要求，对博士生培养质量的关注成为永恒的话题。

小结：结构化模式成为传统师徒制模式的有益补充，在提高博士生培养质量方面发挥着重要的作用。但目前德国的大多数博士生仍然选择了"个体化模式"，即"传统师徒模式"，这种传统的博士生培养模式继续占主导地位。

第二节 德国博士生培养模式的要素组成

一 招生

在德国攻读博士学位，原则上是免试入学，不需要参加招生考试，只需征得导师（或系）的同意，就算是入学，也不必在校方登记注册。早期德国博士生的招生方式相对简单，不同院校根据情况差异也会有不同的录取标准。相对来说，较为一致的标准是每个学院根据情况制定《博士培养条例》（Promotionsordnungen），该条例会对博士生应当具备的各方面资质做出要求，也正是这些要求，保证了各高校

---

① Hauss K., Kaulisch M., Zinnbauer M., et al. Promovierende im Profil: Wege, Strukturen und Rahmenbedingungen von Promotionen in Deutschland [M]. Berlin: Institut für Forschungsinformation und Qualitätssicherung, 2012, pp. 25–26.

博士生生源的基本质量。而至于招生人数和专业，政府对于学校并无强制要求，每名导师可以根据自己的需求来决定是否招收研究生，这在某种程度上和洪堡对于学术自由、教学自由的观点高度契合。一般来说，如果导师在自己的科研活动中需要帮手，就会去选择招收一名有意愿攻读博士学位的学生，抑或是当一个自愿攻读博士学位的学生自己寻找到条件相符的导师，愿意指导自己的科学研究或论文写作，双方达成一致便可。当然导师如果发现了自己心仪的学生，也会主动将其招至门下。

可以说，师徒制下的德国博士生招生有着深深的洪堡的烙印，其对于研究、对于学术自由的重视为高校开展招生活动提供了很大的灵活性。但有利也有弊，这种模式也产生了一定的问题。一是入学审核过程的不透明，使得高校的招生工作难以服众，公平问题受到大家的诟病。虽然导师为了保证自己的科研进展，会尽量选取最优秀的学生，但对于学生来说，招生过程不统一使他们感受到了不公。二是博士生候选人的选取及最终的录取决定都是根据导师的判断，这在某种程度上可以让导师选出最适合自己的学生。但导师即使考虑问题再全面，也难免会出现纰漏，这时，一套系统而又规范的招生机制就显得格外重要。因此，德国博士生的招生程序不断规范。

首先是资格确认。获得文凭（Diplom）、文科硕士（Magister）、硕士（Master）或其他考试（例如州考试，Staatsexamen）的学生可以直接申请攻读博士学位，表现突出的学士学位拥有者或具有技术学院的学士或文凭（FH/HAW）学位的特殊合格毕业生满足额外要求也可攻读博士学位，例如必须完成所谓的能力评估程序（Eignungsfeststellungsverfahren）。能力评估程序的内容、形式和持续时间并不统一，根据各大学博士培养条例执行①。依据各专业的具体情况，学院有权力对申请者提出特殊要求，例如某些科目的成绩必须达到特定的分数线；必须具备某种程度的语言基础；必须已通过某项特殊的考试等。这些规定是为了保证博士生的质量，

---

① Hochschulrektorenkonferenz. Promovieren mit deutschem Studienabschluss [EB/OL]. [2019-05-18]. https://www.hochschulkompass.de/promotion/promotionsvorbereitung/zulassungsvoraussetzungen/deutsche-studienabschluesse.html.

真正选拔出优秀的学术接班人。以柏林自由大学（Freie Universität Berlin）为例，要求已经在大学中成功地完成博士必要准备阶段的学业，包括：以前完成的所有学业在内的硕士考试（Masterprüfung），获得300学分；或通过硕士学位考试（Magisterprüfung）；或通过大学毕业考试（Diplomprüfung），或通过首次普通或职业教师的国家考试（Staatsprüfung）。且每种考试都至少取得"良好"（gut）的总评分[1]。亚琛工业大学（Rheinisch-Westfälischen Technischen Hochschule Aachen）机械工程学院明确规定攻读博士学位的前提条件是获得工学硕士学位或工程师学历（Diplom-Ingenieurs）。如果获得的是数学与自然科学学位，则必须证明其对工程科学是感兴趣的，并且有足够的工程科学知识[2]。很多大学都将已完成专业接近的学习作为攻读博士学位的先决条件。

其次是导生互选。申请者满足入学资格后，可在自己感兴趣的专业领域寻找有关教授，征求其是否愿意担任自己的博士生导师（Doktorvater）。教授在收到学生的申请以后，通常根据学生的成绩、能力和水平进行初选，并采取公开讨论的方式，与申请者就计划读博的动机、目标和时间表等进行交流。如果双方彼此满意，则可以达成建立学术性指导关系或导师关系的协议。越来越多的导师认为学生潜在的兴趣和才能是选拔博士候选人的关键[3]，因为任何一篇论文的目的都应该是向人类传达一些根本上全新的东西，博士生从一开始就要做好长期深入研究一个科学问题，发现一些真正的新东西，并通过科学界的出版物和讲座来分享的准备，如果没有太大兴趣的话，失败的危险很大。虽然"失败"并不一定意味着无法获得博士学位，但是即使获得了博士学位，由于其自身的创造性贡献被认为是有限的或不相关的，而在科学环境中不符合任何共鸣，最终也是一个失败者。所以，有真正的科学兴趣对于读博而言非

---

[1] Freie Universität Berlin. Gemeinsame Promotionsordnung zum Dr. phil./Ph. D. der Freien Universität Berlin [R]. Berlin: Kulturbuch-VerlagGmbH, 2008, p. 2.

[2] Rheinisch-Westfälischen Technischen Hochschule. Promotionsordnung der Fakultät für Maschinenwesen der Rheinisch-Westfälischen Technischen Hochschule Aachen vom 07.08.2008 in der Fassung der zweiten Änderungsordnung veröffentlicht als Gesamtfassung vom 12.06.2012 [R]. Aachen: RWTH, 2012. pp. 7-8.

[3] GÜNTHE O. Warum promovieren wir? Der Doktorgrad nach Bologna [J]. Forschung & Lehre, 2009 (7), pp. 484-485.

常重要。因此，在接收学生时，导师不仅依据学生的智力潜力，尤其是他们以前的学术成就进行决定，而且还对候选人的科学好奇心以及为什么要寻求博士学位的动机进行分析。如果教授愿意接收该生为自己的博士研究生，那么该生就可以向有关院系博士学位委员会（Promotionsausschuss）提出攻读博士学位的申请。

最后是正式申请。任何符合博士生录取要求（Zulassungsvoraussetzungen zur Promotion）的博士候选人（Doktorand）都可以通过书面形式向相关学院提出攻读博士学位的申请。申请材料包括个人简历、学历证明、是否有过攻博失败经历的证明、论文题目和计划说明、无犯罪记录证明（Führungszeugnis），以及导师愿意指导申请者论文的指导承诺书（Betreuungszusage）等。论文计划类似于开题报告。在计划中，申请者阐明研究目的和意义，进行文献综述，列出工作计划和时间安排表。一些院系建议或规定与博士生签订指导协议（Betreuungsvereinbarung），其中规定了指导人员和博士候选人的基本要求。除其他事项外，指导协议包含关于专业指导人员数量和分配的陈述。通常，有两名导师，其中一名主要指导，另外一名则作为额外的联系人。此外，指导协议包含有关进一步指导内容的信息，例如中间结果的记录或联系频率，这可能因学科而异。所需材料细节依据各高校的博士培养条例（Promotionsordnungen）来准备，必须在开始博士学位论文工作之前提交申请①，最终由博士学位委员会决定是否录取博士候选人。

但是，校方并不掌握校内在读博士生的数量以及新录取的博士生人数，所能掌握的只是授予博士学位的数量；另外，博士生的入学也没有固定的时间。因此，德国政府对博士生入学信息的获取仍依赖于问卷调查。迄今为止，德国联邦统计局已对博士生进行了两次自愿调查（最近一次是2014/2015冬季学期）。2014/2015冬季共有196200名博士生参与调查，其中近84%的博士生专注于四个学科领域，分别是数学与自然科学（31%）、工程科学（19%）、语言与文化科学（18%）以及法律、经济与社会科学（17%）。值得注意的是，攻读兽医学的博士生占比最小，

---

① Hochschulrektorenkonferenz. Annahme als Doktorandin bzw. Doktorand [EB/OL]. [2019-05-18]. https://www.hochschulkompass.de/promotion/promotionsphase/annahme.html.

仅为1%，其次是艺术与艺术科学和农业、林业与营养科学，均为2%。[1]

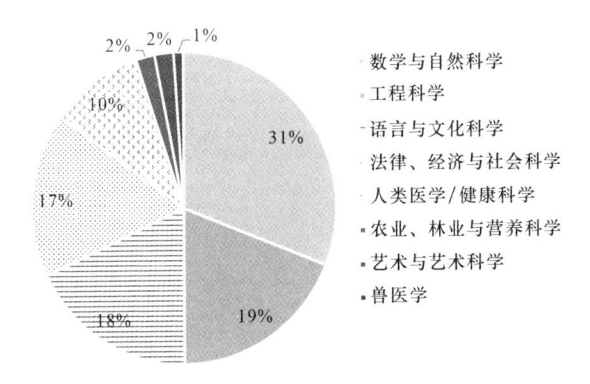

图3—1 分学科攻读博士学位人数占比

- 数学与自然科学 31%
- 工程科学 19%
- 语言与文化科学 18%
- 法律、经济与社会科学 17%
- 人类医学/健康科学 10%
- 农业、林业与营养科学 2%
- 艺术与艺术科学 2%
- 兽医学 1%

资料来源：Statistisches Bundesamt. Promovierende in Deutschland：Wintersemester 2014/2015 [R]．Wiesbaden：Statistisches Bundesamt，2016：25。

二 修业

博士学位是大学授予的最高学位。在德国，博士学位主要是为了在很长一段时间内集中精力研究某一学科或研究项目。博士生对大学或科研机构的依赖程度、在工作中的独立程度，以及攻读博士学位的修业时间都取决于博士生选取什么样的培养模式[2]。自20世纪80年代以来，德国博士生培养模式有两种，分别是个体化模式（Individualpromotion）和结构化模式（strukturierte Promotion）。

在个体化模式，即传统的"师徒制"模式下，为实现"纯科学"的研究，博士生没有必修课，他们在攻读博士期间的主要任务是撰写博士学位论文。当然，他们可以根据自己的兴趣和需要去选听课程，充分利用时间去博览群书，博采众长，参加学术活动或参加导师组织的研讨会，

---

[1] Statistisches Bundesamt. Promovierende in Deutschland：Wintersemester 2014/2015 [R]．Wiesbaden：Statistisches Bundesamt，2016，pp. 24 – 25.

[2] Bundesministerium für Bildung und Forschung. Individuelle Promotion [EB/OL]．（2019 – 02 – 08）[2019 – 05 – 18]．https：//www. research-in-germany. org/de/karriere-in-der-forschung/infos-fuer-doktoranden/wege-zur-promotion/individuelle-promotion. html.

提高自己的学术造诣，但这些都不是学校明文规定的，在制度上并没有课程或学分的要求，而是由导师自行组织。博士生主要接受导师的个别指导，在实验室或教师办公室中，教师对学生研究进行严格的指导。除此之外的训练方式就是参加院系为进行学术交流而组织的研讨会（Seminar）。研讨会是让研究生们发表研究成果并由教师和同学们进行批判性讨论的场所。许多系的研究生还组织读书会，这是另一种形式的研讨会，他们在这里主要是对研究进行批判性分析；正在考虑中的研究也可以在科学或学术期刊上发表，其中许多都是德文期刊或引注德文文献的期刊。流利地阅读德文是必需的，否则就无法接触大部分重要文献[①]。

"师徒制"培养模式中，博士生的科研训练主要通过做导师的助手来实现，以学术助理等身份聚集在教席之下，在研究所、实验室中协助教授开展科研和教学工作，博士研究生对教席教授的依附性很强。博士生研究过程是个人化和高度自由的，导师与博士生之间一对一的交往是最关键的因素。

由于这种模式下，博士生几乎可以自由支配自己的大部分时间，根据自己的计划来安排时间，从而在一定程度上保证了论文的质量，因而受到博士生的广泛欢迎。但"师徒制"缺乏培养过程中的有效监督，导致博士生效率低下，严苛的毕业要求也并不会因为博士生们放缓的论文进度而有所降低，这在一定程度上也导致修业年限的延长。根据问卷调查的结果显示，德国博士修业年限因专业的不同而有所差别，平均需要花费4.4年的时间来完成博士学位。其中，自然科学类79%获得攻读博士学位资格（与申请读博相比），74%博士毕业，修业年限最短，一般需要读4年，流失率仅为6%；医学有95%读博，70%毕业，修业年限为4.6年，流失率为15%；而数学、信息科学、技术（Mathematik, Informatik, Technik，简称MIT）相关专业的博士修业年限相对较长，需4.9年。从表3—1中也可看出，德国大学毕业生中有意愿攻读人文社会科学相关专业博士学位的人数相对较少，法律、经济与社会科学仅占24%，心理、教育与师范类仅占12%，流失率也相对较高，分别为22%和

[①] ［瑞士］瓦尔特·吕埃格：《欧洲大学史第三卷：19世纪和20世纪早期的大学（1800—1945）》，张斌贤、杨克瑞译，河北大学出版社2013年版，第178页。

26%。总体流失率为17%。

表3—1　　　　　　　　　大学毕业生攻读博士学位情况

专业	读博比例（%）	完成比例（%）	修业年限（年）	流失率（%）
MIT	29	17	4.9	22
自然科学	79	74	4.0	6
医学	95	70	4.6	15
法律、经济与社会科学	24	15	4.2	22
心理、教育与师范类	12	7	4.5	26
总数	33	22	4.4	17

资料来源：FABIAN G, REHN T, BRANDT G, et al. Karriere mit Hochschulabschluss? Hochschulabsolventinnen und-absolventen des Prüfungsjahrgangs 2001 zehn Jahre nach dem Studienabschluss [M]. Hannover：Hochschul-Informations-System GmbH，2013：31。

总体而言，师徒制模式下博士生的修业年限较为宽松，一方面为博士生提供了充分的研究自由；另一方面也使得博士阶段变得十分拖沓，缺乏效率，导致修业年限较长。

为了缓解这种情况，德国开始引入结构化模式，规定博士生必须在三年内完成学业。以慕尼黑工业大学（Technische Universität München，TUM）的结构化模式为例，为实现对博士生个人发展的最佳促进，并进一步提高他们的个人能力和研究成果，TUM的结构化模式对博士生提出了新的要求，所有TUM博士候选人在其博士学习期间均需完成旨在提高博士生学科和跨学科能力的各种课程，包括：至少参加3次与学科相关的高级研讨会、在国际专业出版物上发表论文、反馈访谈（Großes Feedbackgespräch）、积极参加TUM为外部博士候选人举办的学术活动的自评报告等①。为了提升博士生的科学与研究能力、沟通与方法能力、人格与自我管理能力、领导力与责任心、商业与企业化运作能力、创新创业能力等6种能力，课程内容还包括如探讨最新的人工智能、区块链技

---

① Technische Universität München. Bestätigung über die Ableistung der verpflichtenden Qualifizierungselemente [EB/OL]. [2019-07-20]. https://www.hfp.tum.de/fileadmin/w00bwi/hfp/Promotion/Documentation_ qualification_ programme_ all-in-one. pdf.

术等，学会科学论文的写作和论证方法，掌握科学管理数据的方法等，锻炼在各种环境下提升自我领导及领导他人的能力，在教练的带领下设计生涯规划等①。博士生在工作坊、学习小组等多种形式的活动中，其核心能力得到了较为充分的锻炼，并能获得来自不同专家及其他博士候选人的有针对性的支持建议，为博士生顺利完成博士学业提供了多样化的指导，激发了博士生的学习热情。

各学院还会在这些基础上增加新的更高的要求。例如工程学院（Munich School of Engineering，MSE）对博士候选人的必修课程要求包括：参加启动研讨会（Auftaktseminar）；参加总计6学分的专业活动，如参与工程学院研究生中心的活动、使用TUM其他研究生中心的专业服务、参观TUM的活动、参加工程学院与之合作的5所应用科学大学的活动；在国际专业期刊或国际学术会议中发表同行评议论文；以参加TUM或MSE研究生中心认可的公共学术研究机构的活动、参与TUM的教学（如讲座、实习指导、实践等）、在TUM的一个研究小组中进行合作研究等证明博士候选人融入TUM的学术环境中；年度反馈报告（jährlichen Rückmeldung）；与导师和指导者的反馈谈话记录（Feedback-gespräch）；至少在研究生院（TUM Graduate School，TUM-GS）保持2年的成员资格。②选修课程包括：促进博士候选人国际化的活动；参加专业和跨学科的课程，如MSE研究生中心的专业活动，TUM其他研究生中心的专业活动，TUM-GS的跨学科课程，语言与写作培训课程等；申请英文学术论文的编辑服务；语言中心提供的英文或德文写作咨询；由卓越倡议基金提供的项目研究资助等。③

慕尼黑工业大学提供的课程有助于提高博士生的学科和跨学科能力，理想地补充和深化了博士生独立的科学研究工作，从而尽可能地支持其

---

① Technische Universität München. Kursprogramm für das WS 2019/20 [EB/OL]. [2019 – 07 – 15]. https://www.gs.tum.de/promovierende/qualifizierung/ueberfachliche-qualifizierung/course-program/.

② MSE-TUM. Qualifizierungs-programm zur Promotion [EB/OL]. [2019 – 07 – 20]. https://www.mse.tum.de/promotion/qualifizierungsprogramm/.

③ MSE-TUM. Zusatzangebote für Promovierende [EB/OL]. [2019 – 07 – 20]. https://www.mse.tum.de/promotion/zusatzangebote/.

顺利完成博士学位。

无论采取个体化模式还是结构化模式,博士学位授予环节都是十分严格的,包括以下环节①。

一是申请。经过3—5年的努力,博士生完成学位论文后可进入学位授予程序。首先,向学院的博士学位评定委员会(Promotionsausschuss)提交申请书,同时提交博士生身份的证明、毕业论文复印件、个人简历、警方开具的无犯罪记录证明书、申请人本人的保证书(即保证论文是独立完成的等)、申请人本人的说明,说明这篇论文从没有被提交给其他的学院,也从未被其他的学院退回过等。不同大学根据《博士培养条例》要求提交的材料略有不同,例如慕尼黑工业大学对参加结构化博士培养的学生还要求提供4份证明,分别是至少两年研究生院的会员资格,并参加其举办的研讨会;至少参加6学分的专业活动;融入慕尼黑工业大学的学术环境,如参加慕尼黑工业大学或研究生中心认可的学术研究机构,或参加教学,或参加研究小组;国际学术共同体对研究项目进行过讨论②。以上材料提交后经博士学位评定委员会审核,如果确认所有材料准确无误,就由委员会批准申请人开始答辩过程;如果发现申请人的材料不属实,就会向申请人说明,申请人有权解释和辩解;如果发现有欺骗行为,则有权驳回申请,并视情节轻重予以处理。

二是论文评审。论文评审是关系到博士生能否完成学业,获得博士学位的关键阶段。德国高等学校校长联席会议在2012年的文件中再次强调,"博士学位证明其有能力开展深入的独立科学工作,它体现的是独立的研究成果,而不应被理解为第三阶段的研究"③。因此,德国大学要求学位论文是一项独立的科学研究,取得的科学成就要能为科学体系的知识进步和可持续发展作出重大而创新的贡献。论文必须证明申请人进行

---

① Bundesministerium für Bildung und Forschung. Promotionsprüfung [EB/OL]. (2019 – 02 – 08) [2019 – 07 – 18]. https://www.research-in-germany.org/de/karriere-in-der-forschung/infos-fuer-doktoranden/wege-zur-promotion/promotionspruefung.html.

② Technische Universität München. Promotionsordnung der Technischen Universität München vom 12. März 2012 in der Fassung der 2. Änderungssatzung vom 1. September 2013 [R]. München:Technischen Universität München, 2013, pp. 8 – 9.

③ Hochschulrektorenkonferenz. Zur Qualitätssicherung in Promotionsverfahren:Empfehlung des Präsidiums der HRK an die promotionsberechtigten Hochschulen [R]. Bonn:HRK, 2012, p. 2.

深入、独立的科学分析和在一般科学知识方面取得进展的能力和成果的明确性，并作出自己的、新颖的、进一步的科学贡献①。博士生须在规定期限内通过印刷或同等复制方式向科学界公开发布，并向大学提交一定数量的复印件后方能被授予博士学位。由于学科的差异性，在自然科学和医学等领域，博士生还可用多篇发表在著名期刊上的论文集结成册来代替专著，即累积论文（Kumulative Dissertation），但并非每本杂志的每一篇论文都能得到认可，因此专家对累积论文的评价标准很高。

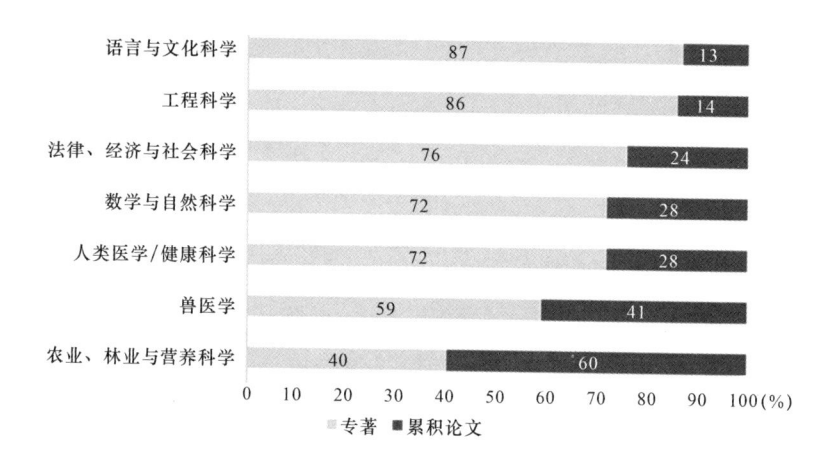

学科	专著	累积论文
语言与文化科学	87	13
工程科学	86	14
法律、经济与社会科学	76	24
数学与自然科学	72	28
人类医学/健康科学	72	28
兽医学	59	41
农业、林业与营养科学	40	60

图3—2　分学科学位论文呈现方式

资料来源：Statistisches Bundesamt. Promovierende in Deutschland：Wintersemester 2014/2015［R］. Wiesbaden：Statistisches Bundesamt，2016：34。

在2014—2015年冬季学期的196200名博士生调查中②，15.17万人（占77%）希望采用提交专著方式。其中，语言与文化科学的专著所占比例最高，达到87%（2.99万人），其次是工程科学（3.14万人，86%）。选择提交累积论文的博士生比重相对较少，只有农业、林业与食品科学

---

① Technischen Universität München. Promotionsordnung der Technischen Universität München vom 12. März 2012 in der Fassung der 2. Änderungssatzung vom 1. September 2013［R］. München：TUM，2013，pp.7 – 8.

② Statistisches Bundesamt. Promovierende in Deutschland：Wintersemester 2014/2015［R］. Wiesbaden：Statistisches Bundesamt，2016，pp.33 – 34.

的 2500 名博士生（60%）希望采用该方式。如图 3—2 所示。

各大学的《博士培养条例》中都对论文评审有详细的规定，但从整体上来看，对论文的审核包括论文评阅和委员会评阅两个步骤。

第一，论文评阅。由博士学位评定委员会委任两名评阅人（Gutachter）对论文作出评阅。其中一名是该博士生的导师（第一评阅人），另一名是该专业领域的高校全职教师，属于该博士论文涉及的方向。若是该博士论文在教学理论和实践方面涉及其他专业领域，那么也要有该专业领域的教师。评阅人有义务在规定的时间内（2—4 个月）对论文作出评价。如果两位评阅人对论文的评价是"合格"或更好的成绩，就说明这篇论文通过了；如果评价是"不合格"，则表示论文未通过。如果两位评阅人的意见恰好相反，则会委任第三位评阅人，并遵循少数服从多数的原则，作出最终评价。柏林自由大学要求评阅人必须把博士论文主题意义和结果联系起来进行评估并描述它潜在的缺陷，要求申请人在论文中加以描述，针对缺陷进行修改，再次呈递。随后的两到三个星期里，博士论文及评阅人给出的评阅意见会在学院办公室（Promotionsbüro）公示，所有的学校教师和该领域的成员都可以阅读该论文及评阅意见，并且可以通过附件的形式提交书面意见。博士学位评定委员会根据这些意见或建议，决定是否委任第三名评阅人①。这种论文评阅公示制度既对评阅人提出了更高的要求，又有力保障了博士论文质量，充分体现出公平、公正、公开。如果评阅人的意见没有被推翻，论文会被提交给博士学位评定委员会进一步审核。

第二，委员会评阅。博士学位评定委员会为博士评定的审理程序组建了博士委员会（Promotionskommission），选出主席和副主席，这些职位必须是由该专业领域的全职高校教师来担任，通常是院长或副院长。委员会成员由至少三位该领域的专家和一个有博士学历的学术工作人员组成，在论文评阅的基础上对博士论文进行评定和发表意见，根据多数票的意见作出是否通过审核的决定。弃权、无记名投票和请其他人代为投票都是不允许的。委员会决定博士论文的接纳、拒绝或是返稿修改，决

---

① Freie Universität Berlin. Promotionsordnung des Fachbereichs Physik der Freien Universität Berlin [R]. Berlin: FU – Berlin, 2013, pp. 5 –6.

定博士生是否准入答辩以及确定颁发博士头衔称号。在授予头衔称号时分为以下四种，即优异（Auszeichnung，summa cum laude）、非常好（sehr gut，magna cum laude）、良好（gut，cum laude）和及格（genügend，rite）。当两位评阅人都给出"优异"的评价，且直到最终评定时都没有要求博士生进行返稿修改，该论文方可获得"优异"称号。接纳论文后，委员会就要告知博士生这一决定，并依该博士生方便为准来确定答辩日期。委员会主席受邀参加答辩。如果论文被拒绝，那么博士委员会就要宣布该论文没有通过，不能进行答辩，并给出该决定的理由。博士生将被博士委员会主席书面告知理由。

三是知识性（Rigorosum）或辩论性（Disputation）的口试。参加口试的委员会由4—5人组成，通常由院长担任主席，委任3名教授或讲师担任考官（一般包括1名校外评审）。通常采取公开形式，感兴趣者均可参加，但只有博士候选人和委员会成员之间可进行互动。知识性口试的范围是其主修的专业方向和另外的两个辅修方向。这两个方向的选择范围比较宽泛，例如，攻读哲学博士学位的博士生可以从哲学、教育学、社会学等学科中选择辅修方向，由考官进行提问；辩论性口试即答辩，围绕论文的内容进行。一般先由博士生阐述自己的想法，对论文的研究问题、研究方法和研究结果进行解释和说明；然后，考官围绕论文内容进行提问，博士生予以回答。整个过程通常持续1.5—2个小时，考官作出"通过，取得优异成绩""合格""不合格"的结论，并就最后分数达成一致。显然这是对博士生学术水平的一次重要检验。为了顺利拿到博士学位，博士生必须写出一篇高水平的论文，只有这样，他才能在答辩中应对自如，使考官满意。

汉诺威大学的答辩和口试分两次进行，各持续45分钟。柏林自由大学的答辩时长约90分钟。答辩开始由博士生进行30分钟的报告，然后是15分钟的讨论，接下来是对论文的辩护，博士生用约10分钟的时间逐条介绍自己的论文成果，然后回答委员会提出的问题。在随后的讨论中其他在场观众也可提问。答辩过程中，委员会主席须进行答辩记录。亚琛工业大学的答辩时间为30—60分钟，答辩的内容为对博士论文或其相关科学领域的问题，博士学位授予委员会可要求申请人做一个30分钟的关于论文的演讲，计入答辩分数，答辩结束后直接决定答辩的结果，如答辩不成功，尽快再举行一次。亚琛工业大学不仅对答辩时间、内容进行了规范，还对出席答辩的人员及操作流程进行了要求，如至少提前10天将答辩的时间地点写在通知栏上并告知相关人员；答辩时至少3位委员会的成员出席，即主席和至少2名评议人；博士学位授予委员会有权作为客人参与答辩，已经在亚琛工业大学获得博士学位的客人只有经申请人同意方可入内；已经开题的博士候选人，只要申请人不反对即可入内等。

通过这一流程可知，德国对博士学位论文的要求是由小见大，注重深度，但也会使博士生的知识面过于狭窄，缺少融会贯通的能力。因此，德国高校往往通过口试和答辩来督促博士生扩展知识面，这种方式对于促使博士生同时兼顾学术上的深和广具有非常积极的意义。

四是论文发表。论文必须要被发表。发表前需经过系主任的批准，且必须注明是某校、某系博士毕业生的博士论文，还要注明导师的姓名以及该博士生参加答辩的日期。在论文完成交付印刷后，发放博士证书，获得博士称号，否则不予发放。

五是颁发博士学位证书。博士论文发表后，系主任将向博士生颁发博士学位证书。证书包括授予博士学位的说明、论文和答辩的分数、论文的题目、答辩的日期、学校和系里的印章、校长和系主任的签名。自此，博士生就获得了博士头衔。但是，若系里发现其在获得博士学位的过程中有欺诈行为，则将视其情节轻重，宣布其博士学位无效或给予其他处罚。

德国在数学与自然科学领域攻读及获得博士学位的人数相对较高。通过2014/2015问卷调查的结果显示，博士冬季学期注册人数、攻读博士学位人数和获得学位人数的学科差异较大。攻读数学与自然科学的博士生最多，且注册、攻读和获得学位人数占比大体一致，为34%左右；三者较为一致的还有艺术与艺术科学（2%），农业、林业与营养科学（2%），兽医学（2%），法律、经济与社会科学（15%）；语言与文化科学的注册人数占比为20%，但获得学位人数仅占11%；工程科学攻读学位人数占比19%，但获得学位的仅占11%；人类医学/健康科学获得学位的占比较高，为26%，但冬季学期注册的仅为8%。

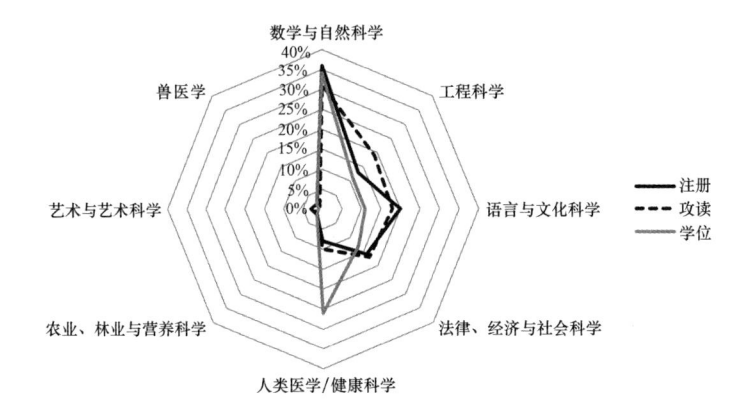

图3—3 分学科博士冬季学期注册人数、攻读博士学位人数和获得学位人数占比比较

资料来源：Statistisches Bundesamt. Promovierende in Deutschland：Wintersemester 2014/2015 [R]. Wiesbaden：Statistisches Bundesamt，2016：26。

近10年，德国博士学位获得者的平均年龄为31.8岁，从图3—4可知，2014年显著下降，由2013年的32.5岁降至2014年的30.4岁，博士日趋年轻化。

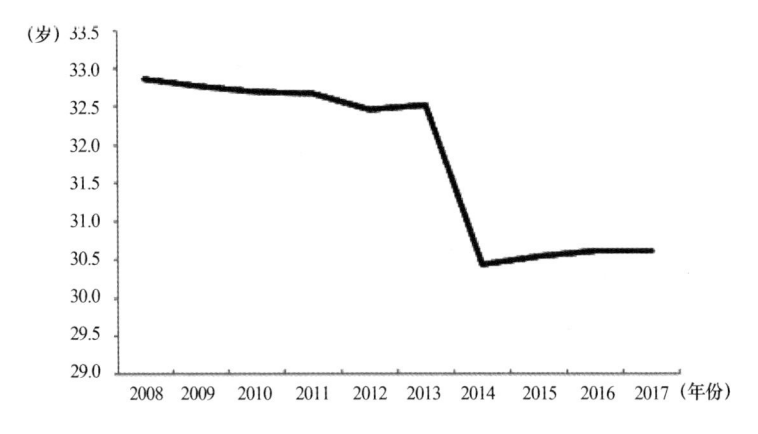

图3—4 博士学位获得者年龄变化趋势

资料来源：根据德国联邦统计局历年高校人数统计整理。

三 指导

在德国，凡大学教授都有资格招收博士生，传统博士生培养模式被称为"师徒制"，正如德语中博士生导师（Doktorvater/Doktormutter）所阐释的"博士生之父/母"，形象地表达了师徒制时代对导师的要求，即像父亲/母亲对待孩子一般去对待博士生，由此可看出导师与博士生之间的亲密关系，也显现出"父为子纲"式的森严的学术等级制度①。传统的"师徒制"模式即个体化模式是德国大多数博士生选择的模式。"师徒制"培养模式中，博士生与导师之间的关系在很大程度上是一种私人关系，导师以招聘助手的方式招收博士生，博士生更多是作为导师的合作伙伴或助手，因此在德国通常将博士生誉为"青年科学家"（Wissenschaftlichen Nachwuchs），博士生的培养过程即为参与教授教席（Lehrstuhl）的日常教学与科研工作。

在该模式下博士生研究主题灵活，在博士生与这位学术导师（wissenschaftlichen Betreuer）达成一致的情况下，博士生展开研究工作。他既可以研究导师的课题，也可以研究自己的课题，是非常独立的；期间，博士生与导师周期性会面，就论文的相关问题进行讨论；博士生也会应邀参加导师的学术研讨会。研究地点灵活，能够在大学里、大学外的研究机构或者工业企业攻读博士学位。如果找到了导师和资助机构，并且入学条件合适，甚至也可以在家里独立撰写博士论文。超过三分之二，即大约20万博士候选人都选择了这条传统的道路②。

当一个在大学读博的年轻研究员同时在大学里工作，则称为"内部博士项目"（internen Promotion）。与之相对应的是博士生在大学以外的科研机构或工业企业从事研究的"外部博士项目"（externe Promotion），包括三种形式：第一种是在工业企业攻读博士学位。博士生已经有了一名大学教授当导师，论文主题与企业高度契合，此时该博士生就可以与他

---

① 朱佳妮、朱军文、刘莉：《德国博士生培养模式的变革——"师徒制"与"结构化"的比较》，《学位与研究生教育》2013年第11期，第64—69页。

② Deutscher Akademischer Austauschdienst. Promovieren in Deutschland：Ein Leitfaden für international Doktoranden［R］. Bonn：DAAD, 2015, pp. 11–15.

所在的企业合作撰写博士论文。特别是汽车工业等研究密集型行业的公司经常与大学合作，在攻读博士学位的过程中提供博士工作合同和支持。这种模式以最紧密的形式将专业经验和面向应用的研究结合起来。第二种是在大学与行业企业合作框架内，开展和推广面向应用的研究项目。例如 Ini. tum 研究中心是由奥迪股份有限公司、英格尔斯塔特市和慕尼黑工业大学（TUM）共同合作，博士候选人受雇于慕尼黑工业大学，并与来自该大学和该公司的导师们一起从事博士研究。第三种是在非大学的科研机构开展研究，如弗劳恩霍夫协会（Fraunhofer-Gesellschaft）、亥姆霍兹联合会（Helmholtz-Gemeinschaft）、莱布尼兹联合会（Leibniz-Gemeinschaft）、马克斯·普朗克学会（Max-Planck-Gesellschaft）等。这些科研机构与各大学合作，提供工业和应用相关的研究项目，由大学教授来指导，博士生在这里作为科研机构的员工（兼职）与来自行业的项目合作伙伴一起工作。这种模式使研究更接近于现实，提供了攻读博士学位与未来就业相结合的可能性，并获得了丰富的实践经验。

THESIS[1] 于 2004 年对德国博士生开展了问卷调查，共有 1 万名除医学专业以外的博士生参加。根据调查显示，超过 70% 的博士生选择内部或外部博士项目[2]，因为从事大学、第三方资助项目、非大学的科研机构等提供的项目研究使他们能够很容易地获得攻读博士学位所需的资源，如专业图书馆、软件、科学网络等，为博士生完成博士学习提供了便利。但从调查中也可看出，在许多情况下导师指导是不足的。例如，只有 53.6% 的人声称被他们的官方导师指导，特别是在数学、自然科学以及工程科学方面，助理或其他教授（占所有受访者的 13.4%）提供了帮助。只有大约一半（54.7%）博士生定期与导师会面，讨论工作进展情况；40% 的人表示他们已经与导师商定了论文的研究计划；不足 20% 的博士生将完成的论文部分传给导师，由导师确认。从调查中可知，导师对博士生的指导缺乏针对性和支持性，博士生呼吁导生之间签订更具约束力

---

[1] THESIS 是旨在改善德国青年科学家的现状，以组织全国性会议和发送邮件列表等方式为德国博士生提供交流和支持服务的联邦德国跨学科网络组织。

[2] Knaut A., Zur Rechtlichen und sozialen Situation von DoktorandInnen-Die Sicht von THESIS [M] // Hochschulrektorenkonferenz. Quo vadis Promotion? Doktorandenausbildung in Deutschland im Spiegel internationaler Erfahrungen. Bonn: HRK, 2007, pp. 148 – 153.

的协议以满足博士生对导师积极指导的需求①。

根据德国联邦统计局2014/2015年冬季学期关于导师指导博士生的相关调查②，33154名具有指导博士资格的大学教授中，约3500名（11%）没有指导博士生，16000名教授参与指导1—5名博士生，8000名教授参与指导6—10名博士生，约有1100名教授（3%）参与指导21名及以上的博士生。

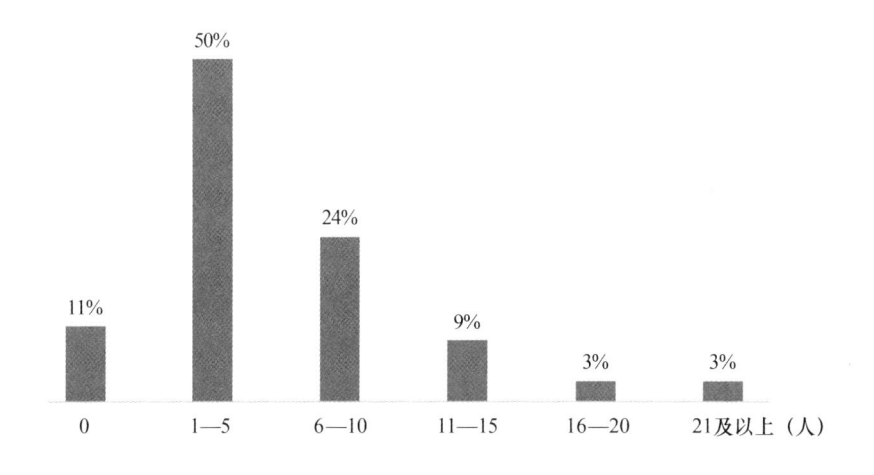

图3—5 导师指导博士生人数

资料来源：Statistisches Bundesamt. Promovierende in Deutschland：Wintersemester 2014/2015 [R]. Wiesbaden：Statistisches Bundesamt，2016：22。

从学科上看，平均每位教授指导6名博士生，工程科学指导的人数最多，为每位教授平均指导11名博士生，其次是兽医学（每人指导9名博士生），农业、林业与营养科学（每人指导7名博士生）。

---

① Knaut A., Zur Rechtlichen und sozialen Situation von DoktorandInnen-Die Sicht von THESIS [M] // Hochschulrektorenkonferenz. Quo vadis Promotion? Doktorandenausbildung in Deutschland im Spiegel internationaler Erfahrungen. Bonn：HRK，2007，pp. 148 – 153.

② Statistisches Bundesamt. Promovierende in Deutschland：Wintersemester 2014/2015 [R]. Wiesbaden：Statistisches Bundesamt，2016，pp. 22 – 23.

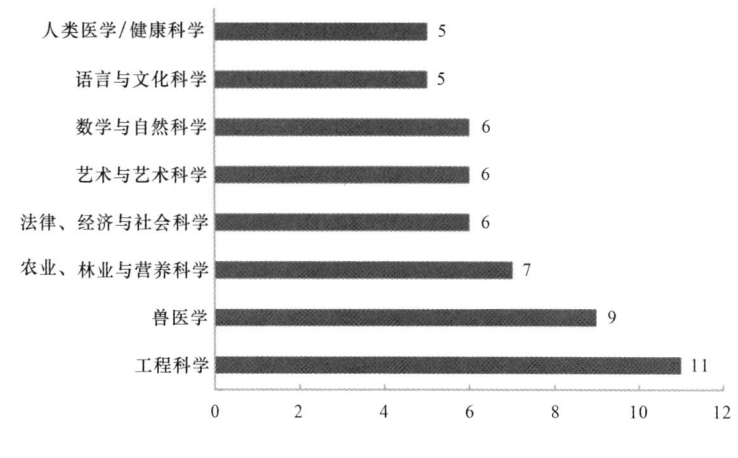

```
人类医学/健康科学  5
语言与文化科学    5
数学与自然科学    6
艺术与艺术科学    6
法律、经济与社会科学 6
农业、林业与营养科学 7
兽医学          9
工程科学         11
```

图3—6 分学科导师指导博士生人数

资料来源：Statistisches Bundesamt. Promovierende in Deutschland：Wintersemester 2014/2015 [R]. Wiesbaden：Statistisches Bundesamt，2016：23。

在个体化模式中，博士生对导师的依赖程度较高，自然科学领域的博士生主要参加导师的课题研究，日常也会在实验室开展研究，得到导师的指导相对比较充分，因而流失率较低；但人文社会科学领域的博士生大多选题源于自己的兴趣，甚至与导师的研究方向截然不同，因而能够获得的指导较少，与导师的接触不充分，尤其在论文遇到瓶颈时，容易产生畏难情绪，从而放弃学业。为了提高博士生的指导质量，结构化模式应运而生。

一般而言，引入结构化的博士生课程或计划，目的是提高博士生研究的质量，缩短博士生研究的持续时间并降低流失率。为此，一些措施已经实施：由多个导师指导博士生，书面签署规定导生权利和义务的正式指导协议，提供博士学位相关的课程（科学方法、关键技能等）。[①] 随着结构化的发展，传统的导师与博士生之间的"父子关系"发生了改变，

---

① Hauss K., Kaulisch M., Zinnbauer M., et al. Promovierende im Profil：Wege, Strukturen und Rahmenbedingungen von Promotionen in Deutschland, Ergebnisse aus dem ProFile-Promovierendenpanel [R]. iFQ-Working Paper, 2012, p. 80.

更强调了导师对博士生的指导作用,导师对博士生在准备学位论文时提供方法和专业的建议和支持①。结构化模式是近些年德国比较流行的博士生培养模式,该模式以国际化为导向,以英语作为教学语言和工作语言,由导师团队负责指导博士候选人,开设与博士学位相关的课程、研讨会或讲座,通常是跨学科的,也包括支持软技能培训和附加资格的课程②。由于该模式中博士生有机会接受不止一名导师的指导,收到不同导师的反馈意见和评论,博士生之间还可以自行组织学术研讨会、工作小组讨论会,在会议中展示各自的研究工作,讨论研究方法和所面临的问题,进行更加规范化的交流,所以新模式提供的系统化和高密集的支持使得博士生往往能在三年内获得博士学位。

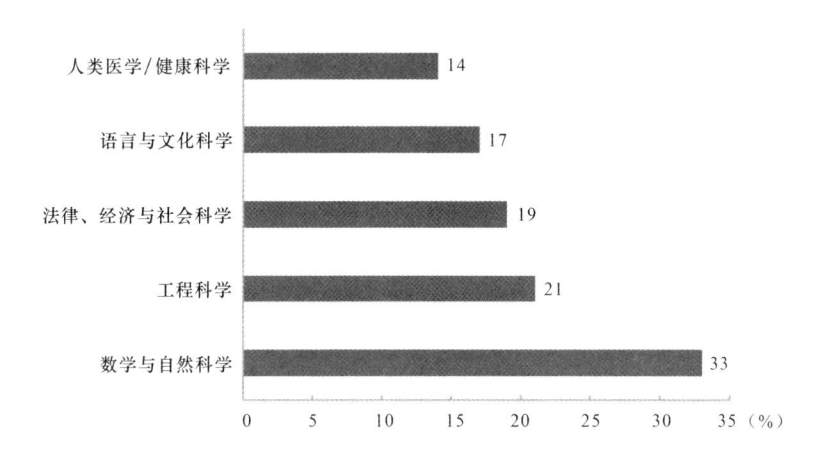

图3—7　分学科选择结构化模式的博士生比例

资料来源：Statistisches Bundesamt. Promovierende in Deutschland：Wintersemester 2014/2015［R］. Wiesbaden：Statistisches Bundesamt，2016：33。

---

① Hochschulrektorenkonferenz. Betreuung bei der Promotion［EB/OL］.［2019 – 05 – 18］. https：//www.hochschulkompass.de/promotion/promotionsvorbereitung/betreuung.html.

② Bundesministerium für Bildung und Forschung. Strukturierte Promotion［EB/OL］.（2019 – 02 – 08）［2019 – 05 – 18］. https：//www.research-in-germany.org/de/karriere-in-der-forschung/infos-fuer-doktoranden/wege-zur-promotion/strukturierte-promotion.html.

根据 2014/2015 年博士生调查显示①，德国约 23% 的博士生选择了结构化模式，且比例正呈上升趋势。数学与自然科学等学科共有 19000 名博士生选择结构化模式，占总调查博士生的 33%；其他学科都低于均值。

四 资助

促进有天赋的年轻人发展他们的才华和能力是德国的一项重要投资，联邦政府近年来不断扩大其资助工具，以支持高绩效和具有社会承诺的学生。

根据 THESIS 的调查结果显示，在许多情况下，没有适用于整个博士生阶段的统一的资助模式，许多博士生在攻读博士阶段不断改变资金来源，这可能会对修业时间产生负面影响。博士生的资助来源中，最主要的方式是与大学或科研机构签订工作雇佣合同（51.4%），此外还有奖学金（23.0%）。其他来源中，17.9% 的人由亲属支持，15.5% 的人去科学以外的地方工作，11.8% 的人有自己的积蓄，还有部分学生通过领取失业救济金来支持博士阶段的学习②。

（一）工作雇佣

德国博士生培养的一个重要特点是博士生在读期间往往和大学、非大学的研究机构或企业等签订工作雇用合同，从而获得经济资助。最主要的资助形式是作为大学或研究机构的学术助理（Wissenscahftliche Mitarbeiter），一类是基于政府拨款给予固定（预算）基金（Grundmittel/Haushaltsmittel）资助。按照规定，大学教授通常拥有 1—2 名学术助理岗位，即编制内岗位（Planstellen）的学术助理，这类岗位通常依据教席而设，即，每一个学术助理岗位都附属于某教席，其岗位工资从大学预算中支付，这类学术助理通常要承担本教席的教学科研工作，并参与学生事务和学校管理。这类助理岗位的合同期通常为"3 + 2"年，但近年来合同期呈缩短趋势，出现了"2 + 2"甚至"2 + 1"模式；另一类是基于

---

① Statistisches Bundesamt. Promovierende in Deutschland: Wintersemester 2014/2015 [R]. Wiesbaden: Statistisches Bundesamt, 2016, pp. 32 – 33.

② Knaut A., Zur Rechtlichen und sozialen Situation von DoktorandInnen-Die Sicht von THESIS [M] // Hochschulrektorenkonferenz. Quo vadis Promotion? Doktorandenausbildung in Deutschland im Spiegel internationaler Erfahrungen. Bonn: HRK, 2007, pp. 148 – 153.

获得第三方资助（Drittmittel）的一个或多个科研项目的学术助理。这类岗位根据特定的科研项目而设，其收入由项目经费，即第三方资金支持，通常只承担科研工作，不参与教学。但第三方资助的学术助理岗位取决于项目的持续时间，并且博士生可能因资助项目的转换而需依次签订若干份雇佣合同，并利用业余时间完成博士学位论文。与企业等签订工作雇用合同的博士生，通常有固定的全职或兼职工作，并能在科研之余完成这些工作①。这类博士生受到的资助与研究的关联度最低，往往需要花费更长的时间完成学位论文撰写，因而流失率相对较高。

以 2014—2015 年冬季学期博士生调查结果为例②，83% 的博士生有雇用关系（Beschäftigungsverhältnis），攻读博士学位期间主要作为学术助理分别在大学、研究机构等工作。工程科学中签订雇用合同的比例高达 92%，语言与文化科学的比例相对较低，为 77%。此外，人类医学/健康科学只有 62% 的博士生签订了雇用合同。

从工作单位来看，64% 的博士生在大学工作，各有 5% 在非大学的研究机构以及经济领域工作。88% 的雇用关系签署的是有合同期的工作合同，与大学签订的劳动合同中有 96% 是有合同期的，与非大学的研究机构签订的合同中也有 92% 具有时间期限。相比之下，在经济领域的雇用关系仅 41% 有合同期，而在其他领域工作的博士生平均 49% 有合同期。

从资助来源来看，在大学工作的博士生中，第三方资助的比例为 52%，基础基金/预算资助的比例为 48%。然而，在非大学研究机构中，59% 由第三方基金资助，41% 由基本基金/预算资源资助。其中德国研究基金会（Deutsche Forschungsgemeinschaft, DFG）是最大的第三方资助机构，共有 33% 的博士生得到了资助（不含卓越倡议）。

从工作性质来看，56% 的博士生从事研发工作，26% 从事科学教学，18% 从事其他工作，如管理、销售等。这些工作占据了博士生的很多时间，根据雇用合同的规定，40% 的博士生每周需工作 30—40 小时，32% 的博士

---

① Kehm B., Doctoral education in Germany: between tradition and reform [M] // POWELL S, GREEN H. The Doctorate Worldwide. Berkshire: Open University Press, 2007, p. 56.

② Statistisches Bundesamt. Promovierende in Deutschland: Wintersemester 2014/2015 [R]. Wiesbaden: Statistisches Bundesamt, 2016, pp. 39 – 41.

生每周工作时间超过 10—20 小时，另有 4% 的每周工作时间长达 40 小时以上。所以，繁忙的工作占据了博士生的大量时间，德国绝大多数博士生均是一边从事学位论文的撰写工作，一边完成助教、助研或其他管理工作。从事自然科学研究的博士生大多选择在科研机构攻读博士学位，他们通常只使用总工作时间的 50% 左右用于完成博士学位学习。

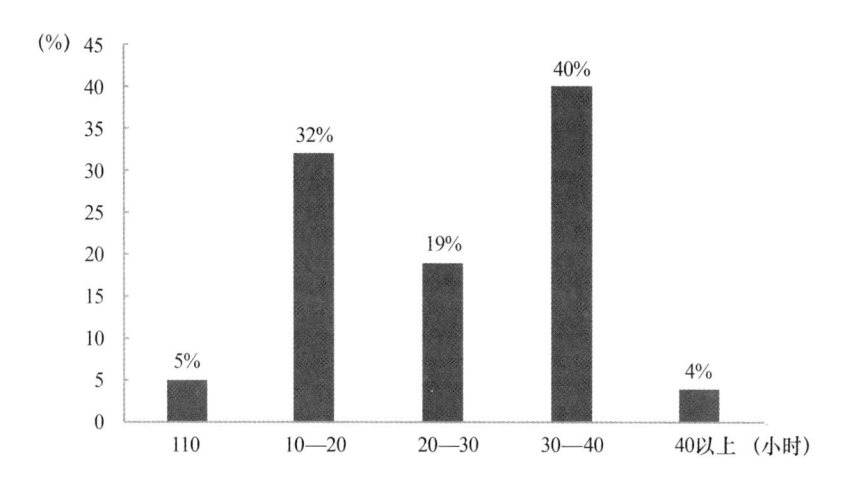

图 3—8 博士生每周工作小时数

资料来源：Statistisches Bundesamt. Promovierende in Deutschland：Wintersemester 2014/2015 [R]. Wiesbaden：Statistisches Bundesamt，2016：57。

虽然这种方式能够解决攻读博士学位期间所需的经济资助问题，并在一定程度上借助于工作部门所提供的软硬件条件来推进其科研工作的开展，但仍有很多事务性工作与博士学位论文无关，博士生不得不利用工作之余来完成博士学业，导致部分博士生感到毕业无望，从而放弃了博士学习。

（二）奖学金

根据 2014—2015 年冬季学期博士生调查显示[①]，196200 名博士生中

---

① Statisches Bundesamt. Promovierende in Deutschland：Wintersemester 2014/2015 [R]. Wiesbaden：Statistisches Bundesamt，2016，pp. 37 - 38.

仅有31300名（16%）博士生表示他们攻读博士学位是由奖学金资助的。但德国博士生奖学金的来源和种类很多，已成为除工作雇用外第二大资助方式。从资助对象上来看有分别针对本国学生和留学生的奖学金，也有专门针对特定专业或特定群体的奖学金，如专门针对结构化博士生培养项目的奖学金等；从资助单位上来看包括德国研究基金会（Deutschen Forschungsgemeinschaft，DFG）、各州政府、德意志学术交流中心（Deutscher Akademischer Austauschdienst，DAAD）以及其他各类私人或公共基金会等。获得奖学金资助的博士生通常不承担教学科研工作，而是专门开展博士论文的研究和撰写，奖学金资助都有一年到三年不等的资助期限。

根据调查，语言与文化科学（7100人，21%）和数学与自然科学（11000人，20%）的资助率相对较高；法律、经济与社会科学以及工程科学受奖学金资助率相对较低，分别为14%（4600人）和11%（4000人）。

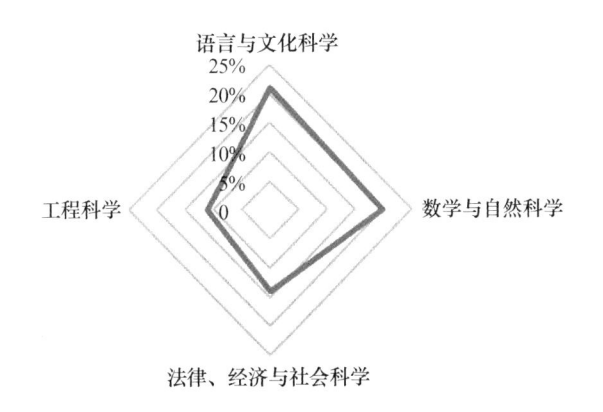

图3—9 分学科奖学金资助比例

资料来源：Statistisches Bundesamt. Promovierende in Deutschland：Wintersemester 2014/2015 [R]. Wiesbaden：Statistisches Bundesamt，2016：38。

在获得奖学金的31300名博士生中有17%（5300人）由德国联邦教育与研究部（Bundesministerium für Bildung und Forschung，BMBF）的人

才激励项目奖学金（Begabtenförderwerk）资助。该奖学金由13个基金会①提供资金，用来资助博士生的生活、学费、海外住宿的资金、理想的教育机会、专业和跨学科交流的机会以及网络教育等②。财政支持的框架条件由BMBF的资助准则确定。学生的基本奖学金是根据自己的收入和资产以及父母或配偶的收入计算的，每月最多735欧元。此外，奖学金获得者每月可获得300欧元的学费，1350欧元的奖学金③。近年来，联邦政府的资助基金预算从2005年的8050万欧元增加到2017年的2.62亿欧元，年均增长率达10.3%，2008年首次有1%的学生获得了人才激励项目奖学金。尽管学生人数增加，但仍保持将1%的学生作为奖学金获得者的目标。通过这种方式，人才激励项目资助的学生人数从2005年的大约13400人增加到2017年的大约29460人。

16%的博士生获得德国研究基金会奖学金，10%获得各州科学部单独支持的奖学金，8%获得德意志学术交流中心的奖学金，另有49%的博士生获得其他各类计划资助。

（三）其他

其他经济来源中，根据《联邦教育促进法》（Bundesausbildungsförderungsgesetz，BAföG）获得联邦政府提供的补贴和教育贷款是主要的方式之一。该法案自1971年8月26日正式发布以来，经过20余次修改，不断提高资助额度，扩大资助覆盖面，使受益人数大幅上升，从法律上保障了数百万青年接受高等教育的机会。该法案根据申请人及其家庭情况来确定资助金额，其中一半为国家补贴，另一半为无息贷款，最多不得超过1万欧元，在最长学习期限结束后的五年内开始偿还贷款④。随着生活

---

① 13个基金会分别是：Avicenna-Studienwerk、Cusanuswerk、Ernst Ludwig Ehrlich Studienwerk、Evangelische Studienwerk、Friedrich-Ebert-Stiftung、Friedrich-Naumann-Stiftung、Hanns-Seidel-Stiftung、Hans-Böckler-Stiftung、Heinrich-Böll-Stiftung、Konrad-Adenauer-Stiftung、Rosa Luxemburg Stiftung、Stiftung der Deutschen Wirtschaft、Studienstiftung des deutschen Volkes。

② Bundesministerium für Bildung und Forschung. Mehr als ein Stipendium：Die Angebote der Begabtenförderungswerke für Studierende und Promovierende [R]. Berlin：BMBF, 2018, p.3.

③ Bundesministerium für Bildung und Forschung. Die Begabtenförderungswerke [EB/OL]. [2019-07-13]. https：//www.bmbf.de/de/die-begabtenfoerderungswerke-884.html.

④ Bundesministerium für Bildung und Forschung. Das BAföG：Kompaktinformationen zur Ausbildungsförderung [R]. Berlin：Bundesministerium für Bildung und Forschung, 2018, pp.2-3.

成本的增加，在2019年8月1日生效的最新版修正案中，住房补贴由目前的250欧元提高到325欧元，到2020年，最高补贴将从目前的735欧元增加到每月861欧元，自有储备金从7500欧元提高至8200欧元[①]，每月最低偿还130欧元贷款。

五 就业

获得博士学位的青年科学家们对发展前瞻性技术至关重要，无论是科学领域抑或政治领域都对高素质学术人员的需求预期不断增长，他们不仅作为学术青年的经典角色，而且作为经济发展的人力资本提供者，在大学—工业之间知识转移中的特殊作用日益凸显，因此，博士毕业后的职业生涯越来越受到关注。

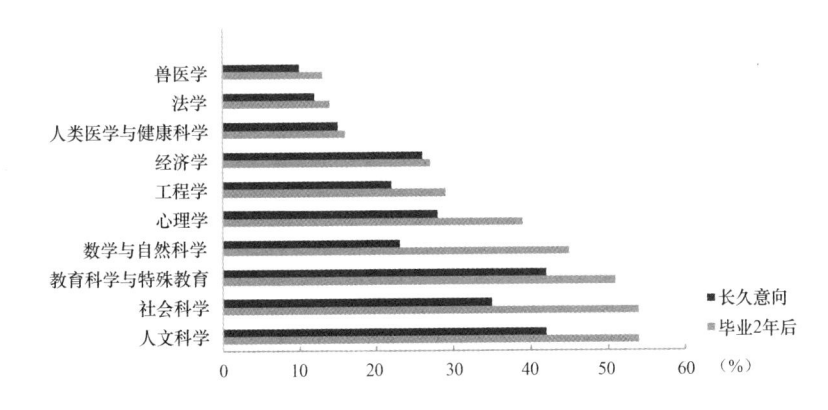

图3—10 分学科毕业博士在科学研究领域就职意向比例

资料来源：DZHW – Promoviertenpanel 2014。

根据德国高校与科学研究中心（Deutschen Zentrum für Hochschul-und

---

① Bundesministerium für Bildung und Forschung. BAFÖG-REFORM [EB/OL]. (2019 – 05 – 17) [2019 – 07 – 27]. https://www.bmbf.de/de/bafoeg-reform-welche-aenderungen-sind-geplant-7319.html.

Wissenschaftsforschung GmbH，DZHW）2014 年毕业博士调查①②，毕业 2 年后仍从事科学研究的占 33%，当问及今后的就职意向时，只有 22% 的毕业博士表明仍愿意从事科学研究，分学科毕业 2 年后和愿意长久留在科学研究领域的比例见图 3—10。

从长远来看，只有大约五分之一的毕业博士仍从事科学研究，而在进入教授席位的道路上有相当大的障碍需要克服是导致这一比例较低的重要原因。

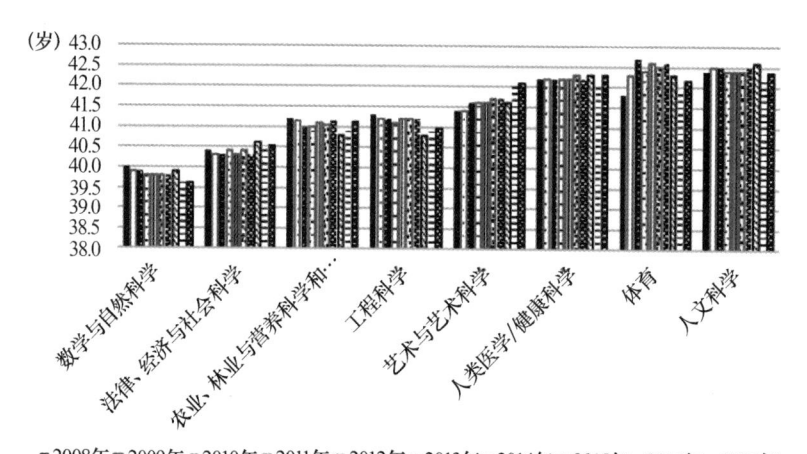

图 3—11　2008—2017 年分学科德国教授平均年龄

资料来源：根据德国联邦统计局历年高校人数统计整理。

从年龄来看，根据德国联邦统计局 2008—2017 年分学科德国教授平均年龄的统计可知，初次获得教授席位的年龄为 41.4 岁，其中数学与自然科学领域获得教授年龄最小，为 39.8 岁，其次是法律、经济与社会科

---

① 毕业博士调查（DZHW-Promoviertenpanel）是由德国联邦教育与研究部（Bundesministerium für Bildung und Forschung，BMBF）资助、德国高校与科学研究中心（Deutschen Zentrum für Hochschul-und Wissenschaftsforschung GmbH，DZHW）开展的针对德国毕业博士的问卷调查，以作为官方高等学校统计数据的补充，为国家教育监测提供服务。

② Brandt G., Devogel S., Jaksztat S., et al. DZHW-Promoviertenpanel 2014：Daten-und Methodenbericht zu den Erhebungen der Promoviertenkohorte 2014（1. und 2. Befragungswelle）[R]. Hannover：Deutsches Zentrum für Hochschul-und Wissenschaftsforschung GmbH，2018.

学（40.4岁），农业、林业与营养科学和兽医学①（41.1岁）；年龄最大的学科为人文科学②，为42.4岁，其次为体育（42.3岁），人类医学/健康科学（42.2岁）。结合前文博士学位获得者的平均年龄为31.8岁，从数据对比分析中可知，从获得博士学位到获得教授席位需要经历10年左右的自我完善和提升，这导致很多博士获得学位后不再从事科学研究，这对于德国而言是一种资源的浪费。由图3—12中可知，大学教授席位的应聘比例较低。经计算，大学教授席位的吸引率③仅为4.38%。

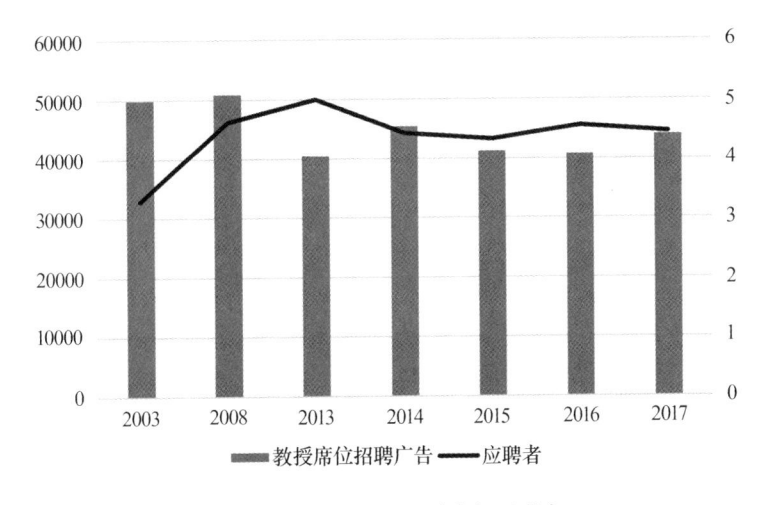

图3—12　大学教授席位吸引率

资料来源：Gemeinsame Wissenschaftskonferenz. Chancengleichheit in Wissenschaft und Forschung, 22. Fortschreibung des Datenmaterials (2016/2017) zu Frauen in Hochschulen und außerhochschulischen Forschungseinrichtungen [M]. Bonn: GWK, 2018: 36。

德国传统的教席制（Lehrstuhl）为青年科学家（Wissenschaftlichen Nachwuchs）的晋升带来了阻力。1998年，德国科学委员会（Wissenschaftsrat）指

---

① 2015年德国对原有学科体系进行了调整，将农业、林业与营养科学以及兽医学两个学科合并为农业、林业与营养科学和兽医学一个学科，故将2008—2014年农业、林业与营养科学和兽医学的教授年龄进行了算术平均。

② 2015年以前的数据中，人文科学代表的是"语言与文化科学"。

③ 大学教授席位吸引率＝应聘者数量/教授席位招聘广告条数×100%。

出,大学之间的国际化竞争以及大学之外的雇主都对杰出青年科学家的需求明显增多,因此,有必要通过适当的人员结构调整来培养青年科学家。为了给青年科学家创造有吸引力和可靠的生涯路径,科学委员会在2001年建议引入初级教授(Juniorprofessur)①,并采取了多种途径留住青年研究人员:

一是修订《科学时间合同法》(*Wissenschaftszeitvertragsgesetz*)。为防止科学界不恰当的短期工作,2015年12月17日批准了《科学时间合同法》修正案,并于2016年3月17日起生效。自2007年以来,《科学时间合同法》规定了大学和研究机构的科学和艺术人员的就业合同具有时效性,即初阶研究者(R1)必须在有限的时间内工作,以确保每一代青年科学家在大学或研究机构中都有工作的机会,遵循轮换原则,这种合同时效性不包括资格阶段的永久性就业以及成功完成科学资格后的合法"收购保证"。但近年来,合同时效被缩短,导致越来越多的青年科学家短期临时就业的比例已超出合理水平。基于此,联邦政府推进了该法案的改革,旨在抑制固定期限实践中的不良发展,同时不会对科学所需的灵活性和动态性产生不利影响。该修正案为改善青年科学家的生存状态迈出了第一步,可有效杜绝不正当的短期付款。对于第三方资助的项目也是如此,项目研究人员应该能够在整个资助期间签订就业合同。

二是推出"青年科学家促进计划"(Programm zur Förderung des wissenschaftlichen Nachwuchses)。为了激励青年科学家能够尽快作出永久留在科学系统中的决定,使之职业生涯路径更易于规划和透明,提高德国科学系统的竞争力,联邦政府于2016年10月19日推出了"青年科学家促进计划",在传统的教授任命程序之外构建终身教职体系(Tenure-Track-Professuren),由联邦政府从2017—2032年累计提供10亿欧元支持1000名额外的终身教授职位,增加大学的永久教授职位数量②。

---

① 王梅、赵亚平、安蓉:《德国大学教师绩效管理体系及其特点——以慕尼黑工业大学为例》,《外国教育研究》2016年第43卷第2期,第46—58页。

② Gemeinsamen Wissenschaftskonferenz. Bekanntmachung der Verwaltungsvereinbarung zwischen Bund und Ländern gemäß Artikel 91b Absatz 1 des Grundgesetzes über ein Programm zur Förderung des wissenschaftlichen Nachwuchses [EB/OL]. (2016 - 10 - 19) [2019 - 06 - 23]. https://www.gwk-bonn.de/fileadmin/Redaktion/Dokumente/Papers/Verwaltungsvereinbarung-wissenschaftlicher-Nachwuchs-2016.pdf.

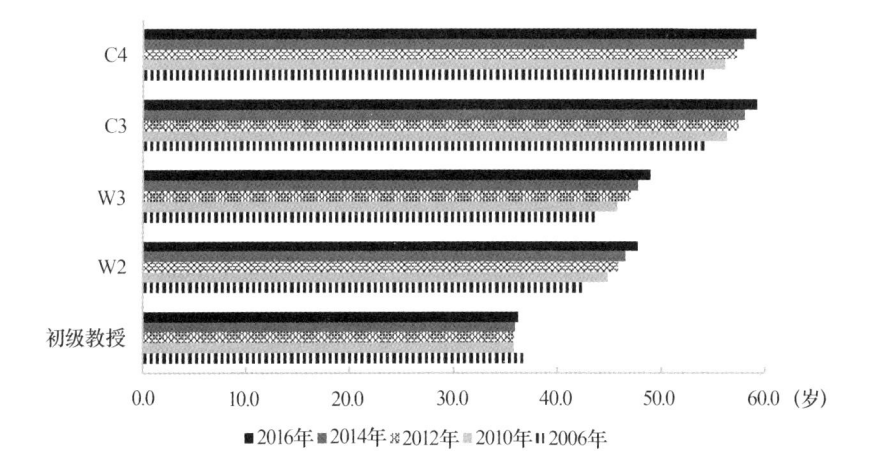

图 3—13 获得教授席位年龄

资料来源：根据德国联邦统计局高校人数统计整理。

从图 3—13 中可知，新体系（初级教授、W2、W3）将教授年龄减小 10 岁，这对于吸引博士毕业生继续从事科学研究提供了机会。

第四章

美国博士生培养模式研究

美国的博士生教育自耶鲁大学授予博士学位开始到今天已有150多年的历史,它通过汲取英国学院制的培养模式和德国研究所型大学实践经验的养分,结合美国自身与社会紧密结合的实用性特征,逐步发展壮大为世界博士生教育的典范。它被认为是世界上最成功、最富有创造力的模式之一,在一定时期内被全球各个国家竞相效仿和学习,它对促进美国创新和经济增长发挥了重要作用,并帮助美国成为科学和工程领域的全球领导者①。当今美国博士生教育的发展既令人鼓舞又有问题。它为更多想要从事需要博士学位的职业的学生打开了机会之门,满足了学生和社会日益多样化的需求,更加多样化的博士项目为不同种族、性别、年龄、职业抱负、背景的学生提供了同等的机会和可能。然而,博士生教育已经从一个高度精英化的活动、通向未来研究教授的管道、面向几乎完全围绕严格定义的学术学科逐渐向越来越多样化和跨学科的项目、为学生准备学术界内外的职业活动方向转变,在此过程中美国博士生教育的发展也面临着诸多机遇和挑战,学生不断变化的需求和社会不断发生变化的挑战迫使美国不断更新博士生教育理念,变革博士生培养模式②。

---

① [美] National Science Board. The federal role in science and engineering graduate and postdoctoral education [R]. Arlington, V. A.: National Science Foundation, 1998, p. 1.
② [美] Blessinger P., Stockley D., Emerging directions in doctoral education [M]. Bingley, U. K.: Emerald, 2016, pp. 8–10.

第一节　美国博士生培养模式的历史变迁

美国博士生培养经历了萌芽化、制度化、规模化、迟滞化和变革化五个阶段。

一　萌芽化（19世纪60年代—19世纪末）

（一）南北战争为博士生培养的产生提供了物质基础和政策支持

南北战争期间，美国联邦政府出台的一系列政策为博士生培养的产生创设了机会，提供了政策支持。

1862年颁布的《莫里尔赠地法案》（Morrill Land-Grant Acts）开启了实用高等教育之路，依据各州在国会中的议员人数相应分配联邦土地，州政府将出售土地的收益用于建立农业、技工、采矿以及军事教育等"实用技艺"（Useful Arts）方面的高等教育项目[①]，赠地学院的崛起和发展使得公立院校的规模逐渐扩大，提高了对师资的需求，为博士生教育的形成提供了契机。该法案使得院校有能力聘用众多领域的教师，尤其是科学领域，新任教授对原创性研究和科学探索充满兴趣，建立了自己的实验室，收集自己的著作和期刊，进行植物学的田野调查，著书立说……1890年第二项赠地法《莫里尔赠地法案》的通过为赠地项目补充了联邦资助，并且还批准创建一批新的赠地学院。州立学院不仅获得了设备，补充了人员，还得到了奠定持久的应用研究基础所必需的大量资金。许多教授已通过自己的努力成为"科学家"（Men of Science）或"文人"（Men of Letters）[②]，这些不断积累的学术成就，以及日益广泛的研究和教学观念为博士生教育的发展提供了物质基础和政策支持，也为美国的博士生培养打上了实用性的烙印。

[①] ［美］约翰·塞林：《美国高等教育史》，孙益等译，北京大学出版社2014年版，第72—73页。

[②] 同上书，第101页。

(二) 第二次工业革命为美国博士生培养的产生提供了人才需求

19世纪60年代爆发的南北战争为美国资本主义的发展扫清了障碍，加快了业已开始的工业革命的进程，使生产力以前所未有的速度迅猛增长。1860年美国工业总产值位居世界工业生产的第四位，1894年便跃升至首位，工业总产值比1860年增加了4倍，其生产量是欧洲全部国家生产总量的半数。① 工业革命极大地推动了社会生产力的发展，对人类社会的经济、政治、文化、军事、科技和生产力产生了深远的影响，促使美国对科技人才和高级劳动者的需求急剧增加。而当时的美国大学无论是规模还是质量都远远落后于欧洲，于是培养高水平大学教师的任务提上了日程并成为博士生培养的重要目标。

(三) 德国经验为美国博士生培养的产生提供了知识和技术储备

当时，美国一些进步的学者在获得学士学位后，仍然希望进一步研究高深学问，因为当时学士学位课程无法满足人们的需要。与美国大学建设的落后形成鲜明对照的是，18世纪的德国大学在欧洲大陆居于领先地位，尤其是当柏林大学于1810年创办之后，以人文和自由主义以及重视科学研究为主要特色的一大批高等院校的建立促使德国大学取得了世界性的卓越地位，吸引了诸多美国年轻的有志青年赴德国学习高深知识。这批早年留学德国的留学生们回国后立志按照德国大学的模式进行改革，带来了德国大学传统的哲学、方法，尤其是精神上强调教学和学习自由，为后期美国博士生的培养奠定了基础。这也是美国博士生教育产生的主要背景之一。

创建于1701年的耶鲁大学早在1732年设立了美国历史上第一个鼓励研究生学习的伯克利奖学金（Berkeley Scholarships），在近一个世纪的时间里，斯拉·斯蒂尔斯（Ezra Stiles）(1778—1795年)、蒂莫西·德怀特（Timothy Dwight）(1795—1817年)、杰里米·戴（Jeremiah Day）(1817—1846年) 和西奥多·德怀特·伍尔西（Theodore Dwight Woolsey）(1846—1871年) 进一步提高了本科奖学金，促进了纽黑文校区和周边地区的研究和真正的研究生教育。伍尔西留学回国后，被欧洲高等教育的蓬勃发展所触动，旨在耶鲁启动一套完整的研究生项目。1847年，

---

① 符娟明、迟恩莲：《国外研究生教育研究》，人民教育出版社1992年版，第75—76页。

由2名全职科学教授和5名提供高级课程的教师成立了"哲学与艺术系"（Department of Philosophy and the Arts），即艺术与科学研究生院的雏形，为11名已经完成了四年本科学习的学生提供化学和冶金、农业科学、希腊和拉丁文学、数学、语言学和阿拉伯语方面的研讨会，以满足更系统的科学与艺术研究生教学的需要，这是耶鲁第一个聚焦于研究和学术的项目①。该系也是谢菲尔德科学学院（Sheffield Scientific School）和工程学院的前身，并成为美国最早的科学学院之一②；1860年，哲学博士学位正式设立；1861年7月25日，谢菲尔德科学学院在美国历史上第一次授予尤金·舒勒（Eugene Schuyler）哲学和心理学、亚瑟·威廉姆斯·赖特（Arthur Williams Wright）物理学和詹姆斯·莫里斯·惠顿（James Morris Whiton）文学哲学博士学位。这是美国博士生教育史上的第一批三个非荣誉型哲学博士学位。耶鲁大学在美国博士生教育发展史上的贡献在于：第一，耶鲁是美国最早建立研究生院模式的学校之一，它引入了一个研究生项目，促使以人文主义学士学位为基础的博士学位与之相独立；第二，耶鲁证明只要学生有良好的本科基础和足够的研究生设施就能在美国开展有效的博士生教育；第三，耶鲁为美国未来的哲学博士培养制定了一系列基本规定，在今天的美国大学中，大部分仍然遵循这个规定；第四，通过哲学博士生教育，耶鲁进一步实现了19世纪美国大学改革倡导者的愿望；第五，耶鲁大学将其著名的本科学院的民主传统引入到研究生院，从而为未来美国社会各阶层的领导人打开了大门。③

在耶鲁大学的影响下，康奈尔大学在1868年成立时就将培养研究生作为该校的重要任务之一，1872年开始授予哲学博士学位；哈佛大学于1872年正式成立研究部，翌年开始授予哲学博士和理学博士学位。

---

① Yale Univeristy. History of Yale Graduate School [EB/OL]. [2019-03-03]. https://gsas.yale.edu/about-gsas/history-yale-graduate-school.

② Yale Univeristy. Traditions & history [EB/OL]. [2019-03-03]. https://www.yale.edu/about-yale/traditions-history.

③ Rosenberc R. P., The first american doctor of philosophy degree: a centennial salute to Yale, 1861-1961 [J]. The journal of higher education, 1961, 32 (7), pp. 387-394.

吉尔曼在1876年帮助建立了约翰·霍普金斯大学，他是该大学的第一任校长，主张学者们可以推进自己的研究领域，使整个社会受益。因为吉尔曼和他的所有教员几乎都在德国大学学习过，所以德国大学传统的影响很强，吉尔曼从一开始就深信大学将是教授和教师接受最高学术职位培训的地方，研究生和高等教育是大学最重要的使命，大学必须拥有伟大的图书馆、实验室和博物馆。他还认为，为了传播研究成果，大学必须赞助学术和科学期刊，并运营大学出版社。

约翰·霍普金斯大学是美国历史上第一所以研究生院为主的大学，它以科研与培养研究生为主要任务，强调哲学博士学位的研究性质，注重学术探讨与理论研究。它的建立标志着美国现代大学以及美国博士生教育的开端。

直到19世纪末，美国逐渐废弃了大学教师从牧师或官员中遴选的传统做法，认为大学教师是需要经过专门训练方可胜任的职业，而拥有哲学博士学位成为美国重点大学聘用教师的必备条件。大学教师职业准入资格的提高和标准的严格化，大大刺激了美国博士生教育的发展。

小结：虽然萌芽化阶段的哲学博士学位还只是一种短期学位，只需要在更好的大学学习两年研究生课程即可获得，在很多大学中博士学位只作为荣誉学位而颁发。但该阶段博士生教育的初步发展改变了对大学教师的认知，拥有博士学位成为大学教师的必备条件，而博士生培养的目标就是成为既能从事教学又能从事科学研究的大学教师的储备人才。

在1900年以前的很长一段时间内，美国的高等教育体系是分散的，在很大程度上是不受管制的；高等教育系统内的"文凭工厂"遍地开花，甚至一些粗制滥造的机构也会称自己为"大学"，并授予博士学位。更有甚者，一些机构允许博士考生上课不需要在教室内露面，在学监的监督下在家里考试。这种缺乏标准和一致性的行为，严重损害了美国大学的声誉①。

萌芽时期，南北战争、工业革命以及留德学者带回的研究生教育经验都为美国博士生教育的规模发展和结构扩张积蓄了能量，为美国博士生教育奠定了深厚的基础。

二 制度化（20 世纪初—20 世纪中叶）

（一）美国大学协会的成立为美国博士生培养的制度化奠定基础

为维护美国博士生教育的声誉，1900 年由哈佛大学、加利福尼亚大学、美国天主教大学、芝加哥大学、克拉克大学、哥伦比亚大学、康奈尔大学、约翰·霍普金斯大学、密执安大学、宾夕法尼亚大学、普林斯顿大学、斯坦福大学、威斯康星大学、耶鲁大学这 14 所主要培养博士生的著名大学组成的美国大学协会（Association of American Universities，AAU）应运而生②。该协会的建立对美国研究生教育的标准化、正规化起到了关键作用。除了在研究生培养目标和计划方面提出了一系列标准外，更为重要的是制定了一份定期更新的认证名单（Approved List），希望获得认证的高校需要提交书面申请。这份名单便于学生在申请学校时更加具有选择性，也可以帮助学校在招收博士生时更好地评估学生是否接受过良好的本科教育。总之，美国的高校开始变革无序混乱的招生机制，通过组织协会提供认证的方式为美国博士生的招生资格确定标准③，促进了研究生教育和学位制度的正规化，突出了哲学博士学位的研究性质，保证了其作为最高一级学位的价值，逐步杜绝了将哲学博士学位作为荣誉学位授予的现象，从而使研究生培养质量和学位授予质量得到提高。

（二）两次世界大战的爆发为美国博士生的培养提供了现实需求

第一次世界大战为美国成为世界工厂，为其进一步发展经济、振兴

---

① Association of American Universities. The Association of American Universities: a century of service to higher education 1900 – 2000 [EB/OL]. [2019 – 05 – 30]. https://www.aau.edu/association-american-universities-century-service-higher-education – 1900 – 2000.

② Thurgood L., Golladay M. J., Hill S. T., U. S. doctorates in the 20th century [M]. Arlington, V. A.: National Science Foundation, 2006, p. 5.

③ Bureau of Education, Department of the Interior. Accredited higher institutions, bulletin, 1927, No. 41 [R]. Washington, D. C.: Government Printing Office, 1928, pp. 6 – 9.

科技提供了优渥的环境。美国通过战争贸易谋得了巨大的利益,促进了生产力和科学技术的发展。科学技术的不断进步和经济社会的发展倒逼高校人才培养模式的改革,以适应社会对于大量掌握高级科学技术人才的需求。无论是出于满足国家对于科研人员和技术人才的需求,还是为了帮助高校在国家科学技术研究工作中发挥作用,博士生培养都在美国整个制度和环境中取得了一席之地。

第二次世界大战在美国历史发展上具有特别重要的意义。美国在大战中大发战争横财,攫取了高达1100多亿美元的巨额利润。在战争刺激下,资本主义生产进一步增长起来。1938—1944年的7年间工业生产又增长了将近2倍。战争的需要也刺激了科学研究在国防以及各个经济领域中突飞猛进地发展,大学的科学研究在战争中发挥了举足轻重的作用,使大学被视为对国防具有特殊重要意义的机构。[①]第二次世界大战期间,大量被纳粹德国赶出的科技人员先后来到美国,包括爱因斯坦、费米、冯·卡门等一批杰出的科学家,他们的到来为美国带来了先进的思想和前沿的研究,极大地提升了美国博士生培养水平。

总之,两次世界大战的爆发不仅为美国经济发展奠定了物质基础和条件,也为美国大力发展科学技术和博士生培养提供了现实的需求。

(三)经济社会快速发展为美国博士生培养的目标提出了新要求

世界格局的不断变化使得国家间的竞争慢慢地演变成为科学技术的竞争,各国都希望通过科学研究提高本国核心竞争力,对科学研究的需求使得大学需要培养一大批专门从事科学研究和实验的人才,原有的博雅式的本科教育并不能满足高等教育系统的需要。因此,经济社会的快速发展使得科学研究的任务不断向上推进,使得美国的博士生教育承担起这项历史重任。与此同时,也使得美国的博士生教育规模和结构不断壮大和完善。

伴随着经济社会对美国高等教育提出的更高要求,美国博士生培养的目标也从仅仅培养贵族、神职人员和教职人员扩充到培养经济发展所

[①] 符娟明、迟恩莲:《国外研究生教育研究》,人民教育出版社1992年版,第81页。

需的科技开发、行政管理等各种类型的人才。与此同时，博士毕业后的主要出路集中于大学教师、科研人员、高级专业人才等。因此，本阶段内美国的博士生培养已经开始兼顾培养教师和注重理论研究的科研人员以及应用型人才。

小结：制度化阶段正式确立了研究生院制度，研究生教育制度的形成和确立也是美国博士生教育史上浓墨重彩的篇章。美国的研究生教育在吸收德国大学的制度模式的同时，根据本国的国情和自身的文化传统，对博士生培养模式进行改革。摒弃了德国大学对精神实体纯理念主义的探索，抛弃了德国培养研究生采取的"师徒式"的培养方式，在大学建立了一种新型的教育体制——研究生院，这种体制不像德国大学那样把研究生培养与大学本科生培养完全隔绝开来。美国的研究生院一般没有自己的专门教师、校舍和预算，而是由本科生院的教师负责研究生的课程教学、培养和指导科学研究，研究生院只负责课程管理、学位标准等。在培养方法上强调独立学习和科学研究作为培养学生的主要途径。这样，美国大学的体系就包含了德国大学研究机构的功能，从而解决了德国大学中以本科教学为主的大学和以培养科研人员为主的研究所之间的矛盾，形成了适合自己发展的成功模式。至此，德国的学术自由精神和美国的功利主义、实用主义相结合，形成了有美国特色的博士生教育。博士生在国家科技发展中的重要作用日益凸显。

20世纪40年代末一些经济学家得出结论：美国高等教育的扩张，尤其是为了适应高等教育大众化，致使国家严重缺少合格的学院和大学教师，也就是博士项目的缺失使高等教育的发展前景处于危机中。从入学人数数据来看，这一警示论断是合理的。19—20世纪之交建设大学的英雄时代没有在全国内形成一个稳定、完全成熟的高级学位课程。比如在1939—1940年，硕士和博士学位人数总计不到106000人，约占所有高等教育入学人数的7%。[①] 如果美国经济的发展需要依赖专家学者，包括工业中的科学家和各领域的教授，那么这种渠道不管是从量上还是从质上

---

① Menand L., College: the end of the golden age [N]. The New York review of books, 2001-10-18.

来说都是不充足的。

三 规模化（20世纪40—70年代）

（一）人口及高等教育结构的变化推动博士生培养的规模化发展

20世纪40—70年代是美国高等教育迅猛发展的时期，被称为美国高等教育的"黄金时代"（Golden Age）。第二次世界大战期间，受到征兵的影响，常规学生的入学人数骤降。战后联邦政府和各州政府开始将高等教育作为公共政策的主要关注点，政府开始与高等教育进行合作，有效促进美国高等教育的入学人数呈指数增长（见图4—1），1944年《退伍军人适应法》（Servicemen's Readjustment Act）的颁布吸引了大批退伍军人走进大学。截至1945年秋，88000名退伍军人申请入学并被大学接收；到1946年，退伍军人在学院的入学人数超过了100万[①]。

第二次世界大战结束后，大批军人返回美国，1946年美国出生了349万个婴儿，成为婴儿潮（Baby Boom）的开始。1946—1964年，美国共有7590多万婴儿出生，约占美国总人口的三分之一，人口总量呈线性增长（见图4—2）。第一批婴儿潮时期出生的人在20世纪60年代涌入高校，高校聘用了比在美国高等教育的整个325年历史中雇用的更多的教师，学生人数由1947年的234万人跃增到1970年的858万人，年均增长率为5.82%。特别是到了1968年，63.2%的男高中毕业生进入大学。从图4—1中可看出，自1964年起，高等教育入学人数增长较快，年均增长率达到8.43%。在1965—1972年的扩张高峰期，新的社区学院在美国以每周一所的速度增加[②]。战后高等教育规模的扩张导致美国合格的大学教师严重匮乏，这就对以培养合格大学教师为目标的博士生教育提出了新的挑战，博士生培养数量的缺失使高等教育的发展前景堪忧。美国高等教育机构急需拥有博士学位的人员去担任高校教师。

---

① ［美］约翰·塞林：《美国高等教育史》，孙益等译，北京大学出版社2014年版，第246—247页。

② Menand L., College: the end of the golden age [N]. The New York review of books, 2001‑10‑18.

(千人)

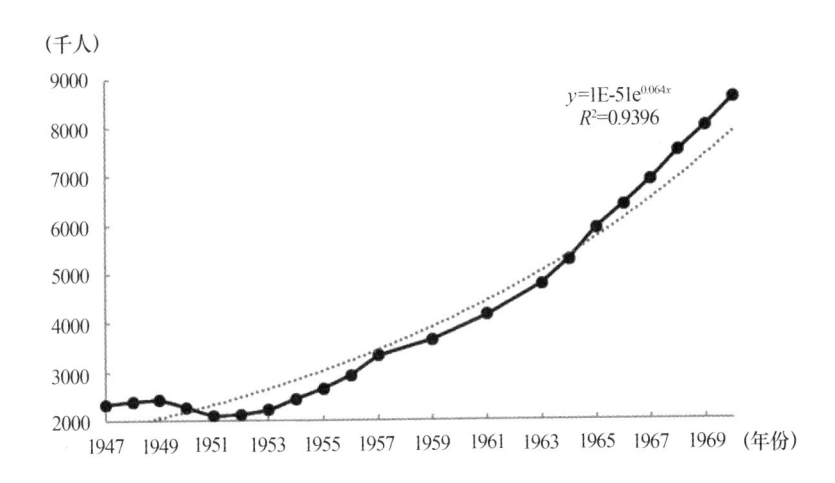

图4—1 美国1947—1970年高等教育入学人数

$y=1E-51e^{0.064x}$
$R^2=0.9396$

资料来源：美国国家教育统计中心（NCES）。

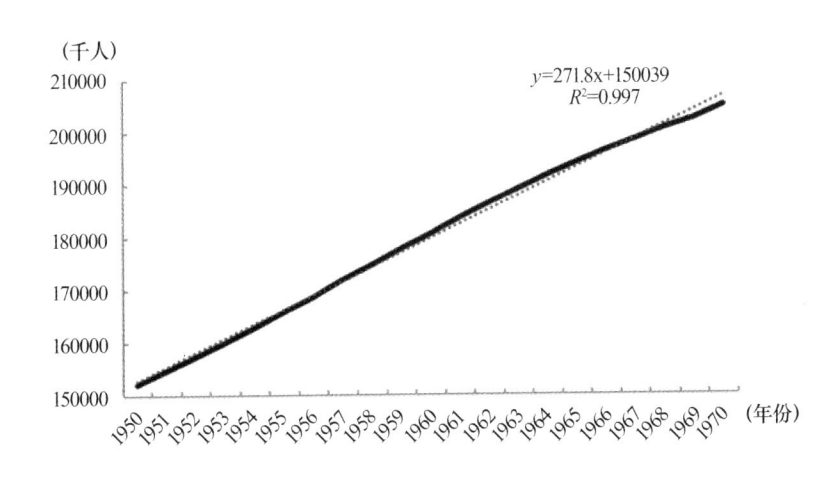

(千人)

图4—2 美国1950—1970年人口数

$y=271.8x+150039$
$R^2=0.997$

资料来源：经济合作与发展组织（OECD）。

（二）战后科技经济的腾飞推动了美国博士生培养的规模化发展

第二次世界大战使得美国在战争中受益，经济迅速发展，迫切需要大量的拥有科学技术的高级专业人才为工农业的发展服务，因此国家十分重视博士生教育的发展，联邦政府开始逐渐转变角色，成为大学科学研究和博士生教育的主要资助者。同时，"二战"时的曼哈顿计划已显示出未来尖端科研需要大批专家学者，高层次的科技人才和科学技术在战争中发挥了巨大作用，也使联邦政府认识到了基础科学研究的重要性。因而，第二次世界大战后联邦政府便奉行"科学至上"的政策，对科学研究尤其是基础研究和高等学校的科学研究给予了高度重视。除了联邦政府的重视，随着生产科学化程度的提高，工业界也纷纷设立自己的研究机构，加强开发研究，这就需要更多的科技人才，因此对拥有博士学位的人才需求量增加。可以说，第二次世界大战使得联邦政府确立了科研在国家发展中的中心地位，并大力资助高校科研，也使得州政府和产业界对博士生教育的重视和规划都提上了日程，这些都促进了博士生规模的快速发展。[①]

（三）国家资助主体地位的确立为博士生的培养提供了资金保障

1957 年，苏联成功发射了第一颗人造地球卫星，震惊了美国朝野，为继续确保其称霸世界的地位，应对可能出现的"技术差距"的担忧，1958 年美国出台了《国防教育法》(National Defense Education Act)，将新的重点放在了科学研究和教育上，尤其是发放研究生奖学金等一系列措施在客观上扩大了博士生教育的规模，增加了博士学位的授予数量，凸显了博士生教育跨学科培养人才的目标，促使大量资金流入高校。Bush 在 1945 年的报告《科学：无止境的前沿》(Science, the Endless Frontier) 中指出[②]，科学技术领域博士学位获得者的缺口将在 1955 年达到约 17000 人。同时呼吁政府应提供合理数量的本科奖学金和研究生奖学金，以培养美国年轻的科学人才；创建一个永久性的资金充裕的新联邦机构——国家研究基金会。该报告宣告了联邦政府资助大学研究时代的到来。联邦政府通过创建于 1950 年的美国国家科学基金会（National Science Foun-

---

[①] 陈学飞等：《西方怎样培养博士——法、英、德、美的模式与经验》，教育科学出版社 2002 年版，第 221—223 页。

[②] Bush V., Science, the endless frontier: a report to the president [R/OL]. (1945 - 07 - 25) [2019 - 03 - 21]. https://www.nsf.gov/od/lpa/nsf50/vbush1945.htm.

dation，NSF）和日益发展的国立卫生研究院（National Institutes of Health，NIH）以及各部门对大学实施竞争性研究资助，国防、能源、农业、交通和卫生部越来越多地向学术专家提出竞争某些专门研究项目的要求，资助大学教师开展科学研究，尤其偏好于应用性以及与军事相关的项目，支持研究生学习。美国国家科学院专门委员会于2007年发布的题为《站在风暴之上：积蓄力量使美国走向更美好的经济未来》（Rising above the Gathering Storm：Energizing and Employing America for a Brighter Economic Future）的报告，也要求联邦政府在加大投入的基础上，稳步增强美国的基础研究和人才培养，以应对未来的经济发展的挑战。[①]

联邦政府投入大量资金，超过了私人基金会成为大学和学院获得激励性资助的主要来源，打破了原有私人基金会等外部关系的均衡，且联邦研究资助的增加正值一些著名的基金会在赞助研究项目方面出现相对衰落和撤退的趋势，因而进一步确立了其国家资助主体的地位。1953—1969年，国家研发支出（R&D）实际增长率约为8%，在此期间，高校研发经费总额也迅速增加，许多研究生都得到了研究助理的支持。每年授予博士学位的人数从1957年的8611人增加到1973年的33755人，每年增长近9%。[②] 国家资助主体地位的确立不仅扩大了博士生教育的规模，提升了美国国际地位和科技实力，还使得20世纪60年代成为美国科学的黄金时代。

小结：规模化阶段是美国高等教育的"黄金时代"，也是美国博士生培养规模快速扩张的重要时期。婴儿潮、1948年后持续走高的国内经济增长率，以及冷战导致了高等教育的扩张，刺激了对拥有博士学位的大学教师的旺盛需求；两次世界大战以及美苏争霸让美国联邦政府充分意识到拥有大批科研人才的重要性，激发了美国对博士生培养的热情。培养具有教学和科研能力的大学教师以及具有探究高深学问的学者成为博士生培养的新目标。

[①] National Academy of Science. Rising above the gathering storm：energizing and employing america for a brighter economic future [EB/OL]．[2019-08-26]．https：//www. nap. edu/read/11463/chapter/1.

[②] Thurgood L．，Golladay M. J．，Hill S. T．，U. S. doctorates in the 20th century [M]．Arlington，V. A．：National Science Foundation，2006，pp. 6-7.

但是，研究生教育外部环境也在发生迅速而极端的变化。许多领域新博士的劳动力市场突然从需求过剩转向供给过剩，新博士项目的不断扩大对研究生教育的未来实力和发展产生了很大的影响。由于联邦机构、州机构和大学在制定政策时相互协调，许多观察家担心，从快速增长和资源扩张期调整到增长放缓和资源限制期的过程将是不正当的，是对社会有害的，导致资源从高质量的项目和机构重新分配到更边缘的项目和机构。这种担心是可以接受的，因为没有理由认为公共政策向研究生教育的快速转变只会使研究生教育的活力受到不安和极大的损害。[1]

四 迟滞化（20世纪70—90年代）

（一）滞胀危机的影响推动了对美国博士生培养质量的全面反思

尽管美国的博士生教育不断制度化和规范化，但在其发展的过程中也因为政治、经济、高等教育系统自身的问题导致了一段时期内的停滞和萧条。美国不仅在越南战争中失利，国内还发生了水门事件。国家经济中出现两位数的通货膨胀率与日益下降的生产力共存的"滞胀危机"，导致学校财政收入保持平稳的情况下，产品与服务的价格却呈现不断上涨的趋势，研发支出在1969—1975年大幅减少。1969年，联邦政府用于学术研发的资金开始减少，到1975年一直维持较低水平，用于研究生的奖学金和培训项目也在减少。政府在学术研发经费总额中所占比例从1965年的73%下滑至1999年的68%左右[2]。

联邦政府对高校科研投资出现零增长，同时，有关学生资助、健康与安全标准的新联邦法规的推动，导致大学的行政费用却在增加[3]，使得高校科研面临严重困难，科研条件不断恶化，实验仪器与设备老化严重，

---

[1] Breneman D. V., Graduate school adjustments to the "new depression" in higher education [M]. Washington, D. C.: National Board on Graduate Education, 1975, p. 1.

[2] Thurgood L., Golladay M. J., Hill S. T., U. S. doctorates in the 20th century [M]. Arlington, V. A.: National Science Foundation, 2006, p. 7.

[3] Association of American Universities. The Association of American Universities: a century of service to higher education 1900 - 2000 [EB/OL]. [2019 - 05 - 30]. https://www.aau.edu/association-american-universities-century-service-higher-education - 1900 - 2000.

研究规模紧缩，不少重要科研项目被迫终止，许多科学家处于失业或半失业状态，结果导致高等学校培养研究生的能力下降。同时，图书服务与学生的需要有很大距离，教师的薪金大大低于通货膨胀的速度。正如许多大学管理者所担忧的，由于大学预算不断缩减，必须承担越来越多的成本，因此很难维持研究生课程的质量，① 如何确保博士生培养质量成为关注的焦点问题。

（二）人口问题和劳动力市场的剧烈变化严重影响了博士生就业

人口问题也严重破坏了美国博士生教育保持稳定发展的美好愿望。在美国高等教育从精英式向大众化转变时需要吸纳40%—50%的高中毕业生，然而当高等教育从大众化向普及化发展时，这种结构开始面对挑战并出现问题。日益下降的出生率使1975—1976年高等教育入学人数首次下降了173万，这是自1951年参与《退伍军人适应法》以来学生人数的第一次下降，入学人数的变化带来了高等教育的不稳定以及结构性"超载"。高等教育适龄人口数量等教育外在因素开始受到关注。

美国高等教育的发展陷入衰退期，导致大学学位的经济价值开始下降。在20世纪70年代，大学毕业生和高中毕业生之间的收入差距从61%下降到48%。因此，上大学的百分比也开始下降，并且这一代人突然发现自己有了空宿舍床和一个庞大的终身教职员工群体，大部分领域的学术劳动力市场变得饱和，博士学位的劳动力市场总体上继续从供不应求的状态向供过于求的状态转变，这是美国博士长期就业危机的开始。②

（三）教育危机与高科技时代并存推动对博士生培养目标的反思

经济衰退减少了对毕业生的需求，既影响了潜在博士生的抉择，又影响了联邦、州和私人对高等教育的支持。艰难的岁月和时代的变迁引发了人们关于博士生培养目标的激烈讨论。成立于1971年的美国研究生

---

① National Board on Graduate Education. Outlook and opportunities for graduate education [R]. Washington, D.C.: NBGE, 1975, p.1.

② Menand L., College: the end of the golden age [N]. The New York review of books, 2001-10-18.

教育委员会（National Board on Graduate Education, NBGE）旨在对美国研究生教育所面临的问题提供客观而彻底的分析，协助制定健全的政策，并在1971—1975年共发布了六份报告①，"变革"均是其核心主题。根据美国国家研究委员会（National Research Council）所做的博士学位获得者问卷调查（Survey of Earned Doctorates questionnaire）的结果（见表4—1），在1968—1973年间，五个主要学科（化学、经济学、电气工程、英语、心理学）1973年就业困难的毕业生比例至少比1968年高出2倍；各学科之间的差异非常明显，从经济学和英语的数据比较可清晰得知。数据还显示了不同学科之间的另一个差异，即1972—1973年，电气工程和化学的就业困难报告比例有所下降，这些学科博士毕业生的就业领域由学术转移到了工业领域，其就业前景受商业周期波动的影响要显著大于受学术领域的变动②。

表4—1　　　　　1968—1973年分学科未就业博士比例　　　　　（%）

学科	1968年	1969年	1970年	1971年	1972年	1973年
英语	3.9	7.9	9.3	13.2	15.5	21.5
化学	4.5	7.8	11.4	15.2	18.9	17.2
电气工程	7.1	10.7	11.6	19.6	18.4	15.0
心理学	6.1	8.0	8.8	10.0	12.3	13.6
经济学	3.1	3.3	4.6	6.1	6.3	6.4

资料来源：美国国家研究委员会（National Research Council）。

信息产业的迅猛发展和高科技的突飞猛进使得培养高科技人才成

---

① 六份报告分别是：Graduate Education: Purposes, Problems and Potential (1972)、Doctorate Manpower Forecasts and Policy (1973)、Federal Policy Alternatives toward Graduate Education (1974)、Science Development, University Development, and the Federal Government (1975)、Minority Group Participation in Graduate Education (1975)、Outlook and Opportunities for Graduate Education (1975)。

② National Board on Graduate Education. Outlook and opportunities for graduate education [R]. Washington, D.C.: NBGE, 1975, pp. 3-4.

为美国博士生培养的重点。由于研究成果的重要性与博士学位的价值之间的平衡发生了变化，在许多诸如电子、电信和计算物理等科学与工程领域，学术研究成果的重要性正在下降，这些领域的大量新技术知识来自于工业研发而不是博士生阶段的学习，新知识赋予的竞争优势正在下降。因此，不同学科的博士生培养目标发生了改变，培养学生在许多科学领域的经验可能比他们在学习过程中产生的研究成果更有价值①。而那些新建立的非全日制和专业博士生教育应致力于服务国家和地区，解决国家和区域性问题②。所以，博士学位培养的学生不再仅是终身追求真理并证明其有创造性的理论，同时要与社会需求相对接，为他们在政府、商业、工业企业就业以及传统的大学和学院教学做好准备。

小结：迟滞化阶段是美国博士生培养快速发展的一个停顿，也是对博士生培养进行反思的阶段。经济衰退减少了对博士学位毕业生的需求，全国失业率整体偏高，但"就业难"又促使大学毕业生纷纷选择继续攻读博士学位；经济衰退导致了政府等多主体对博士生教育的支持力度骤降，但又让更多的博士生乐于通过研究助理而不是博士后的方式获得低报酬。博士生培养的变化趋势不能孤立于大经济的发展来看待，而是各种因素相互交错制约，增加了博士生培养质量的不确定性。如何正视美国博士生培养中存在的问题，适应社会的变化，应对科技的挑战，提高博士生培养质量，成为美国博士生教育值得思考的重要问题。

五　变革化（20世纪90年代至今）

（一）博士职业路径的多样化导致对博士生培养目标的重新审视

一直以来为高等院校或科研机构培养教师是美国博士生教育的主要目标，与此同时，博士生们在入学前也大都把学术研究的教授职位作为

---

① Armstrong J. A., Rethinking the Ph. D [J]. Issues in science and technology, 1994, 10 (4), pp. 19–22.

② National Board on Graduate Education. Outlook and opportunities for graduate education [R]. Washington, D. C.: NBGE, 1975, p. 50.

自己就业的方向。然而事实上，随着越来越膨胀的博士候选人群体，美国学术界的劳动力市场已经饱和，拥有博士学位的人会选择在广泛的就业部门工作，如在大型或小型组织工作，在大学教书，或开始创业，职业选择已不再局限于学术界。根据美国劳工统计局（Bureau of Labor Statistics，BLS）2008 年的数据，大多数博士毕业生在服务行业就业，一般来说在专业、科学和技术服务行业以及政府部门工作。在未来 10 年内，这些行业和职业中的大多数预计将会有所发展，最大的增长将会出现在医疗保健和社会扶助产业。[①]

因此，博士生教育培养的博士不仅是对一个国家进步至关重要的人力资源，如科学家、工程师、研究人员、创造和分享新知识和新思维的学者，而且还包括直接或间接地创新产品、提供服务和艺术品的人。博士生的培养目标是成为一个对国家经济增长、文化发展和生活水平提高作出贡献的人。[②]

（二）高流失率与低完成率推动美国博士生培养模式的重大变革

伴随着博士生规模的扩张，美国博士生流失问题也日益凸显。特别是在 20 世纪 90 年代，博士生教育的流失率高和学位完成时间过长等问题引起了社会的关注，尤其是在人文学科（流失率高达 63%）。尽管一定程度的流失率有利于保证博士生教育的质量，但同时也大大降低了博士生培养的效率，浪费了博士生培养过程中的人力物力资源[③]。如果一个学生不能完成学业，这不仅仅会给学生个人和所在学校带来直接损失，而且会出现由于接受这个学生而造成间接损失，因为如果不是这个中途流失的学生占用了这个名额的话，那么很有可能是一个可以完成学业的学生出现在那个位置上。尽管招生部门挑选研究生的程序非常严格，选择读研究生的这些学生学术水平也比较高，但是据估计，博士生的退学率在 40%—50% 之间。即使在那些获得竞

---

① Council of Graduate Schools, Educational Testing Service. The path forward: the future of graduate education in the United States [R]. Princeton, N. J.: ETS, 2010, pp. 19 – 20.

② National Science Foundation, National Center for Science and Engineering Statistics. Doctorate recipients from U. S. universities 2017 [R]. Alexandria, V. A.: NSF, NCSES, 2018, p. II.

③ Smallwood S., Doctor dropout: high attrition from Ph. D. programs is sucking away time, talent, and money, and breaking some heart, too [J]. Chronicle of higher education, 2004, p. A10.

争很激烈的奖学金的博士生中,如获得国家科学基金会(NSF)研究生奖学金的博士生中,流失率仍然是一个问题。在这些经过严格选拔的学生中,流失率在25%左右。①

美国大学生越发无心读博深造是由许多因素导致的,其中包括:法律、医学、商科这样的专业学位课程的毕业生就业市场得到改善,完成博士学位耗时长以及博士生培养项目完成率低,博士生教育的资金问题,读博期间漫长的"学徒期"致使学生难以按时完成学位,许多理工科博士生需要完成(经常是多个)博士后研究之后才能考虑长期的学术职位,终身制教职比例下降,以及许多博士生培养项目未能很好地培养博士生从事非学术工作的能力②。博士生培养项目本身原因也在相当程度上影响了博士就读人员的流失,诸如对学生学业成绩模糊或矛盾的期望,专业课程的大幅增加,复杂且有时矛盾的要求,缺乏连贯性的学术指导,对于根本问题的认识论分歧,经费资助不足等问题都制约了博士生培养的进程③。

除了强调社会工作环境(即主管、同事、部门和其他学术团体)对于博士生流失率和完成率的影响外,博士生个人内部(如情感、动机和元认知)对于博士生学业完成也具有影响。研究表明,未完成学业的博士生在读期间都遇到了一个挑战自身的特定阈值概念,这种被"困住"的经历可以表现为抑郁、绝望感、"绕圈子"等。研究还发现博士生的同伴支持和帮助在一定程度上可能会让学生的生活变得愉快,让他们在工作中感觉良好,他们能够在遇到困难时倾听其声音,在遇到特定问题时帮助他们,但是研究也发现,博士生同伴对学生的论文内容几乎没有控制力,因此对博士学位的最终结果可能仅产生有限的影响。④

---

① Council of Graduate Schools, Educational Testing Service. The path forward: the future of graduate education in the United States [R]. Princeton, N.J.: ETS, 2010, pp. 27 - 28.

② 罗纳德·G. 埃伦伯格、[美]夏洛特·V. 库沃:《博士生教育与未来的教师》,仁杰、廖洪跃译,北京理工大学出版社2018年版,第1页。

③ Lovitts B. E., Leaving the ivory tower: the causes and consequences of departure from doctoral study [M]. Maryland: Rowman & Littlefield Publishers, Inc, 2001, pp. 255 - 256.

④ Devos C., Boudrenghien G., Vanderlinden N., et al. Doctoral students' experiences leading to completion or attrition: a matter of sense, progress and distress [J]. European journal of psychology of education, 2017 (32), pp. 61 - 77.

（三）全国或地方性机构系列改革促进对博士生培养质量的反思

博士生教育对国家和民族的教育发展具有引领性作用，在此基础上推动各国之间对研究生教育权力的争夺，甚至逐渐演化成国家发展战略的竞争。培养具有高端知识和技能的人才，进而确保国家在知识经济时代的智力领先地位，博士生教育起到了重要的作用。纵观美国博士生教育的发展历史可知，社会始终对博士生教育的目标和质量予以关注，从最初发轫于欧洲的博士生培养模式到关注其在国际科学舞台上的竞争力和解决新的社会和政治现实问题的作用。随着研究生教育事业的发展，一些全国性或地方性的机构先后诞生，从美国大学协会到美国研究生教育委员会，再到研究生院理事会（Council of Graduate Schools，CGS），这些机构不断推出的新的方法和框架开创了研究生教育新的未来。特别是随着美国对博士生教育的重视程度愈加明显，从20世纪90年代开始，以卡内基教学促进基金会为代表的组织采取了诸如卡内基博士调查行动（Carnegie Initiative on the Doctorate，CID）等系列重大改革并付诸实践，为博士生教育改革奠定了坚实基础。[①]

1993年，美国研究生院理事会（CGS）以及美国大学与学院协会（the Association of American Colleges and Universities，AAC&U）联合发起了旨在为博士生提供观察和体验不同任务，不同学生团体和对教师不同期望的各种学术机构教师角色机会的"未来教师计划"（Preparing Future Faculty，PFF），以期为致力于从事教师职业的博士生今后的生涯发展做好准备。在10多年中，美国超过45个博士学位授予单位和近300个学术机构合作实施了正式的项目。该计划具有很强的综合性，涉及教师角色和职责的全部范围，包括教学、研究和服务，强调在不同的校园环境中，对这些职责的期望往往不同。参与该计划的博士生会得到多个导师的指导，无论是在研究活动中，还是在教学和服务活动中都能收到反思性反馈。博士生可以在一个博士学位授予机构或部门与其他合作机构或部门组成的集群中得到全方位的锻炼。在集群内，合作伙伴共同提供经验，

---

① ［美］乔治·E. 沃克、［美］克里斯·M. 戈尔德、［美］劳拉·琼斯等：《学者养成：重思21世纪博士生教育》，黄欢译，北京理工大学出版社2018年版，第23页。

让参与者了解每个机构教师的角色和责任，包括安排教学经验、与教学导师合作、观察教师委员会、学习教师管理、参加旨在满足其他机构学生特殊需求和兴趣的教师发展活动等。①

在"未来教师计划"及其他计划基础上，美国出台了一项"重构博士学位计划"（Re-envisioning the Ph. D.），综合了研究型大学、K—12学校、博士生、政府机构、企业、基金会和专业协会等七个主体。该计划于2000年以一次讨论会的形式结束，达成了七项共识：博士生教育的利益相关方必须在彼此之间建立起实现变革的必要机制，向有潜力的博士生明确博士生教育的内涵和要求，以更系统、长期的方法促进智力多样化，采取多种手段来影响变革，加强教学方面的培养并进行评价，开发出更强大、更好整合的专业发展经验，制定和实施教师激励措施，从而支持和促进博士生的发展，实现持久的变革。②

基于此次会议的几项建议，由伍德罗·威尔逊国家奖助基金会（Woodrow Wilson National Fellowship Foundation）资助的"积极响应的博士项目：美国博士生教育创新"（The Responsive Ph. D.：Innovations in U. S. Doctoral Education）选取了一条更为广泛的路径，在美国20所大学的学校层面展开工作。该项目的主持者强调四个主题，即所谓的"四个P"，分别是设计新范式（Crafting New Paradigms）、探索新实践（Exploring New Practices）、招募新成员（Recruiting and Retaining New People）以及形成新合作（Forming New Partnerships）。③

小结：综上所述，经过历史的积淀和经验的洗礼，美国博士生教育综合高等教育内外部环境的特征与变化，适度考量自身发展的方向，兼顾质量和效率，为美国科技创新和全面卓越打下了坚实的智力基础，提供了人才保障。

---

① The preparing future faculty program ［EB/OL］. ［2019 - 10 - 25］. http：//www. preparing-faculty. org/.

② Re-envisioning project resources ［EB/OL］. ［2019 - 10 - 25］. http：//depts. washington. edu/envision/project_ resources/metathemes. html.

③ The Woodrow Wilson National Fellowship Foundation. The Responsive Ph. D.：Innovations in U. S. Doctoral Education ［R］. Princeton，N. J.：WWNFF，2005，p. 3.

第二节 美国博士生培养模式的要素组成

一 招生

早期美国对博士生的生源筛选机制尚未建立,任何学士学位获得者只要交足三年学费就能够攻读博士学位,直到第一次世界大战后,一些大学才开始对申请者进行筛选。伴随着美国博士生培养的制度化和规模化,以及社会对人才培养规格要求的提高,博士生准入制度逐渐规范和严格。博士生的录取竞争非常激烈,因为录取的同时还会承诺资助学生。录取审核材料大多包括学生本科的平均绩点(Grade Point Average,GPA),在全国研究生入学考试中口试、分析和量化三部分的成绩,本科教授的三封推荐信,以及一篇"目的陈述"论文①。本科平均绩点、学生毕业的学院、本科专业和测量的学术能力是典型的标准②。例如耶鲁大学对博士招录方式作出了明确的规定:三封推荐信、成绩单、研究生入学考试成绩(Graduate Record Examination,GRE)、美国教育考试服务中心(Educational Testing Service,ETS)组织的考试成绩。母语不是英语的申请人还要提交以英语作为外语考试的成绩③。由于美国各大学的博士生招生主要是由学院下设的系来负责,除了上述共性材料外,各系也会根据不同的博士学位类型提出新的要求。例如有志于攻读麻省理工学院(Massachusetts Institute of Technology,MIT)建筑学博士的学生需要提交设计工作和撰写示例的作品集(最多30页)④,攻读化学工程博士的学生可以提供简短的视频(最多3分钟)来描述本科阶段的研究或感兴趣的

---

① Nerad M., Doctoral education in the USA [M] // POWELL S, GREEN H. The Doctorate Worldwide. Berkshire: Open University Press, 2007, pp. 133 – 140.

② Mayhew L. B., Reform in gradutae education [M]. Atlanta, G. A.: Southern Regional Education Board, 1972, p. 28.

③ Yale University. Policies and regulations graduate school of arts and sciences programs and policies 2018 – 2019 [EB/OL]. [2019 – 03 – 17]. http://catalog.yale.edu/gsas/policies-regulations, 11 – 14.

④ Massachusetts Institute of Technology. Architecture [EB/OL]. [2019 – 10 – 20]. http://gradadmissions.mit.edu/programs/architecture.

科学领域①，攻读土木与环境工程的学生需提供简历，还可提供已发表文章或会议演讲的摘要②。

　　博士生的选拔不仅仅取决于申请者的学习成绩，各大学结合自身的发展战略和培养特色，提出了更高的要求。例如 MIT 对学生提出了八项要求：要符合 MIT "创造一个更好的世界"的使命；由于 MIT 以其跨学科研究而闻名，许多问题集（作业）被设计为以小组形式进行研究，跨部门实验室非常普遍，因而需要具有协作与合作精神；学校内外有很多机会，需要主动发现和抓住机会，研究项目和计划并不是由导师安排好然后分配给学生，而是由学生主动利用校内外资源进行研究，学生必须具有主动性；MIT 招收的学生是那些不仅有计划地走向成功，同时更要不惧怕失败，具有冒险精神的人。在冒险时会学习应变能力，因为风险导致失败的次数与导致成功的次数一样多。最有创造力和成功的人知道失败是生活的一部分，只有保持专注并永不放弃，目标才会实现；MIT 是一个活跃的动手地方。创新充满风险！弄脏双手并尝试一些新事物通常是获得成功的最佳方法。在这里将理论知识应用于现实世界中的问题，正如拉丁语的座右铭是"心与手"。换句话说，不仅应该喜欢"思考"，还应喜欢"做事"，学生要具有动手操作中的创造性；学生应该将精力投入对其自身真正有意义的事情上去并进行大胆探索！质量胜于数量，只要将心放在一些真正关心的事情上就足够了，保持强度、好奇心和兴奋；MIT 是由相互关心、相互帮助、相互激励、相互协作、发挥潜力的人组成的社区，因此学生也必须符合其社区特质；MIT 是一个能让学生尽情地学、尽情地玩的地方，尽管您可能听到了什么，但工作并不是这个地方的全部。为了在这里获得成功，必须优先考虑平衡时间的能力③。而斯坦福大学物理系认为"毅力、热情、创造力"等特质在评估申请者能力方

---

① Massachusetts Institute of Technology. Chemical engineering [EB/OL]. [2019-10-20]. http://gradadmissions.mit.edu/programs/cheme.

② Massachusetts Institute of Technology. Civil and environmental engineering [EB/OL]. [2019-10-20]. http://gradadmissions.mit.edu/programs/cee.

③ Massachusetts Institute of Technology. What we look for [EB/OL]. [2019-10-20]. https://mitadmissions.org/apply/process/what-we-look-for/.

面发挥着非常重要的作用①。

二　修业

随着 20 世纪大学的发展，博士修业过程也在不断发生着变化，但是美国博士生教育的主要目标仍然沿袭着传统博士生教育的目的，即教导初级学者进行良好的研究，并在其导师的指导下成为独立的学者②。美国的博士修业过程通常包括几年的课程学习、期末考试、一两年的研究、语言要求和一篇学位论文。

（一）课程学习

课程学习是美国博士生培养的重要环节，各大学都对不同专业的博士学位需要修读的课程进行了具体规定。

例如，斯坦福大学物理学系规定必须至少完成统计力学（物理 212，3 学分）、经典电动力学（物理 220，3 学分）、斯坦福大学研究活动（物理 290，1 学分）和物理教学研讨会（物理 294，1 学分）课程，以及该学生主要研究领域（生物物理学、凝聚态物质、量子光学与原子物理学、天体物理学与引力、核与粒子物理学）以外的两个学科领域中每个领域的至少一门课程（如研究生量子力学Ⅰ、Ⅱ、量子力学高级专题；量子场论Ⅰ、Ⅱ、Ⅲ）。根据这一要求，学生必须从物理 234，即量子力学高级专题以上的物理课程中选择（物理 290 和 294 除外）。字母等级必须满足学位要求。学位课程的平均绩点（GPA）至少为 3.0（B）。所有博士生必须具备与斯坦福数学课程（包括复变函数、线性代数与矩阵理论、复杂分析、数学物理偏微分方程、物理数学方法）相当的数学能力。③

哈佛大学哲学系博士课程的要求分为初级（Preliminary Requirement）、分类必修（Distribution Requirement）和逻辑学要求（Logic Requirement）三种。为达到初级要求，博士候选人必须在前四个学期通过

---

① Stanford University. Graduate admissions [EB/OL]. [2019 - 11 - 09]. https：//physics. stanford. edu/academics/prospective-students/graduate-admissions.

② Blessinger P., Stockley D., Emerging directions in doctoral education [M]. Bingley, U. K.：Emerald, 2016, pp. 40 - 42.

③ Stanford University. Doctor of philosophy in physics [EB/OL]. [2019 - 10 - 21]. https：//exploredegrees. stanford. edu/schoolofhumanitiesandsciences/physics/#doctoraltext.

至少 12 门批准的课程或研讨会（Seminar）。编号为 301 或以上的课程不计入初级要求。但两个学期必修的哲学 300，即第一学年专题研讨课（First Year Colloquium），可算作 12 门课程中的三门。如果想让以字母评分的课程（Letter-Graded Course）成绩令人满意，则候选人在这些课程中的成绩必须为 B 或更高。为满足初级要求而选修的课程必须事先获得哲学系研究生教务主任（Director of Graduate Studies）的批准。学生必须在第一学期修完哲学 300a 以及两个字母评分的课程或研讨会，第二学期必须完成哲学 300b 以及三门字母评分的课程或研讨会，从而在前两个学期完成五门字母评分的课程，且成绩为 B 或更高。12 门课程中的其他课程是在课程目录（Course Catalogue）中被指定为"面向本科生和研究生"或"主要面向研究生"的课程。专攻古典或印度哲学专业的学生必须至少选择 10 门由哲学系教师（包括访学和退休）讲授的课程。在第三年，即博士生开始担任教学助理（Teaching Fellows）后，所有学生必须完成两个学期的教育学研讨会，即哲学 315hf。

分类必修要求是为确保博士生具有广阔的哲学背景，在第四学年开始之前，可通过完成批准的课程或研讨会，或在教师指导下、经研究生教务主任批准撰写课程论文的方式来完成 8 个分类必修单元的学习。其中，"当代理论哲学"（Contemporary Theoretical Philosophy）可从 20 世纪和 21 世纪形而上学、认识论、科学哲学、心灵哲学、语言哲学、数学哲学等核心领域中选择三个单元；"实践哲学"（Practical Philosophy）可从当代或历史伦理学、政治哲学、美学等选择两个单元；"哲学史"（History of Philosophy）是为确保学生了解当代英美哲学所发展出来的哲学传统，并有能力研究与当代英美哲学有很大不同的哲学预设文本，运用历史和哲学分析来揭示它们的差异，需要选择三种课程，分别是"古希腊、罗马或中世纪哲学课程""包括康德在内的早期现代欧洲哲学课程"和"除当代英美哲学之外的哲学传统基础课程"（如有关传统南亚或东亚哲学、19 世纪欧洲大陆哲学、20 世纪早期海德格尔的著作等）。

逻辑学要求规定，博士学位候选人需掌握逻辑基础，并理解逻辑元理论（Logic's Metatheory）的各个要素。通常要求成功完成逻辑系 100 系列课程，如 140 数学逻辑导论（Introduction to Mathematical Logic）、144 逻辑与哲学（Logic and Philosophy）或 145 模态逻辑（Modal Logic），也可以通过参加适当的数学课程，如数学143、144a或145b等来满足要求，还可以通过参加研究生教务主任与哲学系相关人员协商设计的考试来达到要求。①

（二）资格考试

资格考试（Qualifying Exam）是录取博士候选人的重要环节，一般在第二学年春季学期举行。斯坦福大学物理系的资格考试采取口试的方式，称为资格口试（Qualifying Oral Exam，Qual），目的是让学生有机会展示广泛的物理知识，以深入了解某一特定的物理领域，但这不是他的论文研究之一。学生应该从感兴趣的领域中确定一个与当前研究前沿最接近的研究主题，但是，该主题不能与打算进行的研究属于相同的广泛研究领域。学生确定好主题后，选取该主题的一篇重要文献，以摘要的风格撰写一页主题描述，并撰写需要讨论的研究论文，解释什么是要讨论的，为什么这是感兴趣的，向口试考试委员会（Examination Committee for an Oral Exam）总结所有相关的物理背景，并将文章内容放在上下文中。学生应表现出对材料的掌握能力，能够提取物理学中相对较新发展的基本要素，并且能够以展示其专业知识的方式向普通专业人士展示这些材料。资格考试鼓励学生有广泛的兴趣和欣赏物理学的多样性。

口试考试委员会通常由三名教师组成。其中一人从资格考试委员会（Qual Exam Committee，QEC）成员中选出。学生在提交其主题供批准时，可提名最多两名除研究导师（Research Advisor）或合作导师（Co-Advisor）之外的其他教师，资格考试委员会确定委员会成员的最终名单。通常，三名口试考试委员会成员都应该是物理系、应用物理或SLAC（PPA和光子科学）的教师，但根据资格考试委员会的决定，由于特殊原因可能会出现例外情况。

资格口试持续大约90分钟。首先由应试者陈述45分钟，至少留出15分钟的时间回答与陈述本身相关的问题，另外留出15—20分钟的时间回答有关物理原理的问题。最后，学生离开考场，由考试委员会举行10—15分钟的闭门会议来决定学生是否达到考试要求。

---

① Harvard University. Program overview [EB/OL]. [2019-11-09]. https://philosophy.fas.harvard.edu/program-overview-graduate.

考试不及格有一次重考机会，但学生必须重新选择一个新的主题并按照资格口试的流程进行审批。学生需在第一次考试未通过的 3 个月后但不超过 6 个月重新提交申请。此外，学生需要完成一篇 5—7 页的关于所选主题的报告并在第二次考试前两周内将报告提交给物理系，供资格考试委员会成员审查。这些书面说明以及介绍将使委员会更好地了解应试者是如何将有关材料具体化的。委员会在决定学生是否通过第二次考试时，会考虑到报告所显示的素质和理解力。

如果学生在第二次考试中未能通过资格考试，将召集一个由学生的研究导师和研究生教务委员会（Graduate Studies Committee）主席组成的特设委员会，与学生讨论下一步的选择。博士候选人资格的有效期为五年。①

哈佛大学哲学系并没有专门的资格考试，而是根据哲学学科的特点，设置了"第二学年论文"（Second-Year Paper）的环节。在第二学年结束时要求学生提交一份论文，这篇第二学年论文不应是类似于硕士学位论文（Masters Thesis）的文章，而更应是一篇期刊论文（Journal Article），在文中提出一个所关注的哲学问题，阐明其意义并作出重大贡献，而不仅仅是干预。基于此，第二学年论文在任何情况下都不得超过 12000 字，而且篇幅通常会大大缩减。学生必须在论文中标注准确的字数。第二学年论文初稿需在第二学期春假结束前提交，终稿需在 6 月 1 日前提交，最晚不得迟于 8 月 1 日。

第二学年论文提交给导师后，导师会将论文转发给研究生教务主任，研究生教务主任选择一名教师担任论文评阅人（Paper's Examiner）。作者、导师和评阅人及时开会讨论论文，然后评阅人咨询导师的意见给论文评定等级。该等级将作为 299hf 两个学期的成绩。

哈佛大学哲学系认为，理想情况下，哲学涉及与其他学科的对话，例如心灵哲学和心理学与神经科学，形而上学与物理学，道德与政治哲学和法律与社会研究。理想情况下，哲学是与历史对话，理解其见解和错误；哲学超越了文化壁垒，使来自不同国家的哲学家们使用各自的语

---

① Stanford University. Qualifying exam [EB/OL]. [2019-10-21]. https://physics.stanford.edu/academics/graduate-students/graduate-resources/qualifying-exam.

言进行对话。为实现这种理想,对博士学位获得者的希冀是:熟悉哲学以外与其相关学科的工作,能够阅读使用英语及其他语种撰写的具有历史意义的著作,能够流利地用至少两种语言参与哲学对话。虽然要求从哈佛大学哲学系毕业的博士拥有如此强大的知识和能力也许太过苛刻,哲学系希望采取一系列行动来确保其在毕业前至少能实现其中一个理想。

为此,博士生必须具备以下能力之一:

一是具有阅读和解释古希腊语、拉丁语、法语及德语哲学著作的能力。证明这种能力的通常方法是,完成一年哲学系教师使用这些语言教授的阅读课程。特殊情况下(如哲学专业的一个学生在其中一门语言具有强大的学术背景),如果得到研究生教务主任的批准,这个要求也可以通过在哲学系外完成的课程工作得到满足。

二是获得与学生学位论文相关的哲学以外学科的高级知识。通常,应通过以下方式之一满足此要求:(1)经研究生教务主任批准,学习与哲学工作相关的至少两门哲学以外学科的高级课程,且成绩达到 B 或更高;(2)拥有该学科的高级学位;(3)经研究生教务主任批准,参加某些强化性暑期课程。希望从事逻辑学或集合论工作的学生可以通过参加高级逻辑学或数学课程来满足这一要求。通常,本科课程无法满足此要求。

三是具有至少用两种现代语言流利地进行口头与书面哲学辩论的能力。在主要教学语言是非英语的学校获得学士学位或同等学力的学生被视为已满足此要求。满足要求的其他方式将根据具体情况确定,其中一种方法是对哲学文章与英语或其他语种互译,评估译文的差异及其优缺点。哲学系鼓励学生在第三年年底前达到此要求,最晚不迟于参加开题答辩的那个学期末完成。①

(三) 开题答辩

在斯坦福大学物理学系的第三学年中,博士生需要和研究导师(Research Advisor)一起商定评阅委员会(Reading Committee),该委员会是由首席导师(Principal Advisor)和另外两名评阅人组成,其中至少一名

---

① Harvard University. Program overview [EB/OL]. [2019-11-09]. https://philosophy.fas.harvard.edu/program-overview-graduate.

委员会成员必须来自物理学系。博士生提交一份由学生、研究导师、合作导师（Co-Advisor）和评阅委员会成员签名的1—3页的研究计划书。第四学年时博士生必须向评阅委员会做45分钟的口头展示，即开题答辩。通常，除了学生、研究导师和评阅委员会成员外，没有其他人在场。这个环节十分必要，有助于增强学生与教师之间的联系，帮助学生组织思想，使学生进行口头演讲的实践，最重要的是获得有关论文发展、论文完成的大概日期和未来研究计划的反馈，能够有效地帮助学生按时完成学位要求。这是非正式会议，没有评分。学生自己安排演讲时间。开题答辩包括学生半小时的陈述，学生、研究导师和读者进行15分钟的讨论，然后是委员会的闭门讨论。①

在哈佛大学哲学系的第三学年中，博士生要做两件事：获得作为教师所应具有的教学技能和自信心；在凝练学位论文主题方面取得进展，以使他们能够在第三学年年底或第四学年第一学期末撰写一份研究计划书（Prospectus）并顺利完成开题答辩。因此，在第三年秋季学期开学的前几天，学生与预导师（Pre-Prospective Advisor）会面，通过讨论为学生布置一套可管理的具体任务，以便确定研究计划书的主题。在这次会面中，导师和学生应作出以下决定：提前收集至少六篇论文或书籍章节以便在会议上讨论；秋季会面时间表（通常是大约每两周召开一次会议）；学生在每次会议前承诺要完成的书面工作，无须详尽说明，可能是几页重要摘要以及阅读材料的讨论等。

学生通常在第三学年秋季学期对他们希望写作的领域展开研究，以便能确定研究计划书相当具体的主题；春季学期则专门用于撰写研究计划书。通常，如果预导师并不从事有关学生学位论文所涉及的研究领域，则学生可在其第三年第二学期重新选择一位与其研究领域相关的导师。

所有已完成第二学年论文的三年级学生每学期都将参加一个学位论文工作坊（Workshop），即哲学311——道德与政治哲学工作坊（Workshop in Moral and Political Philosophy），或哲学312——形而上学与认识论工作坊（Workshop in Metaphysics and Epistemology）。参加工作坊的准则与

---

① Stanford University. Degree Milestones［EB/OL］.［2019-10-21］. https：//physics.stanford.edu/academics/graduate-students/degree-milestones.

现在相同：三年级学生每学年至少在工作坊中演讲一次，演讲内容可包括（受限制的）文献综述、子学科中特定领域的概述，或者研究计划书草稿或演示文稿。

要获得学位论文主题的正式批准，候选人必须通过开题答辩。博士生必须至少提前两周向研究生教务主任提交参加开题答辩的申请。同时，候选人还必须向研究生教务主任和学生未来委员会（the Student's Prospective Committee）的成员提交三份学位论文研究计划书，篇幅为25—30页，并应阐明拟解决的问题以及拟采用的解决方法，它应包括暂定的章节目录和可能使用的参考文献。答辩由学位论文委员会（Dissertation Committee）实施。如果开题答辩未通过，则必须再次参加，并在下一年的冬季休会开始之前通过。

虽然称为"答辩"，时长约90分钟，但实际上它只是一次关于学位论文主题的学术会议，而不是期望候选人对论点和结论进行完整阐述。这次会议的目的是确定候选人拟定论文主题的可接受性，候选人是否适合撰写该论文，以及候选人对哲学相关领域有关问题的掌握程度。只有通过开题答辩后方可提交有关拟定主题的学位论文。

第四年开始前，学生通常已经准备好一份研究计划书并确定了主题，期望学生在第四年第一学期末完成主题学习。[1]

（四）学位论文评阅

学位论文是所有博士研究工作当中的重中之重，美国博士学位论文的核心要求是进行创造性的研究工作，进而对专业和学科自身具有突出的贡献。论文应当成为一个人学术工作的开始，而不是学术工作的高潮。[2] 例如斯坦福大学规定博士学位论文必须是对学术或科学知识的原始贡献，并且必须体现本学科的最高标准，对知识界具有持久的价值。因此，学校组织了博士学位论文评阅委员会（Doctoral Dissertation Reading Committee），委员会由首席论文导师和另外两名评阅人组成，至少有三名

---

[1] Harvard University. Program overview [EB/OL]. [2019-11-09]. https：//philosophy. fas. harvard. edu/program-overview-graduate.

[2] Bowen W. G., Rudenstine N. L., In pursuit of the PhD [M]. Princeton：Princeton University Press, 1996, pp. 262-268.

成员，不得超过五名，其中至少有一名成员必须来自学生所在专业的系。一般情况下，所有委员会成员都是斯坦福大学学术委员会的成员或名誉学术委员会成员；首席论文导师必须是学术委员会（Academic Council）成员。经评审符合标准的，由博士学位论文评阅委员会批准该学院或系的学位论文。评阅委员会的每一位成员在论文的签名页上签名，以证明学位论文的研究领域和质量是可以接受的。这些签名必须用墨水书写，不允许使用代理签名或电子签名。一名评阅委员会成员（必须是学术委员会现任成员）最后阅读学位论文终稿，并在最终评阅证书（Certificate of Final Reading）上证明符合所在系和大学的规范，包括所有修改建议均已考虑在内，并在适当的情况下修改了原稿；如果手稿包括联合小组的研究，学生的贡献将在导论中明确说明；格式符合学校要求；如果论文中包含以前发表的材料，说明发表来源，获得版权材料的书面许可，并且满足所有论文格式要求；学位论文已准备好出版，并准备好缩微拍摄和装订等。通常情况下，首席学位论文导师作为最终评阅者，但委员会的另一名成员（现任学术委员会成员）可以提供最终签名。①

而哈佛大学哲学系的博士生在开题答辩通过后，答辩委员会（Examining Committee）通常会成为学位论文咨询委员会（Dissertation Advisory Committee）。该委员会的一名成员被指定为候选人的导师。候选人必须在正式提交学位论文截止日期前的至少三个月内，将学位论文的清晰草稿或主要部分提交给咨询委员会。经委员会同意，候选人可以继续准备论文终稿以提交给哲学系。学位论文必须展现出博士候选人已熟练掌握所撰写的领域，具有洞察力、独创性和独立研究的能力，对人类知识和理解作出贡献。除了这些一般要求之外，对于学位论文的主题或结构没有正式的限制，但建议候选人围绕一个独特且高度聚焦的问题进行研究，论文篇幅不超过 75000 字。完成的学位论文由三人组成的委员会进行阅读和评估，通常与候选人的论文咨询委员会相同，由该委员会作出该生是

---

① Stanford University. 4.8.1 Doctoral degrees, dissertations & dissertation reading committees: policy [EB/OL]. [2019-11-10]. https：//gap. stanford. edu/handbooks/gap-handbook/chapter-4/subchapter-8/page-4-8-1.

否参加最终答辩的决议。①

(五) 学位授予

攻读博士学位阶段通常需要经历一系列口头和书面考试。在很多大学中，博士生都有一个由五位教授组成的考试委员会（Examination Committee），其中包括一位研究生院代表，其职责是确保考试以公平的方式进行，并确保研究生院的政策得到遵守②。考试委员会的重要职能之一就是组织博士学位论文答辩。

斯坦福大学认为，答辩的目的是测试博士候选人对学习领域的掌握程度，并确认其是否适合从事学术研究，答辩过程中要用公正的学术标准来评价。为了确保答辩过程的公正和质量，该校的博士答辩均由其他系的主任（简称"系外主任"）主持，系外主任既是质量主管又是裁判员。作为一名质量控制者，职责是积极参与对学生质量的评估，并判断候选人的智力优势；作为一名裁判员，其职责是担任大学规则和程序的计时员和监督员。为保证公正，答辩主席不得同时担任学位论文评阅委员会委员。答辩委员的职责是提出有挑战性的问题，遵循大学和系的口试指南，以及对候选人的表现投票。答辩可采取公开研讨会的形式，但必须包括官方考试委员会的提问，答辩时间不超过三小时。答辩结束后，委员会进行闭门会议并采取无记名投票方式来表决。③

哈佛大学哲学系接收学位论文之前，必须进行充分答辩。该答辩公开透明，哲学系内如有其他成员愿意参加也可。最终答辩通常持续一个小时左右，与其说是为了检验候选人掌握信息的范围和细节，不如说是为了判断候选人在陈述和讨论过程中展现出来的考虑问题能力以及友好接受探索性评判的能力。④

---

① Harvard University. Program overview [EB/OL]. [2019-11-09]. https://philosophy.fas.harvard.edu/program-overview-graduate.

② Nerad M., Doctoral education in the USA [M] // POWELL S, GREEN H. The doctorate worldwide. Berkshire: Open University Press, 2007, pp. 133-140.

③ Stanford University. 4.7.1 Doctoral degrees, university oral examinations & committees: policy [EB/OL]. [2019-11-10]. https://gap.stanford.edu/handbooks/gap-handbook/chapter-4/subchapter-7/page-4-7-1.

④ Harvard University. Program overview [EB/OL]. [2019-11-09]. https://philosophy.fas.harvard.edu/program-overview-graduate.

三 指导

博士生在不同的学习阶段会拥有具有不同职能的导师。例如斯坦福大学物理学系（见表4—2），一年级的学生会由系里挑选项目导师（Program Advisor），通常是物理研究生教务委员会主席（Chair of the Physics Graduate Study Committee）担任，为课程选择和实验室轮转提供建议，直到进入研究小组为止。学生通常在第一年年底加入一个研究小组，论文研究导师（Dissertation Research Advisor）将指导该学生剩余的研究生生涯。物理系研究生有广泛的研究范围可供选择，包括在不同系从事与物理相关的项目，并跟随不是物理系的研究导师进行研究，但这些学生必须在第二年年底之前选择一名物理系导师作为合作导师（Co-Advisor）。合作导师的作用主要有两点：一是担任学生与物理系的官方联络人；二是确保学生的论文具有足以允许授予物理学博士学位的物理成分。合作导师还可以作为学生遇到任何物理方面学术问题时寻求系里提供帮助的联络人。学生在第三学年提交一份包括对物理成分描述的论文研究计划书（Dissertation Proposal），由研究导师、合作导师和评阅委员会（Reading Committee）成员进行审批。从那时起，学生需要每年与合作导师会面，在年度会面期间，学生将提交一份一页纸的有关研究进度的报告，以供合作导师批准和签名。该表格将存放在学生档案中。如果在年度会面中，合作导师确定该研究不再包含重要的物理部分，则会警告该学生可能不会获得物理学博士学位，他可能需要转到其他相关部门。①

以哈佛大学哲学系为例②，博士生更多的是与不同的"导师"（advisor）相联系，在学生攻读博士学位的四个阶段中，第一年研究生教务主任（Director of Graduate Studies）被指派为所有一年级学生的导师（advisor），并在每个学期开始时继续与所有学生会面并签署学习卡（Study Cards）。在课程学习阶段（通常到第二年），导师的咨询作用尤为重要，

---

① Stanford University. Graduate student advising [EB/OL]. [2019-10-21]. https：//physics. stanford. edu/academics/graduate-students/graduate-resources/graduate-student-advising.

② Harvard University. Program overview [EB/OL]. [2019-11-09]. https：//philosophy. fas. harvard. edu/program-overview-graduate.

因为其主要职责是监督学生在满足学位一般要求方面的进度，包括基本要求（Preliminary Requirement）、分配要求（Distribution Requirement）和语言要求（Language Requirements）。此外，每位一年级学生都会被分配一个非正式的导师（Faculty Advisor）。

表4—2　　斯坦福大学物理学系博士生导师类别及作用

类别	作用
项目导师	欢迎即将入学的学生进入物理学系，与学生会面并帮助他们熟悉研究生项目，通过轮转系统了解并支持学生的进步
论文研究导师	负责研究生的智力和专业指导，导师应了解并支持学生在攻读博士阶段取得进展，包括第二学年的资格口试，第三学年提交论文研究计划书，第四学年向评阅委员会作口头展示以及最后的论文答辩和提交
合作导师	每年都需要与博士生开会，以确保学生的论文有一个足以授予物理学博士学位的物理部分。鼓励更频繁的会议

资料来源：根据斯坦福大学物理学系网站整理。

在第一学年末，学生需要安排一名教师作为第二学年论文导师（Second-Year Paper Advisor）来监督第二学年的论文。如有必要，研究生教务主任可以协助学生找到合适的教师。学生与导师共同编制第二学年第一学期的学习计划，并提交给研究生教务主任。该学习计划详细规定了提交论文和收到反馈的具体时间表，以及第二学年第二学期开始前应达到的标准（benchmark）。

通常，在第二学年末时，该学生的第二学年论文导师和研究生教务主任会咨询该学生，然后为其分配一名预导师（Pre-Prospective Advisor），该导师不一定而且通常也不会是精专于学生学位论文所涉及领域的人，而是一个让学生乐于与之讨论哲学并且可以为研究方向提供建议的人。在许多情况下，预导师可能是第二学年论文导师，因为学生已经与该教师建立了工作关系（Working Relationship）。

当研究计划书顺利完成时，学生应与预导师、研究生教务主任和可能的委员会成员讨论论文委员会（Dissertation Committee）的组成（通常由三名教师组成）。该委员会将组织开题答辩，如果学生通过答辩，将继续监督（Supervising）学生在学位论文上的工作。通常，当学位论文完成后该委员会将作为答辩委员会（Defense Committee）。但是，在撰写学位论文期间，也可以通过与有关各方协商并获得研究生教务主任的批准进行更改。在此阶段，委员会成员的作用彼此平等，根据方便原则，委员会的一名成员将被指定为学生的主要导师（Principal Supervisor）。①

虽然美国不同大学对博士生导师的称谓有所不同，但一般而言，每位博士生都有一名选定的主要导师和一个由 3—5 名教授组成的论文委员会或评阅委员会指导或监督博士学位的修业过程，"导师"（Adviser）主要作为博士生的顾问，更多地发挥着咨询的作用。近年来，随着师生关系越来越受到重视，导师制（Mentoring）已成为师生关系的首选模式。与传统的顾问不同，导师（mentor）培养、保护、指导和使学生社会化成为该领域的专业人士。导师在学生完成学位后的求职过程中发挥着积极的作用。简言之，导师通常承担的不仅仅是就博士项目的要求和论文指导提供建议角色。②

四 资助

美国博士生获取资助的途径主要有三条：一是通过政府、私人基金会和大学提供的奖学金（Fellowship）。二是通过担任研究助理或教学助理获得助学金（Assistantship）资助。助教金通常由政府提供资金，助研金则通常由教授个人的研究经费或由政府资助。几乎所有自然科学、工程学和许多社会科学的学生都会作为（兼职）研究助理，他们的助教职位往往与他们的论文研究相关。三是政府和私人提供的学生贷款（Loan）项目。③ 学术成就和援助的可获得性是给予博士生财政支持的主要考虑因素。

---

① Harvard University. Program overview [EB/OL]. [2019-11-09]. https://philosophy.fas.harvard.edu/program-overview-graduate.

② Nerad M., Doctoral education in the USA [M] // POWELL S, GREEN H. The doctorate worldwide. Berkshire: Open University Press, 2007, pp. 133–140.

③ Nerad M., Doctoral education in the USA [M] // POWELL S, GREEN H. The doctorate worldwide. Berkshire: Open University Press, 2007, pp. 133–140.

(一) 奖学金

奖学金是一种支持形式，其中也包括用于支付生活费或学费等的津贴。联邦政府、地方民间团体和各种类型的基金会为美国博士生提供了大量的竞争性奖学金。例如，美国国家科学基金会研究生奖学金计划（National Science Foundation Graduate Research Fellowship Program, NSF GRFP）为了确保美国科学和工程人员的活力和多样性，表彰和支持正在攻读科学、技术、工程和数学（Science, Technology, Engineering, Mathematics, STEM）或 STEM 教育方面的全日制研究型硕士学位和博士学位的优秀研究生，为已证明其具有在 STEM 或 STEM 教育中取得重大研究成就潜力的个人提供三年奖学金支持[1]。美国能源部（Department of Energy, DOE）科学研究生研究办公室（Office of Science Graduate Student Research, SCGSR）计划是由能源部教师与科学家劳动力发展办公室（DOE Office of Science's Office of Workforce Development for Teachers and Scientists, WDTS）赞助和管理，旨在为准备从事对 DOE 科学研究生研究办公室至关重要的 STEM 职业提供科学发现和工具，改变对自然的理解，并促进国家的能源、经济以及国家安全的优秀的博士生提供奖学金，使他们能够利用美国能源部实验室的设施、资源，与能源部科学家一起开展为期 3—12 个月的研究，应对核心科学挑战，学习专业知识，锻炼科研能力，从而有望提高博士论文总体水平[2]。能源部计算科学研究生奖学金（Department of Energy Computational Science Graduate Fellowship, DOE CSGF）是由能源部科学办公室（Department of Energy's Office of Science）和国家核安全局（National Nuclear Security Administration）支持，为在使用高性能计算解决复杂科学和工程问题的领域攻读博士学位的学生提供在 DOE 实验室的生产性工作团队中与科学家和工程师进行跨学科合作的机会，加强学术界和能源部实验室之间的联系，使博士生获得工作经验的同时，也满足包括能源部在内的计算科学领域的劳动力需求，使计算科学的职

---

[1] National Science Foundation. Graduate research fellowship program (GRFP). [EB/OL]. [2019-04-03]. https://www.nsf.gov/pubs/2016/nsf16588/nsf16588.pdf.

[2] Office for Scientific and Technical Information. Office of science graduate student research (SCGSR) program [EB/OL]. [2019-11-20]. https://science.osti.gov/wdts/scgsr.

业生涯更加引人注目，鼓励有才华的学生进入这一领域，从而培养下一代计算科学领袖①。福特基金会（Ford Foundation）通过其奖学金计划，研究民族和种族的多样性，最大限度地提高多样性的教育效益，从而促进美国大学和学院教师的多样性②。赫兹研究生奖学金（Hertz Graduate Fellowship Award）为美国物理、生物和工程科学领域最杰出的博士生提供为期五年的可替代所有费用的教育津贴以及个人生活津贴，使之成为创新者和领导者，为所有人服务。当赫兹奖学金获得者完成学业时，希望他们不仅拥有学位、研究经验，而且还拥有跨学科、跨地域和跨代际的合作者，他们都愿意帮助其他人在整个职业生涯中取得成功③。

（二）助学金

助学金是研究生雇佣的一种形式，包括补偿性一揽子计划，涵盖生活费（Living Expenses）和学费（Tuition），用于为大学提供研究或教学服务，作为学生学术和专业培训与发展的一部分。虽然大多数博士生都是全日制的，但他们通常每周也要工作至少 20 个小时，无论是做研究还是在整个博士研究期间做助教。理工科学生通常担任带薪研究助理，从事与论文相关的研究工作；社会科学和人文学科的学生更多的是做助教，很少有机会通过与论文相关的工作获得报酬④。助学金的发放往往会综合考虑学生个人收入（包括配偶的收入、研究生获得的校外资助等）、暑期收入和家长收入。

1. 助研金

助研金（Research Assistance，RA）是一种通过教授的研究经费或通过大学自有资金获得资助的方式，研究助理岗位为研究生提供了研究培训和财务支持。这种支持的优势在于它确保了指导老师将专注于学生的研究并提供必要的研究用品和设备。由于助研金主要通过研究来资

---

① Department of Energy. About DOE CSGF [EB/OL]. [2019 - 11 - 20]. https://www.krellinst.org/csgf/about-doe-csgf.

② Ford Foundation. Ford foundation fellowship programs [EB/OL]. [2019 - 11 - 20]. https://sites.nationalacademies.org/pga/fordfellowships/index.htm.

③ Hertz Foundation. Graduate fellowship award [EB/OL]. [2019 - 11 - 20]. https://hertzfoundation.org/dx/fellowships/fellowshipaward.aspx.

④ Nerad M., Doctoral education in the USA [M].// POWELL S, GREEN H. The doctorate worldwide. Berkshire：Open University Press, 2007, pp. 133 - 140.

助,因此被广泛用于各种学科,但主要用于生物、物理科学和工程学等。

助研金是除了贷款外的其他资助手段中最常使用的一种资助方式。根据美国国家科学基金会(NSF)2017 年《美国大学博士学位获得者调查》(Doctorate Recipients from U. S. Universities,SED)的数据显示,在除了贷款外的其他资助方式中,助研金占比最高,由 2013 年的 32.0% 提高到 2017 年的 33.3%;其次是奖学金,但占比在逐渐降低,由 2013 年的 26.9% 下降到 2017 年的 25.0%;第三位的是助教金,为 20.6%[①]。在大多数专业,奖学金的来源将在第一年或第二年学习后变为助教金或助研金[②]。助研制度是一种研究学徒制(Research Apprenticeship),拥有助研经历的学者的学术产出相对更高,其学术产出和获得研究基金的数量是没有助研经历的学者的 2.5 倍[③]。

2. 助教金

就研究生所需的时间和精力而言,助教金(Teaching Assistance,TA)往往是一种要求很高的财政援助形式,是最不受欢迎的支持机制,因为职责分配的性质使他们倾向于延长学生完成研究生工作所需的时间间隔。一般而言,州政府会为在公立院校就读的学生提供一些教学兼职工作岗位,以便博士生能够将其作为准备教师职业生涯的一部分并获得报酬。研究生可以通过直接参与本科生的教学,例如领导小型讨论小组,设计考试内容和评分标准,开展实验室会议以及举办正式讲座等来提高教学技能。几乎所有学科都提供助教金,提供助教最多的领域是人文与艺术、数学与计算科学、心理与社会科学[④]。

例如斯坦福大学物理学系为博士生提供助教岗位。在 2019—2020 学年,将为物理 20 和 40 系列课程等提供助教岗位。物理 20 系列是一个基

---

① National Science Foundation. 2017 Doctorate recipients from U. S. universities [R]. Washington, D. C.: NSF, 2018, p. 6.

② National Science Foundation. Graduate research fellowship program (GRFP). [EB/OL]. [2019-04-03]. https://www.nsf.gov/pubs/2016/nsf16588/nsf16588.pdf.

③ Roaden A., Worthen B., Research assistantship experiences and subsequent research productivity [J]. Research in higher education, 1976 (5), pp. 141-158.

④ National Science Foundation. 2017 Doctorate recipients from U. S. universities [R]. Washington, D. C.: NSF, 2018, p. 7.

于代数的入门物理系列，由物理 21（力学、流体和热学）、物理 23（电学、磁学、光学）和物理 25（现代物理学，如狭义相对论、基于代数的量子物理学、宇宙学）三门课程组成。物理 40 系列是基于微积分的入门课程，包括物理 45（光和热）、物理 41（力学）、物理 43（电学和磁学）三门课程组成。助教扮演的是学习促进者（Learning Facilitator）的角色，而不是"董事会的专家"（Expert at the Board）。助教在简要介绍相关材料之后，将学生分成三或四个小组，按照物理教育专家和课程教师事先编制好的工作表工作，解决与讲课内容相关的问题。助教不是教学生如何解决问题，而是通过向学生提出苏格拉底式的问题和演示技巧，让学生明确自己是否走在正确的轨道上，从而使学生参与自己的学习，遵循物理教育的规律，促进主动学习。

助教必须参加每周举行的助教会议，以小组形式浏览作业表，找出可能令学生困惑的地方，讨论帮助学生的策略，还需要完成讨论部分的额外准备工作；每周主持两个时长为 80 分钟的讨论；每周参加两次 50 分钟的讲座，与学生互动讨论；根据教师指定的时间表，编写问题集解决方案；基于课程安排，对每周习题进行评分；讲授考前复习课；参加期中和期末考试的评分讨论会；每周在物理辅导中心（Physics Tutoring Center，PTC）工作 2 小时，帮助学生解决家庭作业问题并指导学生如何理解概念。此外还需要在 PTC 按照助教时间安排来完成其他工作。助教每周平均花费 20 小时。①

斯坦福大学物理学系还为每个大型入门课程（如物理 20 和 40 系列）提供一个首席助教（Head Teaching Assistant，HTA）岗位，要求首席助教具有很强的组织、管理和人际交往能力，以及非常好的物理敏锐性。首席助教与导师和物理教育专家合作，确保课程顺利进行。这是进一步完善教学技巧、参与课程运营的绝佳机会，能够为习题集和考试选择问题，在助教会议上指导助教的最佳教学实践，在课程中与学生互动，并且获

---

① Stanford University. TAing the PHYS 20 or PHYS 40 series discussion sections ［EB/OL］. ［2019 - 10 - 21］. https：//physics. stanford. edu/academics/graduate-students/teaching-assistant-ships/teaching-assistant/taing-phys – 20 – or – phys – 40.

得工资和补贴。①

与没有获得助研、助教的博士生相比,获得助研、助教资助的博士生在学术研究和学术发表方面往往更加活跃。助研和助教制度以学徒的方式,使博士生得以习得科系、研究小组等学术共同体的规范和文化,并成为教学团队或研究团队的重要组成部分。通过助研和助教的形式,博士生不仅在生活上有了更多的经费保障,而且能够将精力投入到学业中,也在一定程度上加快了其学术社会化的进程②。

(三) 贷款

如果博士生没有资格获得各部门所提供的援助,则可能考虑从一个或多个教育贷款计划中借款,由政府或私人贷款机构垫付资金,在毕业后可以偿还(或可能被免除)。但只有美国公民和永久居民才有资格通过教育部获得美国联邦贷款计划。贷款始终是博士生获得经济资助的主要渠道。以2017—2018年为例,研究生获得的全时生均资助共27230美元,仅政府提供的联邦贷款就高达17990美元,占比高达66.1%③。

在博士生培养过程中,财政支持不仅影响着院系的发展水平,对学生个体的学业影响作用也不容忽视。学生获得的财政支持的类型和数量影响他们在博士学习期间获得的学习和研究技能,并能促进其与教师之间的富有成效的互动;而院系也要利用财政支持,在博士生教育过程中保留有才能和潜力的学生,来满足大学的教学和科研发展的需要、为教师提供研究援助并激励学生更好地进行学术研究。④ 尤其是在博士生入学时向其提供财政支持非常重要,因为财政支持的水平会影响他们投入学习的时间以及他们与教师互动的性质。没有财政支持的博士生必须通过工作、贷款或接受来自家庭成员的援助。学生通常无法借到足够的钱来

---

① Stanford University. Head Teaching Assistant (HTA) for the PHYS 20 and 40 series [EB/OL]. [2019 - 11 - 20]. https://physics.stanford.edu/academics/graduate-students/becoming-ta-physics/head-teaching-assistant-hta-phys - 20 - and - 40 - series.

② Ethington C. A., Pisani A., The RA and TA experience: impediments and benefits to graduate study [J]. Research in higher education, 1993 (3), pp. 343 - 354.

③ CollegeBoard. Trends in student aid 2018 [R/OL]. (2018 - 10 - 01) [2018 - 12 - 26]. http://trends.collegeboard.org.

④ Blessinger P., Stockley D., Emerging directions in doctoral education [M]. Bingley, U. K.: Emerald, 2016, pp. 93 - 97.

完全支付他们的教育和生活费用。因此，一定程度的财政支持对于限制学生花在工作上而不是学习的时间是很重要的。更有博士生在受访时强调了财政支持的作用："梅隆基金会的财政支持……对所有研究生来说都是巨大的帮助，让我们专注于我们的研究，而不是把图书馆、餐馆的工作（或任何其他报酬的工作）与课程、考试和学位论文混为一谈。"多种形式的奖助学金甚至可能成为博士生专业发展过程的一部分。①

所以，美国各大学非常重视博士生的资助。例如，哈佛大学哲学系的博士生除学费减免外，通常还可从研究生院获得前两年的全额津贴（Full Stipend），在此期间，学生不从事教学；第三年和第四年的全额津贴则是由学生担任教学助理而获得的。宣称自己将在一个学年完成毕业论文的博士生将会获得包括该学年全额津贴在内的"论文完成奖学金"（Dissertation Completion Fellowship）。此外，还提供诸如学习时间与成绩奖学金、萨弗拉中心奖学金等竞争性奖学金。该系目前试图（用自有资金）向已经完成学位论文开题答辩的学生发放半年的津贴。哲学系还为每名研究生提供不超过 5000 美元的研究经费，这些经费可用于支持参加论文主旨演讲或评议的工作坊或学术会议，参加与学生学位论文研究主题完全相关的工作坊或学术会议，到图书馆/机构收集与学生学位论文相关的藏书，特殊情况下与学位论文导师会面（通常使用 Skype），支持外语课程等。②

五 就业

第二次世界大战前，美国博士学位获得者主要在大学从事教学工作，1928—1929 年俄亥俄州立大学授予博士学位 63 人，其中 65% 在大学、学院或师范学院任教；哈佛大学的 574 名博士中有 73% 在高校任教；康奈尔大学 290 名博士中有 80% 在大学或学院从事教学或研究；内布拉斯加大学在过去 10 年里有 65% 的博士在大学任教；北卡罗来纳大学 75 人中

---

① Blessinger P., Stockley D., Emerging directions in doctoral education [M]. Bingley, U. K.: Emerald, 2016, pp. 209 – 211.

② Harvard University. Program overview [EB/OL]. [2019 – 11 – 09]. https://philosophy.fas.harvard.edu/program-overview-graduate.

有64人在大学和学院任教;芝加哥大学过去34年授予了2055名博士,68%成为大学或学院的教师[①]。到了20世纪60年代,大约60%的博士生在高等教育机构中找到了他们的第一个职位;而在20世纪70年代,大量博士学位获得者被迫从事非学术性工作[②],尤其是化学、工程等学科,越来越多的博士在商业和工业、各级政府,以及非营利组织等工作[③]。1999年,刚毕业的博士中,48%的人就职于四年制大学,4%的人就职于两年制大学,大约22%的新博士在工业界找到了工作或计划成为个体经营者,11%的人计划在小学或中学就业,9%的人在政府部门(主要是联邦政府内部)工作,6%的人在非营利组织工作[④]。美国的博士生教育培养出具有尖端知识和训练有素的人才,他们继续担任教师、研究人员,以及学术界、工业界、政府和非营利组织的专业人员。但是与过去相比,进入学术界工作的博士毕业生越来越少。学术界以外的职业为应届毕业生提供了另一条道路,包括涉及解决问题、批判性思维、项目管理、领导、创新和企业等高级技能的角色。同时,为了缓冲学术劳动力市场结构的冲突,美国还持续增加了各高校、科研院所博士后的招聘数量,这也在一定程度上缓解了博士直接就业的风险,充实了美国学术岗位的内容。[⑤]

---

① Dale E., The training of Ph. D.'s [J]. The journal of higher education, 1930, 1 (4), pp. 198 – 202.

② Mayhew L. B., Reform in gradutae education [M]. Atlanta, G. A.: Southern Regional Education Board, 1972, pp. 151 – 153.

③ National Research Council. A century of doctorates: data analyses of growth and change [R]. Washington, D. C.: National Academies Press, 1978, pp. 79 – 80.

④ Thurgood L., Golladay M. J., Hill S. T., U. S. doctorates in the 20th century [M]. Arlington, V. A.: National Science Foundation, 2006, p. 3.

⑤ Blessinger P., Stockley D., Emerging directions in doctoral education [M]. Bingley, U. K.: Emerald, 2016, pp. 23 – 27.

第五章

日本博士生培养模式研究

自 1887 年日本颁布《学位令》设立博士和大博士学位起,日本的博士生教育已经发展了 130 多年。在发展过程中,它吸收和借鉴了德国师徒制培养模式和美国研究生院制度,结合自身与工业发展紧密结合的实用性特征,逐步建立起一套具有浓郁日本色彩的博士生教育制度。第二次世界大战前日本对博士生的培养主要学习欧洲,尤其是借鉴德国模式,但此时尚未形成完善的博士生培养模式,质量监督与评价体系也不健全,博士生教育发展缓慢。第二次世界大战后到 20 世纪 80 年代,日本迎来了经济发展的黄金时期,经济的繁荣为教育发展打下了坚实的基础,日本效仿美国的博士生培养模式,招生人数和开设博士课程的学校明显增多。伴随着经济泡沫破裂以及世界格局的急剧变化,20 世纪八九十年代起日本不断探索博士生培养的新模式,以适应经济全球化和知识经济的浪潮。2000 年以后,日本发展博士生教育的步伐愈发加快,实施"博士课程一贯制"和"博士论文基础能力审查"等,致力于培养引领社会进步的高水平国际化人才。在这一百多年的发展历程中,受社会政治、经济、文化、科技和高等教育自身系统的影响,日本博士生教育的内容与形式不断发生变革。放眼未来,随着人工智能时代和"第四次工业革命"的到来,日本博士生教育变革仍在继续。

第一节　日本博士生培养模式的历史变迁

一　初创期（19世纪70年代—20世纪20年代）

（一）明治维新为博士生教育的产生奠定制度基础

1853年7月，美国"黑船来航"事件使日本国门被打开，日本被迫与美国及欧洲列强签订了一系列不平等条约，开始沦为西方列强的殖民地。在西方资本主义工业文明的冲击和民族危机日益加剧的情况下，1868年新政府推翻了幕府统治，改年号为"明治"，开始了自上而下的资产阶级改革，史称"明治维新"。明治维新标志着日本由封建社会转变为资本主义社会，为发展资本主义、摆脱愚昧落后的状态，明治政府以"富国强兵、殖产兴业、文明开化"为基本国策，在《五条誓文》中提出"破除旧有之恶习惯""求知识于世界"[①]的教育改革指导方针，广泛吸收了欧美资本主义国家的法律、政治、经济制度及科学技术知识，建立起包括教育制度在内的各项社会制度。此外，福泽谕吉、森有礼等一批具有远见卓识的启蒙思想家和政治家主张学习西方先进的资本主义文明，学习西方的教育制度，以变革日本社会为己任，其政治思想和实用主义教育观、道德观，不仅对明治政府产生了重大影响，而且被采纳到教育改革、学制改革的指导思想中，为近代日本教育制度的建立奠定了基础。[②]

（二）文部省的建立推动了日本博士生教育的产生

1871年明治政府增设文部省，将其作为全国的教育行政机关，负责统辖全国各府县的学校和一切教育事业[③]。1877年，文部省将所辖的三所学校合并成为东京大学，并将全部学校教育经费的40%拨给该校，此比率一直保持到1890年。1880年东京大学首招学士学位毕业生进行以大学教师和研究人员为目标的培养，这成为近代日本大学试行研究生教育的

---

① [日] 大森金五郎：《现代日本史》，文沫光译，中日文化研究所1943年版，第59—60页。
② 王桂：《日本教育史》，吉林教育出版社1987年版，第111—112页。
③ 同上书，第114页。

第一步,东京大学也成为日本研究生教育发展的一面旗帜。1886年颁布的《帝国大学令》明确了大学院(研究生院)是"专门研究学术、技术奥秘"的地方,帝国大学的任务是为了国家的富强而培养探讨真理的硕士和大博士,或者培养将来从事管理工作的国家官吏①。在研究生教育发展的同时,日本也不断规范学位制度。1887年第一次《学位令》颁布,将学位分为"博士"和"大博士"2个等级,博士学位分为法学、医学、工学、文学和理学5种,由文部大臣授予通过了具有一定规则的考试的研究生院毕业生和经过帝国大学评议会讨论的具有同等学力者;大博士学位由文部大臣授予被提交博士会议讨论并通过了内阁会议的被承认在学问上具有特别功绩者。1898年颁布第二次《学位令》,将大博士学位予以废除,学位由文部大臣授予但是表决权放在了教授会,博士学位的种类变成9种,即增加了药学、农学、林学、兽医学。虽然这一时期推荐制是获得博士学位的主要途径,论文博士和课程博士所占比重非常小,但文部省成立后颁布的一系列政策法令,有力地推动着日本博士生教育的产生。②

(三) 第一次世界大战的爆发促进了对博士生教育的反思

1914年第一次世界大战爆发,远离欧洲主战场的日本趁机对南洋和中国进行大量出口,接收了大批来自协约国的订单,一跃成为债权国并迅速摆脱了国内的财政危机。第一次世界大战获得的巨额利润带来了经济繁荣和投资热潮,使日本逐渐完成了从农业国向工业国的转变。为适应其侵略扩张政策和经济发展需要,满足战争对高科技人才的需求,大正政府开始对明治时期确立的教育制度进行改革。1917年9月取消了教育调查会,设立"临时教育会议"作为日本内阁的教育改革咨询机关,对教育问题进行全面审查和修订,制定战后教育方案,其中"学位制度"成为审议的重要内容,审议的问题包括:推荐博士和论文博士并存、学位性质不明确以及由此产生诸多弊端,因此要求废除推荐博士的呼声极高③。

---

① 王桂:《日本教育史》,吉林教育出版社1987年版,第162—163页。
② 周洪宇:《学位与研究生教育史》,高等教育出版社2004年版,第101—103页。
③ 王桂:《日本教育史》,吉林教育出版社1987年版,第207页。

小结：明治政府虽然在一定程度上构建了培养高级人才的博士生教育制度，但博士生教育的内涵与目的与现代都有很大的不同，博士生教育发展比较缓慢。在19世纪70年代，日本政府实际上是把发展初等教育和培养小学教师的师范教育列为第一位，到19世纪80年代后期政府又把力量转到中等教育上，此时教育的目的是把日本国民培养成忠君爱国的臣民，因此对高等教育没有太多需求①。在此阶段，研究生教育层次中虽有"大博士"和"博士"的称号，但实际上他们更应该被看作为一种荣誉称号而不是学位，由于推荐博士的标准和审查手续并不公开，因此在推荐制下"无一卷著书"而获得博士学位的做法有极大的随意性。实际上，到1910年，被国家认可的仅有东京大学和京都大学这两所大学的研究生教育，如何发展博士生教育成为大正政府急需解决的问题。

二 发展期（20世纪20—50年代）

（一）系列法令的颁布进一步规范了博士生的培养

随着1918年《大学令》的颁布，国立、公立与私立大学纷纷设置研究生院，采取学部制，在学部内设立培养研究生的"研究科"②。1920年第三次《学位令》颁布，废除了博士会和推荐制度，只有"课程博士"和"论文博士"；学位授予权转交到各大学手中；学位种类由大学决定，文部大臣承认即可；同时规定，无论是在研究生院学习还是在研究机构学习者，均需提交论文，并经"学部教授会"审查，这种论文博士制度使学位性质由"荣誉称号"向"学术称号"转变。③ 第三次《学位令》一直沿用至1953年《学位规则》出台之前。经过第二次世界大战前一系列政策法令的颁布，日本逐渐规范了博士生的培养方式和学位授予制度，为战后教育制度的重建打下了坚实的基础。

（二）第二次世界大战的爆发为日本博士生培养提供现实需求

由于第二次世界大战的影响，日本博士生教育质量大幅下降，人才

---

① ［日］小林哲也：《日本的教育》，徐锡龄译，人民教育出版社1981年版，第27页。
② 胡建华：《战后日本大学史》，南京大学出版社2001年版，第15页。
③ 周洪宇：《学位与研究生教育史》，高等教育出版社2004年版，第105—107页。

非常紧缺。在国内外严峻的情势下，日本制定了一项特殊的政策来支撑高层次人才的发展——"特别研究生教育制度"①。该制度旨在培养自然科学领域的优秀研究人员和技术人才，是国家担负全部研究经费的一种奖学制度。该项目从七所帝国大学和庆应私塾大学、早稻田大学等私立学校的研究生院或研究科中选拔成绩优秀、身体强壮并有较高研究能力的在学的博士生进行培养，在学期间博士生不可以改变研究方向，也不能从事其他工作，修业年限为前期2年和后期3年。该制度在第二次世界大战期间为日本输送了大量人才，1950年起这一项目交由日本育英会管理，一直到1959年该制度结束，在此期间对战后日本科技发展和经济振兴起到了不可忽视的作用。

（三）学术振兴会成立奠定了博士资助体系的基础

1920年日本成立了学术研究会，它隶属于文部大臣的管理，是推动国家科学振兴政策实施的重要力量。1929年世界经济危机爆发，日本认识到科学技术是产业和国防的基础，更加重视科学技术振兴工作，因此在1931年以日本学术研究会会长及东京大学校长为首的日本科学界名人志士向日本政府提出以英国科学促进会（British Association for the Advancement of Science，BAAS）和美国科学促进会（American Association for the Advancement of Science，AAAS）为蓝本，创立振兴日本科学专门机构的请求，目标是通过国家力量将本国分散、自由的科学研究力量统一起来，从而促进和实现科技进步。这一请求得到日本政府及天皇的高度重视，1932年日本天皇为奖励学术研究活动，资助文部省150万日元创建日本学术振兴会（Japan Society for the Promotion of Science，JSPS），②通过政府补助金和民间捐款对博士生等研究人员给予研究经费补助，资助研究人员开展国际交流活动以及学术成果的出版等，对日本博士生教育质量的提升发挥了重要作用，促进了日本科研事业的发展，至今它仍是日本唯一的独立科研经费支援机构。

---

① 文部科学省. 高等教育の戦時体制化［EB/OL］.［2019-06-20］. http://www.mext.go.jp/b_menu/hakusho/html/others/detail/1317703.htm.

② 文部科学省. 学術行政［EB/OL］.［2019-06-20］. http://www.mext.go.jp/b_menu/hakusho/html/others/detail/1318252.htm.

小结：该阶段日本的博士生培养日益规范，取消了推荐博士，加大了论文博士的比重，论文的学术水平成为衡量是否授予博士学位的重要标准。博士生对于促进日本科研事业发展的作用日益凸显，以学术振兴会为代表的奖助体系逐渐建立起来，对于激励博士生开展研究提供了经济支撑。但是，博士生培养仍有不规范的地方。虽然以德国"师徒制"模式为蓝本，加入了课程学习，但并未专门针对博士生开设课程，也未明晰博士生培养期间应当学习哪些课程，导致课程学习形同虚设，仍以导师个别指导、个别教学的方式为主，博士生培养的随意性很大，如何提高博士生培养质量成为日本政府关注的焦点。

三 重塑期（20世纪50—80年代）

（一）美国占领军报告推动博士生培养模式的转型

第二次世界大战后，美国占领军通过日本政府对日本实行间接统治，民主思想、治国理念等对战后日本社会改革产生了直接且深刻的影响。美国占领军下设的民间情报教育局（The Civil Information and Education Section，CIE）和美国教育使节团提出的诸多报告，推动了日本博士生培养模式的转型。

成立于1945年9月的民间情报教育局从1945年10—12月先后向日本政府发出四项指令，要求破除军国主义的教育体制。1946年2月，第一次美国教育使节团对日本教育进行考察研究，在递交的报告书中以美国的民主政治理念、教育理论作为改造日本"国家至上"教育的基本指导思想，否定了中央集权的教育体制，纠正帝国大学毕业生享有特殊社会地位的现状，高等教育不应仅为少数人开放，而是要面向大众。报告还对课程设置、教师地位等进行了论述，尤其对"师徒式"的研究生培养模式以及"家族式"的组织形式提出了批评，认为这种培养模式限制了研究生的学术视野，不利于青年科学研究者的成长。该报告成为后来日本政府制定教育政策的重要依据。1950年8月，第二次美国教育使节团对日本教育改革的进展进行了检查，并就教育改革的深入发展提出新的建议。① 美国占领军推出的系列报告改变了日本原有博士生培养模式，促使其由德国模式向美国模式转变。

（二）新法出台为课程制博士生培养提供政策保障

1947 年，日本教育刷新委员会②根据第一次美国教育使节团报告，制定了《学校教育法》，该法第九十九条规定了日本研究生院的目的是研究学术理论并应用，探究其奥秘，培养具有能承担有较高专业性事务的深厚学识和卓越能力的人才，并使之努力为文化进步作出贡献。第一百条规定，在设有研究生院的大学里，通常应设立研究科，并且规定可以设置晚间授课或者进行函授教育③的研究科；设立教授会，教授会中可以加入副教授及其他教师，教授会应就校长在决定事项时提出意见或审议由校长及系部长或教授会组织领导的教育研究的事项，如有关学生入学、毕业及课程结业、学位授予以及有关教育研究的重要事项。④ 这是日本高等教育史上第一次对研究生院的作用和使命正式作出规定。

1949 年《研究生院基准》对研究生教育的目的、组织、课程、研究生资格、师资等作了明确的规定，提出"取得博士学位的必要条件是，全日制在学 3 年以上，非全日制在学时间与全日制相当，取得专门课程 50 学分以上，提交依据独创研究写出的研究论文，并且通过最终考试"。⑤《研究生院基准》为战后博士生教育的发展提出了一个法律规范，但过于简单。与制定《研究生院基准》相配套，在《学校教育法》的指导下，1953 年《学位规则》颁布，将学位类型分为博士及硕士，明确了博士学位的授予条件：一是要求修得规定的学分且在学 5 年以上；二是博士论文审查和考试合格。在论文公开发表方面，获得博士学

---

① 胡建华：《战后日本大学史》，南京大学出版社 2001 年版，第 31—35 页。
② 教育刷新委员会是 1946 年 8 月成立的第一个隶属于日本内阁的教育咨询审议机构，其前身为日本教育家委员会。
③ 日语中称为"通信に教育"。
④ e-Gov 法令检索 - 学校教育法 [EB/OL]．[2018-09-16]．http：//elaws.e-gov.go.jp/search/elawsSearch/elaws_ search/lsg0500/detail? lawId=322AC0000000026.
⑤ 胡建华：《战后日本大学史》，南京大学出版社 2001 年版，第 91—92 页。

位的学生需要将论文印刷出来，并附记授予该学位的大学名称①。1974年《研究生院设置标准》（大学院設置基準）调整了课程制博士的要求，5年学制中，前2年为硕士课程学习，后3年为博士课程学习，学分降低为30，获得了必要的研究指导，并通过了博士论文考试和研究生院的考试后即可获得学位②。这在一定程度上扩大了课程制博士的规模。

（三）美对日占领政策的改变促进博士生规模扩张

第二次世界大战战败后，日本的战争经济开始崩溃，工矿业生产急剧下降，美军占领后废除军需市场，对日本工业带来了极其严重的打击，工业生产指数降至1935—1937年平均水平的十分之一③，工人大量失业，运输危机爆发，通货膨胀严重……美国对日本采取了非军事化和民主化的政策，实行"解散财阀、农地改革、劳动改革"。④由于国际和日本国内形势的变化，美国对日本的占领政策缓和，如何促进日本经济在稳定的基础上谋求独立成为美国的国策，"道奇路线"以稳定经济为根本任务，日本资本主义经济由此得到加强，走上了扩大再生产的轨道⑤。以电力、钢铁、运输、煤炭等重点产业为中心的产业合理化投资，给日本经济带来了"投资景气"，接着出现了1952年、1953年战后第一次"消费景气"，但随着媾和条约的签订，美国停止援助，加之为了转嫁经济危机，美国多方面限制进口，增加出口，使从属于美国的日本经济不可避免地受到影响。⑥美国经济在1954年秋开始恢复，日本的出口迅速扩大，促进了工矿业的生产，1956年《经济白皮书》指出日本经济迎来了"数

---

① e-Gov 法令检索—学位规则［EB/OL］．［2018-09-16］．http：//elaws.e-gov.go.jp/search/elawsSearch/elaws_search/lsg0500/detail? lawId=328M50000080009.

② e-Gov 法令检索—大学院設置基準［EB/OL］．［2018-09-16］．http：//elaws.e-gov.go.jp/search/elawsSearch/elaws_search/lsg0500/detail? lawId=349M50000080028.

③ ［日］小林义雄：《战后日本经济史》，孙汉超、马君雷译，商务印书馆1985年版，第10页。

④ 同上书，第19页。

⑤ 同上书，第31—34页。

⑥ 金明善、宋绍英、孙执中：《战后日本经济发展史》，航空工业出版社1988年版，第90—91页。

量景气",并随之被"价格景气"所替换①,20世纪60年代在政府的"国民经济倍增计划"指导下进入到高速发展的新时期。在这一时期,日本的经济以10%的年平均增长率迅速发展,1968年,日本的国民生产总值达到1597亿美元,超过法国、英国和西德,成为仅次于美国、苏联的世界第三经济大国。

美国对日本占领政策的改变让日本认识到经济发展是与教育相互刺激和推动的,知识密集型产业将逐步取代劳动密集型产业而居主导地位,因此要求劳动力素质的不断提高。特别是科学技术的进步与产业的转型,必然要求提高劳动力的素质以适应高度科技化的产业。1960年日本科学技术会议在《关于十年振兴科学技术基本方案的报告》中指出了日本缺乏理工科人才、科学研究的投入不足等问题,强调要发展研究生教育,以实现由依赖国外先进技术的引进向立足于国内技术开发的转变。1961年日本科学技术厅向文部省提出的《关于培养科学技术人才的建议》中也强调了理工科人才培养的重要性,② 这一时期理工科研究生教育发展迅速,尤其是工学博士生培养规模增长很快,1960年工学博士生在校人数为391人,占博士生在校总数的3.9%,而到了1970年则增加到2356人,占总数的17.8%③。到1981年年末,战后日本所授予的博士学位已达95518人。

小结:战后日本通过借鉴美国的课程博士培养模式对旧制博士生教育模式进行改革,日本现代研究生教育体制的基础、教育理念和相关方法等也在此时期打上了深深的美式烙印。课程博士的发展要求在培养目的、培养机构、学位种类等博士培养要素的内容上进行创新,课程博士培养目标规定为:在专业领域内作为独立的研究者,具有从事研究活动的高深研究能力和学识;具有其他高层次领域必备的高深研究能力和学识;具有能胜任高层次专门职业的高深能力与学识。④

---

① [日]小林义雄:《战后日本经济史》,孙汉超、马君雷译,商务印书馆1985年版,第81—86页。
② 胡建华:《战后日本大学史》,南京大学出版社2001年版,第141—142页。
③ 周洪宇:《学位与研究生教育史》,高等教育出版社2004年版,第218页。
④ 文部科学省. 大学院の課程の目的等の主な変遷[EB/OL].[2019-06-24]. http://www.mext.go.jp/b_menu/shingi/chukyo/chukyo0/toushin/05090501/021/003-9.pdf.

在借鉴美国模式的同时，日本积极探索适合本国国情的博士生教育体制，如创办一批研究生院大学、开设夜间研究生课程和函授课程等。日本博士生教育虽然没有像欧美等国有较长历史，但其适应了急速变化的日本社会，在特定的历史时期，作为培养高层次人才的重要途径，为日本实现技术立国，促进战后经济的高速发展无疑发挥了巨大作用。

四 转型期（20世纪80年代末至今）

（一）人口年龄结构的变化制约着博士生教育发展

日本少子化问题严峻。据日本国家统计局统计，1992年日本18岁人口达到巅峰，为205万人，自1993年以来日本18岁人口持续减少，2009年前后增减幅度放缓维持在120万人左右，2018年后预计又将再次大幅减少（见图5—1），但以东京都（埼玉、千叶、东京、神奈川）、京阪神（京都、大阪、神户）、爱知县组成的大城市圈的青少年人口反而持续增加，造成了区域内教育资源的紧张和学生就业压力增大[①]。日本有关学者预计到2040年日本18岁人口大约相当于现在的三分之二。不难看出，人口问题越来越成为日本社会可持续发展的制约因素，由于青少年人口是日本高等教育的主要生源，适龄人口减少将直接影响日本高等教育的总体规模。[②]

作为高等教育最高层次的博士生教育，近年来入学人数不能满足招生计划呈常态化，除保健学外，2016年人文、社会、理学、工学、农学的入学率仅在五成左右，其中社会科学领域入学率最低，仅为40.7%[③]。

---

① ［日］朴澤泰男：《18歳人口減少期の高等教育機会》，《高等教育研究》2017年第20期，第51—70页。

② 卢彩晨：《如何应对高等教育适龄人口下降：美国与日本之比较》，《教育研究》2010年第11卷第31期，第102—106页。

③ 文部科学省．「2040年を見据えた大学院教育のあるべき姿～社会を先導する人材の育成に向けた体質改善の方策～」（審議まとめ）［EB/OL］．［2019-04-21］．http://www.mext.go.jp/component/b_menu/shingi/toushin/__icsFiles/afieldfile/2019/03/12/1412981_005r.pdf.

2018 年仅有 14903 名博士生入学。① 人口年龄结构的变化对博士生教育的发展带来了抑制作用。

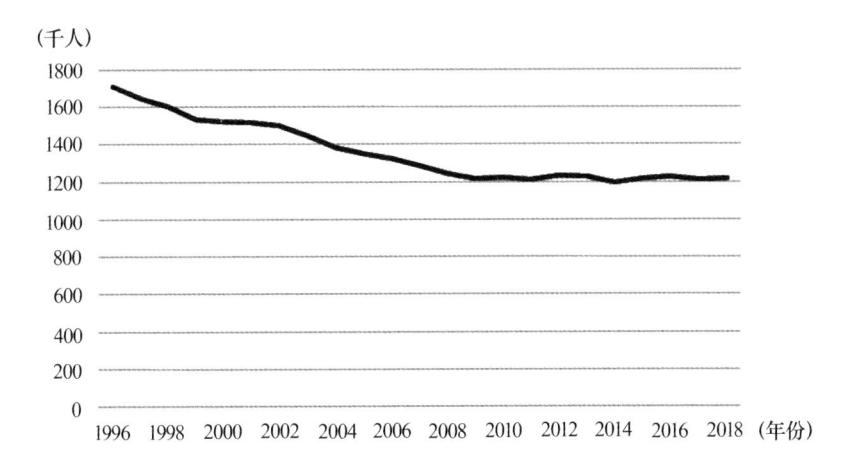

图 5—1　1996—2018 年日本 18 岁人口数量

资料来源：日本国家统计局。

（二）博士就业问题引起对博士生培养目标的反思

日本博士就业形势严峻，2003 年共有 14512 名课程博士毕业，但其就业率只有 54.4%②，且博士就业率在各专业之间的差距很大。以 1993 年为例，工学的就业率最高达到 74.0%，然后是保健学为 77.2%，而人文和其他专业的就业率仅为 43%。2018 年博士平均就业率为 67.7%，男性毕业生就业率为 71.8%，女性毕业生就业率为 58.3%，可见在博士就业问题上男女存在较大差距。在学校性质上，国立、公立和私立学校博士毕业生的就业率并没有太大区别，国立学校为 67.3%，公立学校为 69.4%，私立学校为 68.6%。从专业类别来看，人文学科就业率仅为

---

① 文部科学省. 文部科学统计要览（平成 31 年版）[EB/OL]. [2019-07-21]. http://www.mext.go.jp/b_menu/toukei/002/002b/1417059.htm.

② 李振玉：《透视日本的"博士过剩"现象》，《比较教育研究》2005 年第 7 期，第 43—47 页。

36%，而就业率最高的保健学可达81.3%。①

　　日本博士就业难的问题是由诸多因素导致的。从外部因素来看，在日本终身雇佣制下，日本企业更倾向于招聘本科生，他们认为年轻人读完大学，就已经具备了一定的专业能力，经验是需要一点点从实践中积累的，不论是学士、硕士学位还是博士学位的新人，一旦被雇佣，都会以相同的身份在终身雇佣制的体系下开启自己的职业生涯，一些博士毕业生反而还会被扣上"资格过高""过度专业化"②的帽子，所以许多本科毕业后选择直接工作而不是继续攻读硕士和博士学位。另外，日本国立大学和研究机构的教师平均退休年龄在63岁左右，但大部分人一旦到了退休年龄又会到私立大学担任续聘教师或研究员③，日本学术界的劳动力市场已经趋于饱和，年轻博士生无法得到大学的科研助手或讲师等理想的就业岗位。从内部因素来看，传统的"研究室"培养模式依然存在，仍然以为高等院校或科研机构培养教师作为日本博士生教育的主要目标，培养方式也仍然以导师在各自的研究室内带领学生进行研究活动为主，很少与企业等展开合作，因而逐渐落后于时代、社会及产业对研究生的质量和数量要求。与此同时，博士生入学前也大都把教师或者进行学术研究的教授职位作为就业首选方向，尤其是在人文社科专业的毕业生中，1991年有70%—80%毕业生成为了大学教师，到2016年这一比例虽有所下降，但仍占40%—50%。④

　　如何适应日本劳动力市场的需求和变化来培养博士生，如何为博士毕业生提供多样化的求职就业辅导成为日本博士生培养必须思考的问题，日本认为除了要培养博士生的研究性、学术性，具备高度的研究能力及

---

①　文部科学省.「2040年を見据えた大学院教育のあるべき姿~社会を先導する人材の育成に向けた体質改善の方策~」[EB/OL].[2019-06-21]. http://www.mext.go.jp/component/b_menu/shingi/toushin/__icsFiles/afieldfile/2019/03/12/1412981_012.pdf.

②　[美]伯顿·克拉克：《探究的场所：现代大学的科研和研究生教育》，王承绪译，浙江教育出版社2001年版，第191—192页。

③　李振玉：《透视日本的"博士过剩"现象》，《比较教育研究》2005年第7期，第43—47页。

④　文部科学省.「大学院活動状況調査」（平成29年度実施）[EB/OL].[2019—05-10]. http://www.mext.go.jp/component/b_menu/shingi/giji/__icsFiles/afieldfile/2018/03/28/1409264_30_1.pdf.

丰富学识，使他们能够作为研究人员自主开展研究活动以外，也注重通过产学研合作开展科研实践活动，通过研究项目培养博士生的团队协作精神、科研能力、实践能力和创新能力，他们能在社会的多方面大显身手，成为能够在全球范围内活跃的领军人才。

(三) 多样化的计划为博士生培养的转型提供保障

20世纪90年代末，日本政府意识到研究生将肩负起更加重要的国家科技创新主力军角色，因此提出"科学技术创造立国"取代"技术立国"，把日本研究生教育作为科学技术立国的一个重要组成部分，更加作为日本经济与科技复兴的基础来看待。日本"科学技术创造立国"的方针迅速在各项政策中得到落实，首先开始了对研究生教育的重点改革，即把过去以本科教育为重点的大学变为以研究生教育为重点，使学校的主要职能向培养研究生方向转变。对这些大学，政府给予较大资金支持，主要是对东京大学、京都大学、大阪大学、名古屋大学、东北大学、九州大学、北海道大学、东京工业大学、筑波大学、广岛大学、一桥大学、神户大学这12所大学进行了重点扶持。其次制定了有关法律法规和项目计划，1995年制定了《科学技术基本法》，1996年出台"科学技术基本计划"，进入新世纪后日本加紧了发展研究生教育的步伐，先后有中央教育审议会通过的《新时代的研究生院教育》(「新时代の大学院教育」)和前后三次《研究生院教育振兴措施纲要》(「大学院教育振兴施策要纲」)、"21世纪COE计划"(21世纪COEプログラム)、"博士教育引领计划"("博士课程教育リーディングプログラム") 以及2018年开始实施的"卓越研究生院计划"("卓越大学院プログラム")等。日本政府通过制定这些计划和发布纲要，对研究生教育进行重点扶持，大力提高研究生教育的质量和水平。

其中"博士教育引领计划"以"科研竞争"逻辑取代"普惠平衡"逻辑[①]，是发展博士生教育的有力举措。在该计划中以"中期考核"制度(Qualifying Exam)取代了硕士到博士阶段的入学考试，主要考查基础专业知识与技能，判断其是否具备进行博士阶段研究的资质。中期考核成

[①] 张天舒、李明磊：《日本一流大学博士教育变革效果——基于"博士教育引领计划"中期评估结果的研究》，《中国高教研究》2017年第11期，第60—64，76页。

绩合格之后，才能从宽领域的硕士课程投入更加细分化的博士阶段的专业领域研究。此外，在正式开始写博士论文之前，还需要审核学生的"研究计划书"（Research Proposal）。在博士培养过程中打造多元主体共同参与机制，积极引入产业界、政府部门、国内外一流大学和研究机构等，参与博士生培养计划的制定、课程设置、研究选题、研究实验、实习等全过程，努力打造开放式培养体系。在东京大学的"共创具有活力的超高龄社会全球领导人才养成项目"（活力ある超高齢社会を共創するグローバル・リーダー養成プログラム，Graduate Program in Gerontology：Global Leadership initiative for Age-Friendly Society）[1] 中，涵盖了大学教师、政府部门人员、产业界人士在内的66名导师，贯通了9个学科、30个专业和1个机构，并与密歇根大学和牛津大学形成合作网络，不仅开设跨学科课程，还为每位同学提供短期留学机会。这些措施的实施不仅拓宽了博士生的研究视野和思路，还较好地解决了研究与社会需求衔接、研究与社会创新衔接问题，同时也拓宽了博士毕业生的就业渠道。

2018年由日本学术振兴会牵头的"卓越研究生院计划"（"卓越大学院プログラム"）依靠大学自身的优势，在以往研究生院改革的基础上，与国内外的大学、研究机构、民营企业等进行有组织地合作，以此来提升大学自身的教育能力和研究能力，推动人才培养与交流以及持续开展合作研究。该计划旨在培养能给社会带来创新的博士人才，即高级"知识专家"，使他们直面社会课题。该计划以开设博士课程的国立、公立和私立大学为对象，审查通过的项目将会得到连续7年不超过四亿两千三百万日元的资助。2018年该计划为审查通过的项目共投入56亿日元。[2]

日本政府还提供了多样的资助计划。日本政府认为"学术研究都是以各个研究者的自由思考和研究欲望为源泉的，有优秀的研究者才有可能取得优秀的成果。未来学术研究的水平实际上取决于如何培养研究的

---

[1] GLAFS. 東京大学リーディング大学院—活力ある超高齢社会を共創するグローバル・リーダー養成プログラム：プログラム概要［EB/OL］. ［2018 - 09 - 20］. http：//www. glafs. u-tokyo. ac. jp/? page_ id = 1828.

[2] 日本学术振兴会. 卓越大学院プログラム制度概要［EB/OL］. ［2019 - 07 - 21］. https：//www. jsps. go. jp/j-takuetsu-pro/gaiyou. html.

主体也就是研究者，特别是逐渐走向舞台中央的年轻一代研究者，他们有着更灵活的构想，拥有无限可能性"①。基于这样的认识，1996 年 7 月日本内阁会议上通过了《科学技术基本计画》（「科学技術基本計画」）②，计划中提出"两成左右的博士研究生可以获得相当于生活费额度的资助"的目标，从那时起，日本政府就开始谋求以多样化的方式为研究生提供经济支援。包括联结日本文部科学省、科学技术厅、厚生省、农林水产省以及通商产业省的对约 1 万名博士后（博士课程结业者）等年轻研究者进行的"1 万人支援计划""特别研究员制度""海外特别研究员制度""外国人特别研究员制度""外聘研究员制度"等，对博士研究生可以通过教学助理（TA）和研究助理（RA）在内的科研助理制度等获得科研资助。

从 1985 年日本开始进行博士研究生科研资助至今，日本已经建立起来自中央政府、高校自身以及社会等多种类型的资助，设计了从资格审查到申请、发放等过程的合理运行机制，并交由专门的机构进行管理，形成了比较完善的博士研究生科研资助体系，运行过程中较大的资助力度与较好的资助效果为日本高级科学技术研究人才的培养作出了巨大贡献。

小结：这一时期日本博士生培养模式的转型受到国际环境、国内人口问题、教育系统自身问题等因素的影响，日本为促进多方因素协同作出了主动转型。20 世纪 80 年代中后期，日本经历了将近 10 年的经济低迷期，原本单纯模仿欧美发达国家走工业化的道路已经不能维持下去，迫使日本必须重新思考新的经济增长方式。在人口老龄化和少子化问题日益严峻的情况下，作为高等教育最高层次的博士生教育入学人数不能满足招生计划呈常态化趋势，在博士生规模不大的同时，博士就业问题反而日益突出。与此同时，世界范围内于 20 世纪 80 年代以后进入知识经济时代，单一的以培养研究后继者的传统研究生培养模式导致研究生特

---

① 文部科学省. 资料 3—2 大学院教育振兴施策要纲（案）[EB/OL]. [2019-04-08]. http：//www. mext. go. jp/b_ menu/shingi/chukyo/chukyo4/004/gijiroku/attach/1408063. htm.

② 文部科学省. 科学技術・学術審議会资料 3—3 総合政策特别委员会中间取りまとめ（案）[EB/OL]. [2019-06-27]. http：//www. mext. go. jp/b_ menu/shingi/gijyutu/gijyutu0/shiryo/attach/1358396. htm.

别是博士生无法适应用人单位的需求，博士生缺乏将知识应用于实际的能力和人际交往能力，从而导致了企业和政府机关不太愿意接收博士，同样也造成了博士就业形势严峻。正如1996年日本大学审议会的报告《关于提高日本研究生教育质量的对策研究》中所说的，"日本研究生教育不仅在数量和规模上要有发展，而且在质量和水平上要不断提高，要培养新一代学术水平高、创新能力强、能参与国际竞争的年轻的科学研究者。"因此这一时期日本对博士生教育采取了一系列积极举措，对研究生教育投入资金进行重点扶持，颁布"博士教育引领计划"等对博士生招录、课程设置、修业年限等进行了积极改革，不断完善博士生的资助制度，促进博士生教育质量的全面提升。

第二节　日本博士生培养模式的要素组成

一　招生

第二次世界大战前日本博士生招生并无正式的入学考试，博士期间也不开设固定课程，博士生一般是导师的科研助手，由文部大臣向帝国大学评议会推荐，通过帝国大学评议会的审核后即可获得推荐博士学位。同样，论文博士也不需要进行课程学习，提交论文并审查合格即可。总体而言，第二次世界大战前的博士生招考存在较大的主观性，有时仅凭文部大臣的一己之言，在制度设计上缺乏规范性，也不具备配套的评价与监督机制。由于遵循精英模式，整个招考体制相对封闭凝滞，因此有极大的随意性，这不利于博士生教育的长远发展。第二次世界大战后伴随着美国研究生院制度的引入，大学的升学率不断提高，因此入学考试竞争加剧，采取何种入学考试方式才能公平公正地选拔学生，博士生招考如何应对大众化需求等问题迫切需要进行博士生教育的制度化改革。

从报考时间来看，各学校招生时间安排有所不同，一年举行一次或两次的情况都存在，同一所大学的不同专业也有不同的情况。如东京大学人文社会系博士招生报名在每年12月，考试时间在1月和2月；而法学政治学报名时间为 11 月和 12 月，考试时间为 2 月①。在报考资格方面，各大学基本遵循文部省的规定，以 2020 年为例，具体来看，东京大学经济学研究科博士报考资格如下②：

（1）2020 年 3 月 31 日前在本研究科获得硕士学位的人；

（2）2020 年 3 月 31 日前在本校其他研究科获得硕士学位或专业学位的人；

（3）在本校获得硕士学位或专业学位的人；

（4）2020 年 3 月 31 日前可获得或已获得本校外的日本境内大学的硕士学位或专业学位③的人④；

（5）2020 年 3 月 31 日前可获得或已获得由大学改革支援·学位授予机构授予硕士学位的人；

（6）2020 年 3 月 31 日前在国外可获得或已获得与硕士学位或专业学位同等学位的人⑤；

（7）在日本境内所设的外国研究生教育机构中修完文部科学大臣所指定的课程，2020 年 3 月 31 日前可获得或已获得与硕士学位或专业学位同等学位的人；

（8）修完国际联合型大学的课程，2020 年 3 月 31 日前可获得或已获得与硕士学位同等学位的人；

（9）境外学校需为在上述申请资格（7）中指定的教育机构或国际联合型大学，根据《大学院设置标准》第 16 条规定，2020 年 3 月 31 日前博士论文研究基础力审查或同等条件审查合格，并具有本研究科承认的与硕士学位同等及以上学力的人⑥；

---

① 東京大学. 大学院入学者選抜方法の概要［EB/OL］.［2018 - 09 - 16］. https：//www. u-tokyo. ac. jp/ja/admissions/graduate/e02_ 02. html.

② 東京大学大学院経済学研究科経済学部. 2020 年度博士課程学生募集要項［EB/OL］.［2019 - 11 - 09］. http：//www. student. e. u-tokyo. ac. jp/grad/D-bosyu. pdf.

③ 日语中为"専門職学位"，以培养高级专业人才为目的，以应用实践型教育为目标，与硕士学位层次并列。

④ （4）、（10）中的"日本境内大学"表示的是《学校教育法》第 83 条规定的日本国内大学。

⑤ （6）、（10）包括修完国外学校进行的函授教育中的课程。

⑥ （9）、（10）的申请人在申请前需要进行入学资格审查，可在申请时向本研究科事务部询问。

（10）在日本境内大学毕业或在国外接受了 16 年教育，到 2020 年 3 月 31 日前在日本境内、国外大学或研究所从事 2 年及以上研究工作，本研究科承认其研究成果具有与硕士学位或专业学位同等及以上学历的人；

（11）个别入学资格审查是 2020 年 3 月 31 日前 24 岁以上的、具有本研究科承认的与硕士学位或专业学位同等及以上学力的人。

日本高校的博士生招生主要由各系组织。例如京都大学工学研究科对博士生的招生是基于其理念和目标的，认为工学以探索真理为核心，承担着与人类生活直接或间接相关的科学技术创造、促进全球社会可持续发展和文化创造的重大责任。在这个认识的基础上，重视学问的基本知识和原理，在引领科学技术发展与自然环境和谐共存的同时，以培养具有高水平的专业能力、创造力、良好的修养、高度道德感和责任感兼备的人才为目标。所以，招收的博士生需具备以下特点：一是认同工学研究科设定的理念和目标，并愿意努力去实现这一目标；二是具有丰富的基础知识，能够在专业领域和相关领域中探求真理，并具有不拘泥于既成理论、概念的逻辑思维和出色的判断力；三是对开拓未知的科学技术新领域充满热情和动力，能够融合丰富的知识并致力于解决与科学技术以及社会有关的各种问题；四是理解他人的意见，能够以易于理解的方式表达自己的意见和主张，具有较强的沟通能力。因此，除了审查学生提交的申请材料外，还会通过面试来评价学生开展研究的能力以及进行逻辑阐释的能力。① 同样，东京大学教育学研究科也结合学科特色和大学发展战略提出了招生理念，以人类发展为核心，从学校、社会、文化、行政、国际等各个方面对教育进行思考和分析，教育身心、教育思想、教育人类是其发展理念，博士课程的目的是培养学生掌握研究技能和深厚学识，以支持学生开展独立和原创性研究。在报考前，东京大学要求学生首先仔细考虑自身是否具有科学研究的精神、意志、动力和活力，然后思考"打算去研究生院做什么""在离开研究生院后打算做什么"，最后再深入思考"什么是教育""什么是教育学"以及"想进行什么样的教育研究"，东京大学教育学研究科所期待的是能充分利用自身优势和

---

① 京都大学工学部大学院工学研究科. 入学案内 [EB/OL]. [2019 - 11 - 10]. https：//www. t. kyoto-u. ac. jp/ja/admissions/graduate/admissionpolicy.

独特性，愿意从人文、社会科学和自然科学等多角度进行教育研究和思考的人①。

在招生选拔方面，各大学越来越看重学生的研究潜质和研究能力，而不仅取决于申请者的学习成绩。京都大学工学研究科机械理工学专业需要进行英语水平的考查、专业课笔试和面试等，专业科目的考试根据所选志愿中的不同研究内容从相关基础科目中出题，学生选择其中的3道题进行解答；面试是学生对已有的研究成果和博士阶段的研究计划进行15分钟的汇报，之后老师会根据其内容进行提问②，重点考查申请者是否对今后的研究有清晰的规划。

近年来，由于实际招生人数常常不能满足博士生的招生计划，因此在2019年颁布的《面向2040年的研究生教育改善方案》（2040年を見据えた大学院教育のあるべき姿～社会を先導する人材の育成に向けた体質改善の方策）中指出，今后应把在研究生院学习的意义、学校可提供的经济支持以及毕业后职业预期等信息作为招生宣传的工具，重点向学生传达在课程学习的体验和对未来职业生涯的展望等。实际上，这种宣传既有助于消除学生的升学忧虑，也可以在一定程度上调和学生与大学所要求的生源之间不匹配的情况。③

二 修业

(一) 论文研究基础能力审查

为了构建超越专业领域的系统性的博士前后期一贯制，在完成硕士课程后以专业相关领域的知识、能力和基础素养的考试加上关于博士（前期）论文研究的综合性审查代替了硕士论文答辩，以进一步保证博士生质量。论文研究基础能力审查包括以下几个方面：一是专业及相关领

---

① 東京大学大学院教育学研究科・教育学部. 大学院進学希望の方へ [EB/OL]. [2019 - 11 - 06]. http://www.p.u-tokyo.ac.jp/entrance/graduate.

② 京都大学工学部大学院工学研究科. 博士後期課程学生募集要項 [EB/OL]. [2019 - 11 - 10]. https://www.t.kyoto-u.ac.jp/ja/admissions/graduate/exam1/doctor2019oct/200all.

③ 文部科学省.「2040年を見据えた大学院教育のあるべき姿～社会を先導する人材の育成に向けた体質改善の方策～」（審議まとめ）[EB/OL]. [2019 - 04 - 21]. http://www.mext.go.jp/component/b_menu/shingi/toushin/__icsFiles/afieldfile/2019/03/12/1412981_005r.pdf.

域的专业知识和能力的笔试考试；二是关于博士论文研究的领域、相关研究背景和研究意义、展望、课题的设计等以研究报告、口试方式考查。日本政府认为通过"博士（前期）论文研究基础能力审查"的合格与否可以来认定博士前期课程（即硕士课程）是否修完，另外也方便对其他研究生培养单位、其他专业的考生或社会考生研究资质与能力的审查。[①]

（二）课程学习

课程学习是日本博士生培养的重要环节，各大学都对不同专业的博士学位需要修读的课程进行了具体规定。京都大学工学研究科为培养技术人员和研究者开设了博士课程前、后期合作教育计划，涉及3年型博士课程、4年型硕博课程以及5年型硕博课程。开课科目包括核心课程、主修课程、辅修课程、实习课程以及其他课程[②]。

京都大学工学研究科机械理工专业的应用力学方向致力于培养学界和产业界中机械工程及化学工程领域的研究者和高级技术人员，所培养的人才能够理解热、物质、物质能量转移等相关的复杂现象，从中进行功能性材料、机械制造、机械系统、化学过程、能源转换过程的设计及性能评价，在具有人机交互的战略性思考的基础上，需要具备控制和管理能力。这些不仅是机械工程领域的技术人员所需的，也是以基础尖端技术支撑社会发展的工学领域（如航空、原子核、材料、环境、土木等）人才所必需的，其能力培养需要流体力学、热力学、材料力学、控制工学相关的基础教育，因此该方向配备了世界一流的师资来开设上述领域的4门基础课程，总学分要求30分以上。除机械专业外，该专业课程还面向化学工程、原子核工程等所属融合工学课程的博士生，使他们能理解跨领域的普遍问题，进而培养年轻研究者和高级技术人员[③]。

---

① 文部科学省. 资料2-2「博士論文研究基礎力審査」の導入について（案）[EB/OL]. [2018-09-20]. http://www.mext.go.jp/b_menu/shingi/chukyo/chukyo4/004/gijiroku/attach/1313590.htm.
② 京都大学工学部大学院工学研究科. 教育ポリシー（博士後期課程）[EB/OL]. [2019-11-07]. https://www.t.kyoto-u.ac.jp/ja/education/graduate/policy_.
③ 京都大学工学部大学院工学研究科. 工学研究科教育プログラム [EB/OL]. [2019-11-13]. https://www.t.kyoto-u.ac.jp/ja/education/graduate/dosj69.

表 5—1　　　　　　　　　　京都大学工学研究科课程

课程类别	内容
核心课程	这是一门基础课程，应作为必修课，并构成课程体系的核心
主修课程	该课程体系中本专业的基础课程和应用课程，它被指定为要选择的主题，基础科目和发展科目的名称可以用来反映主要学者的特征
辅修课程	从不同专业领域或本专业中选择的能够反映学生学术特色的课程
研究训练	除了练习和实验科目外，还须在工学研究科、高级研究所及海外合作研究机构的部门开展研究。由于硕士论文和博士论文是取得学位的必需环节，所以这一项没有学分
研究型实习	与公司、政府机构、国际组织等进行联合研究型实习课程。审查后将根据实施时间进行学分认证
其他课程	导师认为特别必要且已获批准学习的课程。这包括在其他研究生院、其他大学开设的课程以及国际培训课程。为了获得所需的学分，需要遵循所属硕士课程、硕博课程中各专业的要求

资料来源：京都大学工学部大学院工学研究科．2019 年度大学院学修要览［EB/OL］．[2018 - 12 - 06]．https：//www.t.kyoto-u.ac.jp/ja/education/graduate/curriculum。

东京大学经济学研究科分为经济与管理两个专业，经济专业以培养具有超越理论、统计、政策、历史等类型的综合知识，具有国际竞争力和影响力的人才为目的。管理专业以培养扎根于日本优势企业经营中的商务精英为目的。其课程体系经改编后共有四大模块，经济包括：经济学、统计学、地域研究、经济史；管理包括：经营学、财政学。以《经济学原论》课程为例，该课程旨在揭示资本主义的动态，预测发展的方向性。为此，本课程将精读《未来经济理论》（「これからの経済原論」），从基础知识开始逐步获得对马克思主义经济学的系统性阐释，加深对资本主义分析所需的诸概念的理解。A1 课程约在 9 月底到 11 月初，A2 课程约在 11 月中旬到来年 1 月中旬开课，2 学分。采用课堂教学形式，由参加者就近年来的研究话题等分别汇报，由教师根据考勤、发表、讨论的情况进行综合评分。该课程的参考书主要是《经济理论：基础与演练》（「経済原論：基礎と演習」），同修课程有经济学部的《经济理论》（「経済原論」）、《国际经济》（「国際経済」）、《现代资本主义论》（「現代資本主義論」）；研究生院的《经济学方法论》（「経済学方法論」)、《经济学方法论特论》(「經濟学方法論特論」)、《政治经济学》(「政治經濟学」)、《经济学史》(「經濟学史」)。①

（三）学位授予

日本依据博士生的课程学习以及学位论文的水平来授予博士学位。一般流程是由导师首先确定自己的学生是否达到了申请学位的要求，再把学生论文初稿交到由论文指导小组成员组成的预备审查会进行审查，审查后学生需要对论文进行修改，修改后导师认为满意就会同意其进入正式审查会（答辩会），答辩委员会主席通常是该学生的导师，委员会成员由导师负责邀请。如果通过答辩，就交由学校教授会作出是否授予学位的最终决定。但各高校对学位授予标准有所差别。东京大学经济学研究科博士学位授予标准为：在学 2 年以上并修得 10 学分以上，在研究科规则附表上的课程科目《论文指导》修得 4 学分以上；论文在经济学、经营学的专业领域内被认为具有充分的学术价值；学位申请者要具有作为专业领域中的独立研究人员开展研究活动的能力②。

京都大学工学研究科在博士后期课程中致力于通过研究和实践性教育，以培养能够在国际上引领新的研究领域的技术人员、研究者为目标。在上述人才培养目标的基础上，向满足下列条件的博士生授予博士学位，即在规定的期间内学习本研究科规定的课程科目，在获得规定学分的同时通过博士论文审查和考试，这是博士学位授予的必要条件。对工学博士学位论文的评判标准为：论文是否具有学术性、开拓性、创新性、应用性，同时对博士候选人从是否掌握了所研究领域的广博知识，是否具备了研究企划和推进的能力，是否树立了开展科学研究的崇高学术伦理和学术道德等多方面来进行综合评价③。京都大学对于文学博士学位论文的要求是：论文需体现博士候选人作为一位专业研究者的研究能力，具有学术性、原创性，博士候选人要在分析原资料的基础上开展独创性研

---

① 東京大学. 授業カタログ. 経済原論 [EB/OL]. [2019 - 11 - 07]. https://catalog. he. u-tokyo. ac. jp/detail? code = 291101&year = 2019.

② 東京大学大学院経済学研究科経済学部. 学生向け情報修士論文・博士論文 [EB/OL]. [2019 - 11 - 09]. http://www. student. e. u-tokyo. ac. jp/grad/ronbun. html.

③ 京都大学工学研究科. 大学院学修要覧2019年版 [EB/OL]. [2019 - 06 - 25]. https://www. t. kyoto-u. ac. jp/ja/education/graduate/curriculum/ca97sp. pdf.

究，并保持高度的责任感、正确的伦理道德观念和兼容并包的理念[1]。

在提交学位论文时早稻田大学在其《学位规则》中明确提出博士学位论文只限提交一篇，但可以附上其他论文作为参考，同时提交学位论文副本、译文、模型或标本等资料，对于受理进行审查的学位论文等不予归还[2]。此外，各个学科还有不同的要求，早稻田大学政治学科在博士学位申请前需要通过"领域学习考试/基础学习认定考试"，即通过面试的方式考查学生的研究计划、文献综述、论文章节的划分等是否可行，并提交"研究伦理遵守契约书"，面试前15分钟由学生讲解，后45分钟进行提问。该考试通过的10个月以后可以提交审查申请书[3]。

三 指导

日本博士生从注册博士课程开始就由导师或导师组来监督攻读博士学位的学习过程。理工科博士生的培养通常采用"实验室"指导方式，即由一位教授、一位副教授或讲师以实验室为单位，共同指导博士生、硕士生以及大四学生。如京都大学工学研究科固体力学实验室由一位教授、一位副教授以及一位秘书组成，招收博士生2名、硕士生9名和5名大四本科生[4]，学生们每天在实验室一起工作，他们的研究课题与教授的研究课题密切相关。而人文社会科学类博士生接受的指导属于"非实验室"指导，通常学生与教授不会每天都见面，研究工作主要由学生独立完成，学生的研究活动很大程度上依赖于阅读书籍和其他文献资料，研究主题有时也与教授的课题关联不大[5]。

在2011年实施开展的"博士教育引领计划"中，一个项目下通常涵

---

[1] 京都大学大学院文学研究科.博士後期課程カリキュラム［EB/OL］.［2019-07-05］. http://www.kyoto-u.ac.jp/ja/education-campus/curriculum/education/documents/2016/201bun-2.pdf.

[2] 早稻田大学.学位规则［EB/OL］.［2019-07-06］. http://www.waseda.jp/soumu/kiyaku/dlw_reiki/35190928000200000000/35190928000200000000/35190928000200000000.html.

[3] 早稻田大学.大学院政治学研究科博士学位申请について［EB/OL］.［2019-07-06］. https://www.waseda.jp/fpse/gsps/students/doctoral/.

[4] 京都大学. Solid Mechanics Laboratory - Hirakata Group［EB/OL］.［2018-9-20］. http://msr.me.kyoto-u.ac.jp/.

[5] YAMAMOTO S. Doctoral education in Japan［M］//POWELL S, GREEN H. The Doctorate Worldwide. Berkshire: Open University Press, 2007, p.189.

盖多个专业领域的指导老师，文理科交叉现象更是常见。如在东京大学的"培养共创活力的超高龄社会的全球化领导人才"项目中，包括哲学、法学、政治学、经济学、教育学、材料科学、机械工学、电气电子工学、基础医学、生命科学等众多学科，因此指导教师的队伍十分庞大，据官方网站文件显示，该项目共有指导教师 69 人，包括校长、教授、研究员、企业管理层人员等，其中含外国人 6 人。本校老师数占 47 人，非本校教师 22 人①。每一位指导老师的年龄、研究领域以及承担的职责在官方文件中也都详细列出，实行指导团队制有利于克服过去学徒制的管理僵硬、指导单一等弊端，使博士生能与导师群体多向接触，更加有利于专业学习与研究能力的提升，便于拓宽学生的学术视野，提高学生的创新能力。

在日本科学技术与学术政策研究所（NISTEP）实施的第一次"博士人才跟踪调查"（博士人材追跡調査）②结果显示，80%以上博士生接受的指导来源于自己的导师，其次是导师以外的相同专业的教师，约占 6%。每周接受 1 次及以上指导的博士生大约占 60%，指导频率在每月 1—2 次的大约占 30%。除导师之外，在理学和农学等专业中受前辈、博士后等研究人员指导的比例较高，这与博士生身处研究室，方便与同门进行交流密不可分。比起理工科博士生可以进行团队内的相互指导，人文社会科学专业的博士生还是依赖导师的指导，进行小组研究或与不同领域教师、学生交流的机会较少，研究环境相对封闭。

此外，导师指导频率在各专业领域也有所区别，自然学科与人文学科之间存在很大差距，调查显示在理学专业，70%以上的学生表示每周都可以接受导师的指导，工学、农学、保健学则有 60%以上的学生表示每周可以接受指导。与此同时，人文专业博士生每周能接受一

---

① GLAFS. 東京大学リーディング大学院－活力ある超高齢社会を共創するグローバル・リーダー養成プログラム：プログラム概要［EB/OL］.［2018－09－20］. http: //www.glafs.u-tokyo.ac.jp/? page_ id＝1828.

② "博士人才跟踪调查"是由日本科学技术与学术政策研究所（NISTEP）开展的以 2012 年博士毕业生为对象的大规模调查，重点关注博士生入学与毕业人数、升学动机、在校期间接受指导情况、课程满意度、毕业年限、毕业后的就业状况等。

次指导的人数仅占40%，社会科学专业相对人文领域专业指导频率稍多，但也仅有50%左右的学生每周能接受一次导师的指导。① 这也在一定程度上造成人文社会科学专业博士生在籍时间长、获得学位时间延缓等问题。

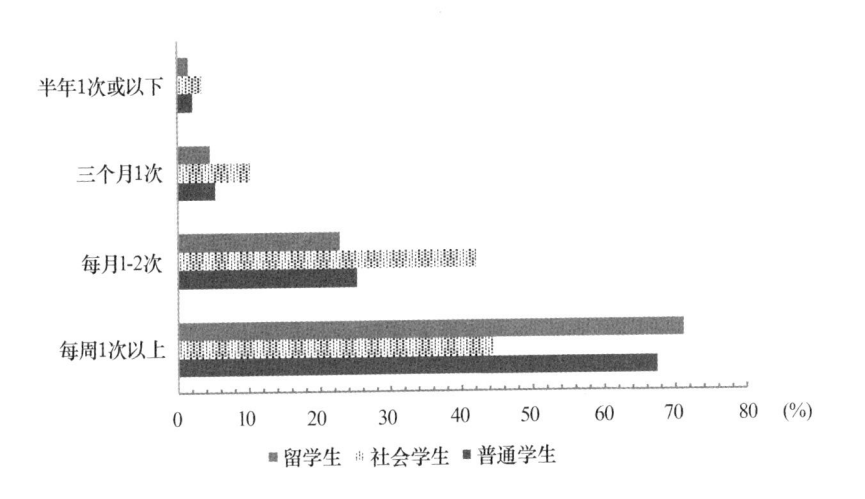

图5—2 博士生接受导师指导频次

在日本，以社会人士身份入学的博士生不断增加，但由于他们的学习时间有限，接受指导的频次比普通学生较少。但是从学位的取得率来看，两者并没有太大区别，反而社会人身份的博士生比普通博士生略高一些，其原因之一在于社会人士存在"在雇主的推荐下必须获得学位"这样明确的动机。另外留学生因为很多能够免除学费或获得其他助学金等，而且具有"成为大学教师或研究人员必须获得学位""期待获得学位后有良好的工作和收入"等明确动机，每周接受一次及以上指导的人数较多，取得学位的比率也较高。

---

① 科学技術・学術政策研究所. NISTEP Repository：「博士人材追跡調査」第1次報告書-2012年度博士課程修了者コホート［EB/OL］. ［2018-11-16］. http://data.nistep.go.jp/dspace/handle/11035/3086.

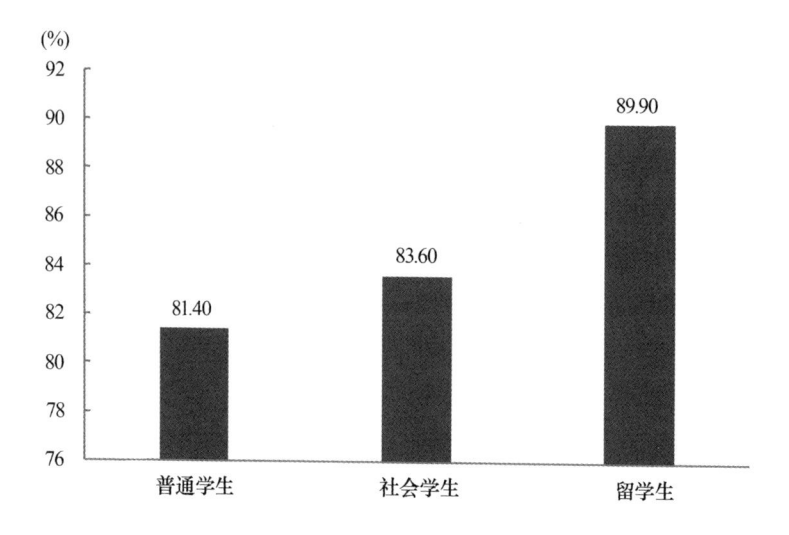

图 5—3　博士学位取得率的比较

资料来源：科学技術・学術政策研究所．NISTEP Repository：「博士人材追跡調査」第 1 次报告书 - 2012 年度博士課程修了者コホート - ［EB/OL］．［2018 - 11 - 16］．https：//nistep.repo.nii.ac.jp/?action＝pages_view_main&active_action＝repository_view_main_item_detail&item_id＝4492&item_no＝1&page_id＝13&block_id＝21。

四　资助

（一）奖学金

1. 育志奖与学术振兴会奖

2010 年日本学术振兴会成立"育志奖"，通过表彰那些有望在未来为日本的学术研究作出贡献的优秀研究生，给予奖励来提高其研究动力。该奖项面向人文社会科学和自然科学所有领域，要求候选人为学业成绩优秀、品行优良、积极参加研究活动的在学博士生且不超过 34 岁。该奖项不接受个人申请，只接受校长和学会会长的提名，评选标准不限于论文等研究成就，而且希望奖励那些在未来能为日本学术研究的发展作出贡献的杰出人士，如会更多地考虑在经济困难或研究条件艰苦的环境中仍进行独立研究的人。育志奖每年约奖励 16 人，获奖者将得到 110 万日元的证书和奖品，并且获奖者将从第二年起经过审查手续可以优先被聘为"特别研究员"并获得研究奖励。①"日本学术振兴会奖"是用于奖励具有丰富的想象力和独创性并具有出色的研究成果的博士生或者有望成为世界领先的研究者潜力的博士生。与前者相比，该项奖学金对国籍有明确要求，外国人参选需要有 5 年以上在日的研究经历并有意愿继续留在日本，该奖励每年大约有 25 个名额，获奖者也将获得 110 万日元的研究奖励。②

表 5—2 特别研究员制度分类情况

	DC1	DC2	PD	SPD	RPD
年级	博士 1 年级	博士 2 年级	取得博士学位 5 年以内	取得博士学位 5 年以内	已获得博士学位
国籍			日籍或在日获得永久居住资格的外国人	日籍或在日获得永久居住资格的外国人	日籍或在日获得永久居住资格的外国人
支援年限（年）	3	2	3	3	3
月额（日元）	200000	200000	362000	446000	362000

资料来源：日本学術振興会. 申請資格・支給経費・採用期間｜特別研究員［EB/OL］.［2019-04-08］. https://www.jsps.go.jp/j-pd/pd_oubo.html。

2. 特别研究员制度

"特别研究员制度"旨在给想要留在大学或其他研究机构专心进行研究的人文、社会科学及自然科学等所有领域博士在读者或毕业 2—3 年内的学生提供研究奖金及研究费，让优秀的年轻研究人员可以主动地选择研究课题和研究地点，专注于科学研究事业。从 1991 年开始，博士课程在读学生可以申请为特别研究员（DC），1996 年起为已获得博士学位的人提供科研资助，开始实行特别研究员 PD 制度，毕业 5 年以内的博士生

---

① 日本学術振興会. 育志賞の概要［EB/OL］.［2019-11-06］. https://www.jsps.go.jp/j-ikushi-prize/gaiyo.html.
② 日本学術振興会. 日本学術振興会賞の概要［EB/OL］.［2019-11-06］. https://www.jsps.go.jp/jsps-prize/gaiyo.html.

均可申请。进入21世纪后，日本加大对人才的科研资助力度，为了更好地培养具有世界最高水平研究能力的年轻研究员，日本自2002年起在"特别研究员"PD中创立了"特别研究员"SPD制度，SPD的待遇更加优越，遴选条件更加严苛，录用人数也更少。在2006年还设立了特别研究员RPD制度，主要对因生育、抚养幼儿而中断研究事业后又回归的研究员进行支持。2014年起，学术振兴会取消了科研资助的年龄限制。①

表5—3　　　　　　　　2019年特别研究员制度申请与录用人数

资格		人文科学	社会科学	数学物理科学	化学	工学	情报学	生物学	农学环境学	医学药学	合计	录用率
RPD	申请	58	57	19	3	8	5	39	35	75	299	0.4%
	录用	13	10	4	1	2	2	7	5	17	61	
SPD	申请	—	—	—	—	—	—	—	—	—	0	—
	录用	2	2	2	1	2	1	1	2	2	15	
PD	申请	419	308	443	88	113	43	205	216	235	2070	17.3%
	录用	72	49	69	12	15	8	34	40	45	344	
DC2	申请	624	672	725	486	1069	325	456	513	643	5513	19.8%
	录用	123	132	143	98	214	64	91	103	126	1094	
DC1	申请	384	375	584	342	548	247	358	338	428	3604	19.2%
	录用	73	71	113	66	103	46	69	65	85	691	

资料来源：日本学术振兴会．特别研究员采用状况［EB/OL］．［2019-07-22］．https://www.jsps.go.jp/j-pd/pd_saiyo.html。

特别研究员的选拔由"特别研究员审查会"组织，根据以下5个标准对今后学术研究的贡献和期待进行评价，分别是：（1）具有担负学术研究前途的优秀研究者的潜质；（2）研究计划具体明确；（3）展示出了完成研究计划的能力及该研究的准备状况；（4）对于特别研究员PD，除了具有优秀的研究成果外，不能单单是对博士期间研究的继续，而是有

---

① 日本学術振興会．特別研究員申請資格・支給経費・採用期間［EB/OL］．［2019-11-07］．https://www.jsps.go.jp/j-pd/pd_oubo.html。

投身新环境进一步提高自己研究能力的意愿；（5）特殊研究员 PD，除有不得已原因外，不能选择将博士期间的所属研究机构和在读期间的指导教授作为接收人。表5—3 为2019 年特别研究员制度申请与录用人数，可见对于这种"国家级"的科研资助的竞争是十分激烈的。①

3. 私人基金会或地方公共团体奖学金

除了国家级奖学金外，各大学根据自身情况设立了不同的奖学金，私立大学由于受到私人财团和社会捐赠的资金较多，其奖学金制度更为丰富。庆应大学作为日本久负盛名的私立大学，其奖学金制度旨在创造一个让学生专注于学业的良好环境，为培养高级人才提供坚强后盾。庆应大学校内奖学金种类繁多，包括各学部和研究生院自设的奖学金在内，为成绩优秀、家庭遭遇变故、农村地区以及参与海外研究活动等的学生提供 110 多种援助，奖学金主要来源的基金总额达到 240 亿日元，为日本国内最高水平。2018 年庆应大学奖学金发放总金额为 12.2 亿日元，覆盖 2600 名学生。如"促进研究奖学金"面向研究生，鼓励学生继续从事科学研究，奖励金额根据各研究科的不同分为 70 万日元/年、50 万日元/年、30 万日元/年不等；"大学院奖学金"提供给学习成绩优异且家庭经济困难的学生，每年约有 22 名学生可获得 50 万日元/年或 60 万日元/年的奖学金；"学习支援奖学金"主要用于支持那些愿意学习但由于家庭状况突然变化（包括大规模自然灾害导致的灾难）或持续困难的学生。此外，还有一些研究科自设的奖学金可供研究生申请。②

（二）助学金

教学助理（TA）旨在让优秀的研究生对本科生提供建议，对实验、实习等教育辅助业务提供指导，为研究生将来成为教师和研究者提供训练机会，同时，通过支付补贴来帮助研究生改善生活条件。研究助理（RA）是在国立大学等研究项目中，让优秀的博士生作为研究辅助者参与策划，在谋求有效推进研究项目的同时又能使博士生通过研究辅助工

---

① 日本学術振興会. 特別研究員の選考方法 ［EB/OL］. ［2019 - 11 - 07］. https://www.jsps.go.jp/j-pd/pd_houhou.html.

② 慶應義塾大学. 奨学金リーフレット2019 ［EB/OL］. ［2019 - 11 - 06］. https://www.students.keio.ac.jp/other/prospective-students/files/keio_scholarship_leaflet.pdf.

作来培养其研究的能力。

以北海道大学实施的 TA 制度为例,要求申请 TA 的在读研究生表现优秀,在实验、实习等中具有优秀的指导能力。其主要任务是对本科生或硕士生的实验、实习等从事教育辅助工作,但工作时间不能妨碍学生自身的课程,一般一周不超过 30 小时。除此之外,北海道大学还规定 TA 需要研修"文科基础科目""理科基础科目""论文指导""心理学实验"等。在读硕士生每小时 1200 日元,在读博士生每小时 1350 日元。①

(三) 贷款

第二次世界大战期间,日本的社会经济一度混乱,为了对经济困难的学生提供帮助,政府号召一些大财团出面组建"大日本育英会",1943 年"大日本育英会"正式成立。1944 年国会通过了《大日本育英会法》,使"大日本育英会"获得"特殊法人"地位,这标志着日本国家助学体系的制度化,同年开始向全国大学生提供贷予性奖学金。1953 年改名为"日本育英会",由它作为政府与学生之间的中介机构,负责实施贷予性奖学金政策并进行管理。后来社会上其他"公益法人""地方公共团体""学校法人"等也开始参与育英奖贷学金事业,因此它逐渐演变成一种系统化的制度。1984 年日本修订了《日本育英会法》和《日本育英会法施行令》,在保证"第一种无息贷予奖学金"继续执行的同时,增设了"第二种有息贷予奖学金",即在校期间是无利息的,毕业后是以年利率 3% 为上限的利息,学生的利率和财政融资资金的借入利率(3% 以上)之间的差额得到了国家补助。

进入 21 世纪后,日本社会各界希望更多的人能够享受到育英奖贷学金的支援,在 2002 年 6 月举行的内阁会议上通过了《关于经济财政运营和结构改革的基本方针 2002》(「経済財政運営と構造改革に関する基本方針 2002」),其中明确提出要充实育英奖贷学金金额,让更多的学生得到援助。因此在预算要求中扩大了借贷人员的规模,

---

① 文部科学省. 北海道大学の全学教育 TA の例 [EB/OL]. [2019 - 07 - 22]. http://www.mext.go.jp/b_menu/shingi/chukyo/chukyo4/015/attach/1314299.htm.

增加了贷款月额。① 2004 年，日本育英会与其他机构合并成为日本学生支援机构（JASSO）。到现在，育英奖贷学金制度已是日本一项比较成熟的针对贫困学生的补助性政策，通过提供学费贷款等措施，培养服务国家和社会的人才，促进教育机会均等，这是日本政府重视人才培养的一大重要政策。②

五 就业

随着高龄少子化问题的日益严峻，日本政府认为必须培养更多的博士人才来提高劳动人口的创造力，弥补"高龄少子化"背景下的劳动力减少问题。但是，由于传统的博士就业观念以及当前博士生教育中存在的一些问题，导致博士毕业生所掌握的技能不足以满足社会的需求，"失谐"博士辈出，博士就业率偏低。博士就业率在 1990—2000 年一直呈下降趋势，从 65.1% 下降到 55.9%，并在 2000 年到达历史最低，此后呈现上升趋势，到 2017 年趋于平稳，达到 67.7%，但仍有超过三分之一的博士毕业者无法找到合适的工作。

从职业分布来看，20 世纪 90 年代获得博士学位的毕业生中，31.0% 从事教育工作，29.0% 从事医生职业，19.4% 从事科学研究，14.7% 从事企业技术工作；2000 年则有 73.6% 选择服务业，13.9% 选择制造业，5.5% 选择政府部门；③ 2016 年从事教育的占 34%，医疗卫生占 27%，制造业占 14%，人文、家政学、教育学等均有超过 50% 的博士毕业生进入到教育行业中，其他学科也都有将近一半甚至更多的博士在教育行业或

---

① 文部科学省. 参考資料 2 高等教育局主要事項 - 平成 15 年度概算要求等［EB/OL］.［2019 - 03 - 23］. http://www.mext.go.jp/b_menu/shingi/chukyo/chukyo4/gijiroku/attach/1410950.htm.

② 文部科学省. 大学院学生に対する主な経済的支援（フェローシップ、奨学金など）［EB/OL］.［2019 - 04 - 17］. http://www.mext.go.jp/b_menu/shingi/chukyo/chukyo0/toushin/attach/1335469.htm.

③ 文部科学省. 平成 13 年度文部科学白書［第 1 部 参考 学校卒業後の進学・就職の流れ］［EB/OL］.［2018 - 09 - 20］. http://www.mext.go.jp/b_menu/hakusho/html/hpab200101/hpab200101_2_070.html.

学术研究与专门技术行业工作①，反映出教师或研究人员等学术性岗位仍是博士毕业生的就业首选。

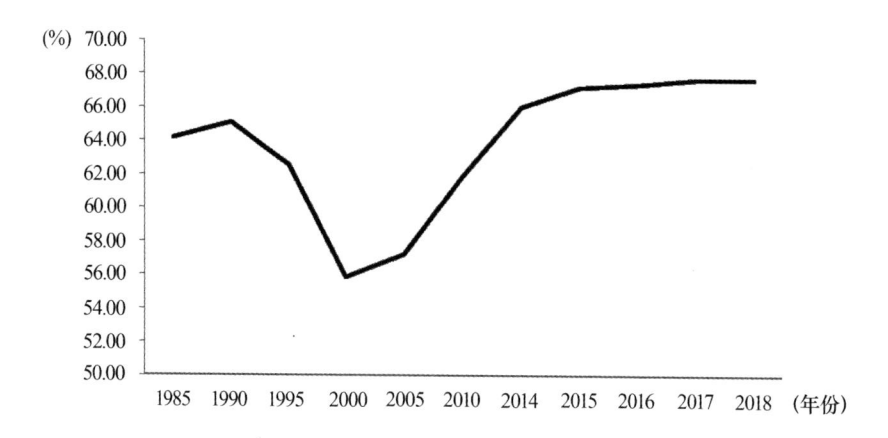

图 5—4　1985—2018 年日本博士就业率变化

资料来源：文部科学省．文部科学統計要覧（平成 30 年版）［EB/OL］．［2019-07-06］．http：//www.mext.go.jp/b_menu/toukei/002/002b/1403130.htm。

在 2018 年发布的《博士人才追踪调查》中也分析了博士毕业生的就业状况，指出学术性岗位（指大学、公共研究机构等）与非学术性岗位之间存在雇佣形态的差异。在雇佣单位是学校等学术机关的情况下，约有 6 成是任期制雇佣，特别是在理学、人文学科以及第一梯队②的大学中任期制雇佣较多。当把条件限定为"第一梯队大学的课程制理学毕业生"，则有 8 成以上的毕业生为任期制雇佣。调查显示，工作满意度在学术性职业场所稍高，待遇满意度在非学术性职业场所稍高，但没有太大的差别。③

---

①　e-Stat．平成 28 年度高等教育機関卒業後の状況調査－大学院［EB/OL］．［2019-11-07］．https：//www.e-stat.go.jp/dbview？sid=0003198422．

②　第 1 梯队大学是国内论文份额 5.0% 以上的国立 4 所大学，第 2 梯队是国内论文份额 1.0%—5.0% 的国公立大学 10 所大学和 3 所私立大学。

③　科学技術・学術政策研究所．NISTEP Repository：「博士人材追跡調査」第 2 次報告書［EB/OL］．［2018-11-16］．http：//data.nistep.go.jp/dspace/handle/11035/3190．

从各学科领域的博士就业率情况来看，人文学科博士毕业生在就业中仍然处于劣势，自 2000 年以来该学科领域平均就业率为 30% 左右，虽然近 5 年有上升趋势，但 2018 年人文学科就业率也仅仅达到了 36%，与就业率为 81.3% 的保健学相比存在较大差距。整体来看，2018 年博士生平均就业率为 67.7%，除保健学和工学外，其他学科领域并未达到平均水平。此外，2018 年日本男性博士毕业生就业率为 71.8%，女性博士毕业生就业率为 58.3%，可见在博士生就业问题上存在男女差距。①

从各学科领域的雇佣形态和职业类别来看，2017 年理工科"无期雇佣"的博士毕业生占全体的 53.5%，"有期雇佣"（即非正式职员，包括博士后、任期教师等）占 15.5%，与本科毕业生和硕士毕业生相比，博士毕业生被"有期雇佣"的比例较多。与此同时，2017 年理工科就业的毕业生中从事"专门技术职业岗"的占 90% 以上，其中"技术人员"和"研究人员"占 40% 左右，"教职人员"占 20% 左右②。2017 年人文社会科学领域"无期雇佣"占全体博士毕业生的 28.5%，"有期雇佣"占 14.8%，人文社会科学博士生就业主要集中在非制造业中的相关服务业，其中，在教育行业就业的毕业生最多，达到 59.2%，但与 20 世纪 80 年代 90% 的比例相比，这一数值正逐渐减少。③

---

① 文部科学省.「2040 年を見据えた大学院教育のあるべき姿～社会を先導する人材の育成に向けた体質改善の方策～」［EB/OL］.［2019-07-21］. http://www.mext.go.jp/component/b_menu/shingi/toushin/__icsFiles/afieldfile/2019/03/12/1412981_012.pdf.

② 科学技術・学術政策研究所. 科学技術指標（2018）理工系学生の進路［EB/OL］.［2019-11-07］. https://www.nistep.go.jp/sti_indicator/2018/RM274_33.html.

③ 科学技術・学術政策研究所. 科学技術指標（2018）人文・社会科学系学生の進路・就職状況（修士・博士）［EB/OL］.［2019-11-07］. https://www.nistep.go.jp/sti_indicator/2018/RM274_34.html.

第六章

协同学视阈下博士生培养模式的结构与动因

第一节 博士生培养模式演化的动态比较

一 博士生培养模式的初始状态比较

前文对博士生培养的三种典型模式及其历史变迁进行了详细描述和归纳，每个样本都具有代表意义：德国模式（师徒制）作为现代博士生教育的起源，曾被世界各国所推崇和仿效；美国模式（研究生院制）以德国模式为基础，经过不断完善已成为新的典范；日本在引进德国的师徒制与美国的研究生院制后，还发展了产官学一体化和"工业实验室"科研模式，并形成独具特色的日本模式。同时，我们也注意到，每一种典型的博士生培养模式在其确立之初存在很大差异，正是这些差异在后面的发展过程中，随着政治、经济、文化、科技等环境影响的推动，加之系统内部各要素的非线性关系的相互作用，进一步使培养模式各具特色。

通过对德、美、日博士生培养模式历史变迁的梳理还可知，德国的博士生教育源起于中世纪，历经各种思潮的洗礼、洪堡模式的指引，以及工业化进程的推动，到19世纪末20世纪初形成"师徒制"博士生培养模式，吸引了来自欧美的大量留学生前来学习，德国博士生培养模式从此成为各国学习的典范，并对全球博士生培养的进程产生了深远影响。纵观德国模式的发展，体现出高度重视"人"的创造能力及其掌握自然规律的能力的核心思想，显然，"人"是推动德国博士生培养模式演化的序参数，政治环境、经济发展水平以及高等教育和研发的财政投资规模等则是决定其变化方向的主要控制参数。

表6—1　博士生培养模式样本的初始状态差异比较

比较	德国	美国	日本
确立主体	国家创建	大学自发	国家创建
模式确立时间	1810年	1876年	1886年
培养目标	以纯科学研究为目的，追求学术自由	学术自由精神与功利主义、实用主义相结合	研究高深的学术技艺
培养方式	科研训练	课程、科研训练	科研训练
指导方式	师徒制	研究生院制	师徒制
培养途径	博士候选人	博士候选人	博士候选人
招录方式	免试入学	任何学士学位获得者只要交足3年学费	推荐制
主要资助方式	雇佣合同	贷款、助学金	奖学金
投资主体	政府、科研机构	政府、基金会	政府

美国的现代博士生培养模式源起于德国，先后在南北战争、两次世界大战的巨大影响下迅猛发展，并在第二次世界大战后建立了全新的世界性教育体制——研究生院制度，体现出德国的学术自由精神和美国的功利主义、实用主义相结合的思想，形成了有"美国模式"的博士生教育，从此开启了全球范围内博士生培养制度化改革的历史篇章。美国模式的发展过程，时刻伴随着社会与经济环境的重塑，科学技术驱动的生产力变革形成的"科学至上"的国家战略根深蒂固，因此，全社会对于科技人才的旺盛需求是构建美国博士生培养模式的核心控制参数。

1887年日本颁布《学位令》设立博士和大博士学位，日本的博士生教育已有130多年历史，其发展过程吸收并借鉴了德国师徒制培养模式和美国研究生院制度，结合本国博士生教育与工业发展紧密结合的实用性特征，逐步建立起一套具有鲜明日本特色的博士生教育制度。总体而言，战争带来的经济发展、国家政策法规的扶植、人口结构的变化、高等教育系统自身的需求等都从不同程度发挥控制参数的作用，并决定着日本博士生培养模式的发展走向。

二 博士生培养规模的历史演变

20世纪50年代开始，电子信息技术在美国蓬勃发展，伴随着第三次工业革命，以及战后人口、特别是劳动力人口的激增，美国经济发展进入了"黄金时代"，1960—1979年间，国内生产总值（GDP）从期初5433亿美元上升到期末26273亿美元，年均增长率8.6%，基本上每10年翻一番；同时，博士学位的年授予人数由0.97万人增长至3.12万人，若将"十年"作为一个统计期，则每一个统计期内总的博士学位授予量由第一个"十年"的16.21万增至第二个"十年"的32.09万，同样实现了翻倍增长。

第二次世界大战后，德国经济奇迹般地迅速恢复和发展，仅用10多年时间就成为欧洲第一经济大国，被称为"德国经济奇迹"。20世纪90年代两德统一前后，德国经济第二次转型，GDP由1985年的7300亿美元增长至1995年的25900亿美元，年均增长率13.5%，约五年翻一番。2003年德国政府出台《2010年规划》标志着德国经济的第三次转型，GDP在2000—2008年以年均8.5%的增长率高速发展。与此同时，伴随每一次经济转型，德国的博士研究生教育也同步实施了三次结构化改革，博士学位的年授予人数由1975年的1.1万人增长至1995年的2.2万人，"十年"总博士学位授予量由12.33万（1975—1984年）增至23.94万（1995—2004年），也基本实现了"十年"倍增。

20世纪60年代，"国民收入倍增计划"造就了日本经济高速增长的"黄金三十年"，GDP从1960年的440亿美元跃升至1989年30500亿美元，年均增长率15.7%，大约每四年翻一番。同时，经济的增长极大促进了本国博士研究生培养规模的增长，也对日本博士生培养模式体系建立和发展产生了深远影响，同样迎来了日本博士生教育的"黄金三十年"，年学位授予人数由1962年的1100人增长至1990年的10000人，连续30年以平均8.2%的增长率推动了日本博士生培养规模的快速发展，也正因为如此，"十年"总的博士学位授予量先后达到2.59万、4.69万及7.55万，也实现了每10年翻一番的增长。

与发达国家相比，中国经过了40多年改革开放的发展，经济也进入了"黄金时代",1998年GDP突破万亿美元,十几年后又再次创造历史,2014年达到10.5万亿美元,成为继美国之后的全球第二大经济体,20年间中国经济以年均13.9%增速实现飞跃,经济总量约五年翻一番。经济的高速增长,同样也促进了中国的博士研究生培养规模的超指数增长,博士学位的年授予人数基本上每六年翻一番:1998—2007年第一个"十年"总的博士学位授予量超过20万,2008—2017年第二个"十年"总的博士学位授予量更是接近55万。中国从1981年开始招收博士研究生至今的30多年(1981—2017年),培养规模从零开始并迅速扩大,博士学位年授予人数也以指数型增长,1999年超过1万、2004年增至2.2万、2010年已突破5万。中国的博士生教育用30年时间完成了欧美等发达国家近半个世纪的发展历程,到2017年,年授予人数超过美国,成为名副其实的博士生教育大国。

历史上每一次博士学位授予量的突破性变化都与经济周期相关,可见,博士研究生培养规模与经济发展周期有着密切的联系。为进一步研究四个样本国家博士生培养规模的增长情况,我们需要还原历史数据并按照时间序列展开,以便更加翔实地观察各国博士生教育发展变化的规律。根据教育主管部门、经济部门以及国内外专业机构的统计信息,本书采集并整理了样本国家博士生教育相关的历史数据,其中,包括历年来样本国家的博士学位授予情况的统计结果。同时,历史数据也反映出四个国家的统计信息完整程度有所不同,以年学位授予人数为例,德国的历史记录开始于1975年、美国1958年、日本1962年、中国1984年。

如图6—1所示,2000—2009年是样本国家博士生培养规模发展最为显著的"十年",达到自20世纪60年代以来的峰值,其中,以中国为最,该"十年"所授予的博士学位人数超过了总规模的半数;日本次之,"十年"新增的博士学位占到总规模的三成;美国、德国则相对均匀,在该"十年"及其前后的三个"十年"中,每一个阶段的贡献率均在两成左右。

由于动力学模型的基本特征是系统内部参数和结构随时间而变化,但样本各国博士生教育的时间起点各不相同,因此,考虑到中国的博士教育始于20世纪80年代,为使比较具有同一性,也为便于后续研究,如无特殊说明,历史数据的统计分析均从1980年开始,并重点比较1987—2017年30年间的数据。

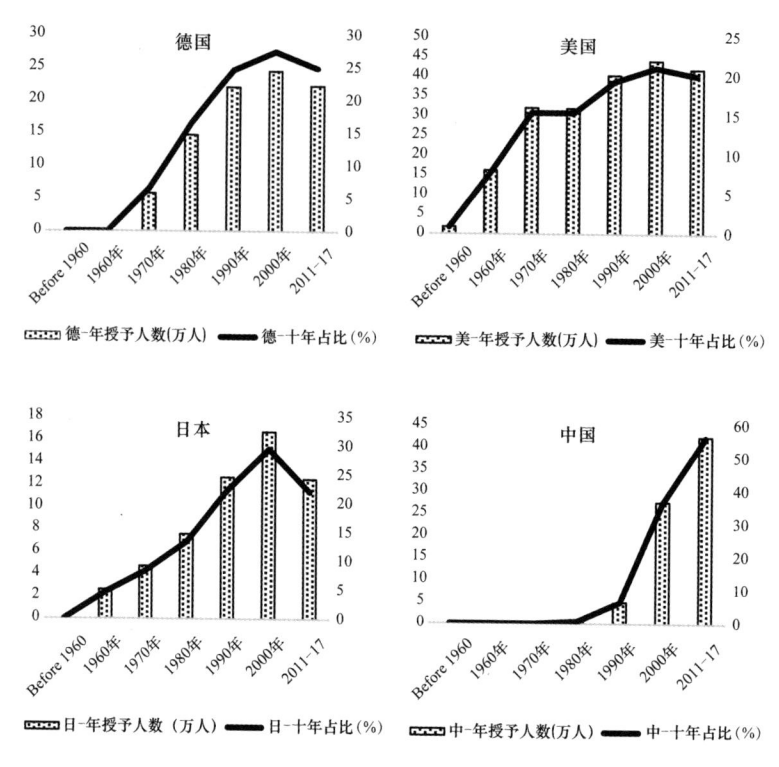

图6—1　各阶段博士学位授予规模历史动态比较

资料来源：根据德国联邦统计局、美国国家教育统计中心、日本统计局、经济合作与发展组织的官网整理而得。

同时，关于表征博士生培养规模的指标，本书主要引用"年授予人数""累计授予人数"以及"十万人占比"分别对应着博士生教育规模的不同层级，即："年授予人数"代表每年培养人数的变化，决定了"累计授予人数"的增长方式（即总变化的积累），该积累的"十万人占比"反映出博士群体相比于总人口的比例结构。

三　博士生培养规模发展的行为模式

为了更直观地比较四个样本国家博士生培养规模的发展变化，笔者仍然采用图表的方式来呈现。同样，为了比较曲线所代表的数字随时间出现的各种动态行为，省略了图中的数值单位，以便用最简洁的图形符号突出"变化"的内容。如图 6—2 所示，横轴为时间（1958—2017年），纵轴为"年授予人数"，该指标决定了博士生培养规模的变化速度。可以看出，各样本国家年授予人数的变化都表现出较复杂的行为模式，指数增长、S 形增长、超调或振荡随时间推移相互转化：

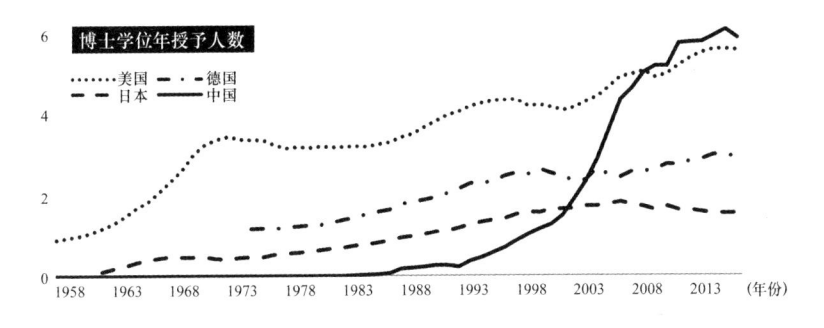

图 6—2 博士生培养规模的历史演变

（1）德国是现代博士生教育的发源地，其博士生培养规模的增长非常平稳，在本书统计的 40 多年中（1975—2017 年）年均增长 2.2%，年培养规模为期初的 2.5 倍，倍增期约为 30 年，整体呈现 S 形增长。德国博士年授予人数第一次实现规模翻番经历了 20 年，即由 1975 年的 1.14 万人/年增长到 1996 年 2.28 万人/年，年均增长 3.4%，增长方式为较典型的指数增长，该阶段也是德国博士生培养规模增长较快的时期；而最近一次倍增则出现在 1984—2014 年，由 1.41 万人/年增至 2.81 万人/年，年均增长 2.3%，同样经过了 20 年。德国博士生培养规模的发展整体稳定，但我们也注意到期间的两次变化：第一次发生在 1996 年前后，年培养规模的增长模式出现转折，由指数增长变为带振荡的 S 形增长，增长率逐步下降到 2%，并基本稳定在每年 2.5 万人，系统呈现阶段性平衡；第二次在 2005 年前后，环比增长的变化幅度发生剧烈波动，由 2004—2005 年环增 12% 下调至 2005—2006 年环降 6%，此后经过五年左右的振荡调整，于 2011 年左右开始恢复小幅增长。可见，德国的博士生培养规模也处于正负反馈回路交替主导的发展阶段，若保持当前模式，其博士学位年授予量也将保持收敛的 S 形增长。

（2）美国的博士生教育始终处于国际顶尖水平，增长速度与规模均领先于德国和日本。截至2017年，每年的学位授予量已经增至期初（1958年）的六倍；同时，连续向上的S形也成为美国的特征，说明美国的博士生教育资源始终跟随系统的发展变化适时作出调整，并尽可能促使正反馈回路保持主导优势，避免因承载能力不足而限制系统的增长，从而保持指数增长的整体态势。60年（1958—2017年）中出现了两次比较显著的S形增长。第一次在1958—1987年区间，显示出带超调的S形增长，该区间的前半期（1958—1971年）年均增长超过10%，博士学位年授予人数呈指数增长并在1971年突破三万，规模比期初增长了两倍，并达到区间发展的峰值，同时，也成为规模发展的转折点，此后15年的年增速仅为0.1%，年授予人数长期在3.1万左右波动，出现阶段性稳定。第二次S形增长约出现在1988—2017年，该区间年均增长率1.7%，年学位授予人数基本上每10年到达一个峰值（分别出现在1998年及2008年前后），增长变化基本围绕着稳定的增速波动，正负反馈博弈导致的振荡上升趋势至今仍未停止。可以推断，美国的年培养规模将长期处于伴随振荡的指数增长模式。

（3）日本的博士生教育参照了美国和德国模式，并在发展中逐渐形成有典型特点的日本体系。在本书统计的半个世纪里（1962—2017年），日本博士生培养规模几乎从零开始，实现了超过15倍的增长，但在最近10年有较为明显的减退，整体变化趋势表现出超调与崩溃。1962年至今，日本的培养规模年均增长5%，先后出现指数增长和超调衰退两个阶段。1962—1990年为指数增长阶段，年均增长率8.4%，经过30年的发展，日本博士年授予人数突破1万。值得注意的是，本阶段前10年（1962—1972年）是日本战后重启现代博士生教育的开端，也是其培养规模增长最快、环比变化振幅最大的10年，年均增长率由35%降至10%，同时，环比增长率也从上升71%迅速转为下降6%，年授予规模稳定保持约5000人。1991—2017年为超调衰退阶段，博士学位年授予人数在2007年达峰值后开始下降，培养规模年均增长仅1.3%，环比增速也出现了连续的零增长和负增长，并以年均1.5%的速度递减，近5年学位授予量基本稳定在每年1.5万人左右，比10年前减少了20%，出现了非常明显的衰退。初步表明，日本的培养规模已超过当前培养模式的环境承载力，且该情况持续恶化并未得到有效修复，因此，培养规模被迫迅速下降以达到新的平衡，表现出超调与崩溃的动态。

（4）中国的现代博士教育自1981年正式确立并开始招生以来取得了令人瞩目的成就，培养规模呈带超调的S形增长、年均增长率高达27%，博士学位年授予人数平均3年翻一番，并始终保持强劲的发展势头。其中，1981—1994年为指数增长初期，学位授予量基本稳定在每年2000人，年均增速超过60%、倍增期约1.2年，同期也是增速变化幅度波动最大的阶段，出现了环比增长率从峰值170%到谷值-17%的跌落；1995—2006年为指数增长发力期，年均增长率40%、倍增期约1.8年；2007年进入转折调整期，培养规模增速放缓，年均增速逐渐下降到27%、倍增期延长到2.7年，到2010年之后持续出现了环比零增长，有比较典型的寻的特征，博士生培养系统趋于稳定状态。据此分析，中国当前已进入现阶段承载力之下的均衡期，需要通过调整资源配置恢复系统中正反馈回路的主导力量，以促使博士生培养规模可持续增长。

四 博士生培养规模的宏观指标体系

博士生教育是一个开放的复杂系统，任何发展变化都将融入到社会发展的长河中，并不断在物质流、能量流等的交换中发生演进，构成一部长期的发展史。因此，以历史的眼光总结过去、剖析现在，有针对性地选择博士生培养体系中具有"枢纽"作用的宏观变量以分析阶段目标与短期效果间的时空关系，将有助于认识其内部结构、行为模式及反馈机制，从而建立更加合理的动力学模型。

如前文所述，"累计授予人数"反映了国家博士生培养的整体规模，是衡量博士生培养系统内部要素组织行为与外部环境协同机制的效率的量化指标，连接了博士生教育系统与社会、经济等因素，该指标与"人口"建立比值关系（即"十万人占比"）量化了国民接受最高学历教育的程度，可作为代理人口素质提升（高端人口比例结构）的宏观参数，该比值将博士生教育成果与社会发展联系起来并反映出博士生教育的社会贡献度，可以衡量一个国家的人力资本竞争力；同时，博士作为创新的主体，担负着提升国家竞争力的使命，其人力资本又在经济系统中转变为知识资本，此概念也常见于现代宏观经济增长Solow（1956）模型的各种扩展，以博士为代表的高端人力资本量作为知识资本的代理变量参与到经济增长的研究和预测中,博士群体的数量显著影响着知识资本量,其变化速率决定了知识资本增加值,其规模发展与经济增长直接相关。

由此可见,博士学位的"累计授予人数"及其"十万人占比"正是这样的"枢纽"变量,可以通过研究其历史动态变化与其他系统要素间的反馈机制,进一步认识博士生培养模式的行为机理。

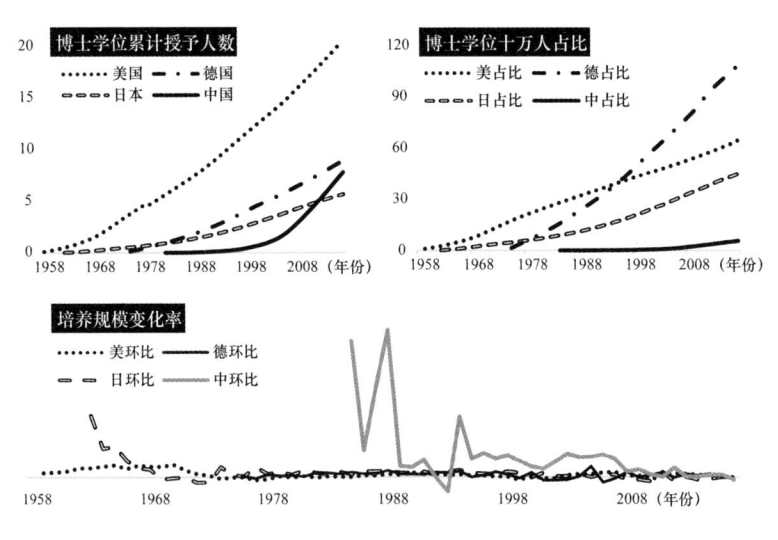

图6—3 博士生培养规模"枢纽"环境变量的历史演变

图6—3左上(博士学位累计授予人数)为四个样本国家1958年至今授予博士学位总数的增长曲线。如图6—3所示,各样本国家"累计授予人数"的增长方式均呈现指数增长的特征,其中,美国近60年(1958—2017年)年均增长9.7%,倍增期约7.5年;德国40年间(1975—2017年)年均增长10.9%,倍增期约7年;日本50年间(1963—2017年)年均增长10.3%,倍增期约7年;中国30年间(1984—2017年)年均增长30.4%,倍增期约2.5年。

图6—3右上(博士学位十万人占比)为样本国家1958年至今每10万人口拥有博士学位的比例。如图所示,"十万人占比"的变化曲线与该国博士学位"累计授予人数"的行为模式基本一致,也基本遵循指数增长,两者整体上保持协同发展,同时,该比值的增长速度也受到人口基数的影响。例如,德国总人口约8000万,是美国人口的四分之一、日本人口的五分之

三、中国人口的6%，是样本中人口规模最小的国家，德国博士学位累计授予量约90万人，是美国的五分之二，"累计授予人数"年均增长7.1%，仅相当于中国增速27%的零头，"年授予人数"的年均增速2.3%，与日本（2.3%）持平，但该国"十万人占比"的增长最为显著，分别在1982年超过日本、1994年超越美国，并率先在2015年突破100，是目前唯一实现"十万人获得博士学位人数"突破一百的国家，该指标分别是美国、日本、中国的1.7倍、2.4倍和19倍。再如，中国人口超过13亿，是世界第一人口大国，博士教育在样本国家中起步最晚、但增长速度最快，1985—2017年有效可比区间内，中国博士学位"年授予人数"的年均增长率高达18.8%，是美国的12倍、德国的8倍、日本的7倍，"累计授予人数"年均增速更是达到27%，分别是美国、德国和日本的7倍、4倍和5倍，同时，"十万人占比"的年均增长率26.1%，是美国的9倍、德国的4倍、日本的5倍，尽管有如此令人瞩目的发展速度，但"十万人获得博士学位人数"仅为个位数，是美国的9%、德国的5%、日本的13%，远远低于其他三国，人口规模对该指标的影响之大可见一斑。因此，引入这一代表社会因素的人口指标，可以更加客观、全面地比较和认识各国博士生教育的发展水平，也有利于构建真正具有协同意义的模型结构，并用数字化的方式概括和描述博士生培养模式的指标体系和目标体系。

第二节 博士生培养模式演化的涨落力探寻

一 环境因素的随机扰动

博士生教育是社会活动的组成部分，其发展变化一方面是培养系统内部涨落推动的结果，另一方面也是其与外部环境资源相互影响的必然反应。第二次世界大战以来，博士生培养的"美国模式"逐渐取代了"德国模式"，并成为世界各国博士生教育改革的方向，其中，临界涨落发挥了重要的作用，同时，"涨落"也是环境资源与系统规模发展相互作用的结果。博士生培养的环境因素主要包括宏观经济水平、可投资规模和适龄人口，通常以GDP代表潜在投资规模极限，以GDPP（人均国内生产总值）代表社会经济的发展水平，并以劳动力人口代表适龄人口极限，从而形成了博士生培养的环境资源承载力，如图6—4a所示。

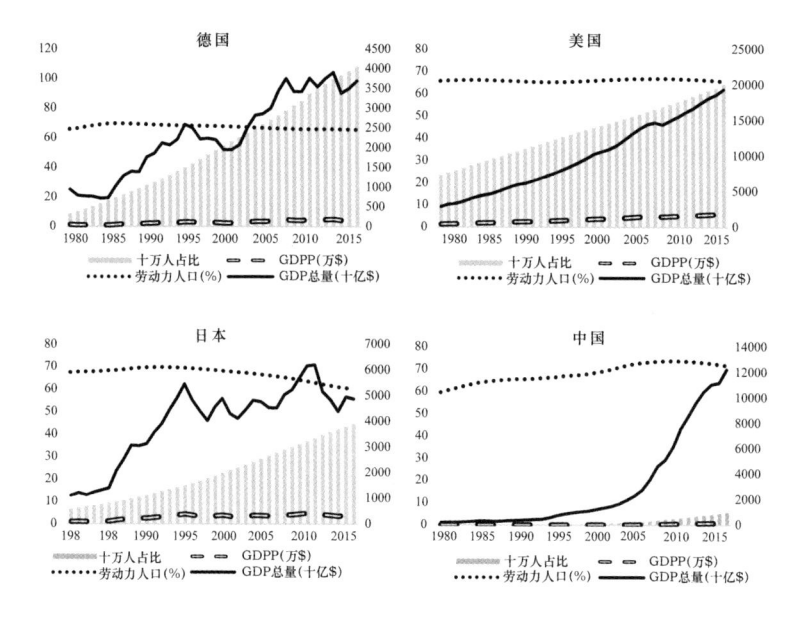

图6—4a 样本国家环境因素影响比较

注：主纵轴表示博士学历十万人占比、劳动力人口占比及GDPP，次纵轴表示GDP。

德国、美国和日本是高度发达国家，1980年迄今，人均GDP年增长率均为4%—5%；作为人口大国和新兴经济体，中国人均GDP增速高达12%，表现为超指数增长。进一步对比三个典型培养模式的规模发展与其环境变化发现：美国博士学历人口比例与人均GDP变化基本呈线性增长，表明该国博士生培养规模与人口、经济发展水平相适应，也潜在反映出美国博士教育的市场化程度最高，与社会、经济的关系最直接，客观规律性较强；德、日两国博士学历人口比例呈指数增长，且增长率均高于本国人均GDP增速，由此反映出人口素质在促进经济发展水平的同时，对博士生培养规模的发展有负向作用，并以此平衡高学历劳动力人口与社会发展间的均衡关系；相比而言，德国与日本的经济水平接近，前者博士人口比例始终优于后者，但其人均GDP直到2013年才超越后者并持续领先15%以上，据此分析博士生培养规模对经济发展的促进作用存在显著延迟。

1980年以来，美国、中国的人口规模保持稳步增长，年均增长率

1%，劳动力人口比例相对稳定；德国、日本的人口年均增长率约为0.2%，增长非常缓慢。在此期间，各国劳动力人口的增长情况发生了三次重要转折，如图6—4b所示：1990年左右，中国劳动力人口占比超过美国，并在此之后始终高于美国的增速，但中美两国的劳动力人口占比仍低于德国和日本；2000年左右，中国劳动力人口占比超过德国和日本，并持续较快增长；2005年，美国劳动力人口占比超过日本和德国，并在此后基本与德国保持同步，同时，美、中、德三国劳动力人口占比均超过了日本，日本劳动力人口占比从此进入快速下降通道。

对比中、日两国可知，30年间，日本劳动力人口占比从68%降至60%，减少八个百分点，同时，伴随第三次劳动力人口拐点，博士学位年授予量也出现拐点，由指数增长转为指数衰减；中国劳动力人口占比从60%升至72%，并与博士学位年授予量一样保持指数增长，直到2010年左右劳动力人口占比开始下滑，此后七年减少了3%，同时，博士生培养规模的增速也明显放缓，并在2017年首次出现3.4%的负增长。

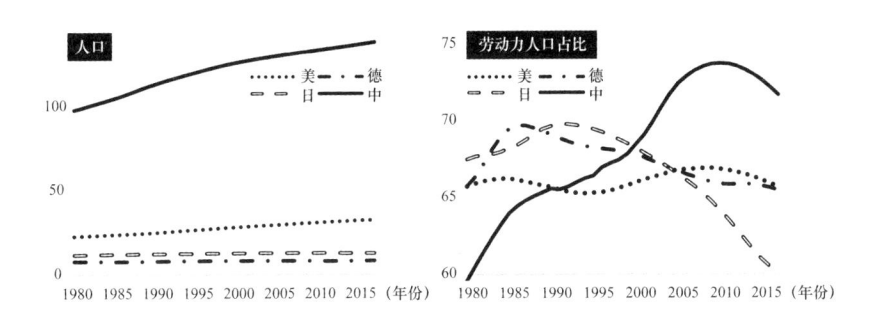

图6—4b 样本国家人口因素比较

二 培养规模与环境因素的耦合作用

在人口与经济等环境因素对博士教育产生影响的同时，博士生培养规模的发展变化也对人口结构、经济增长产生影响。比较样本国家经济规模（以GDP表示）、人口及博士人口比例的变化可以发现相似的特征，如图6—5a、图6—5b、图6—5c、图6—5d所示，几乎每一个较为显著的经济增长或人口下降的拐点，都对应着博士学历人口占比的一次阶跃，这种规律在德国尤为明显，如图6—6所示。

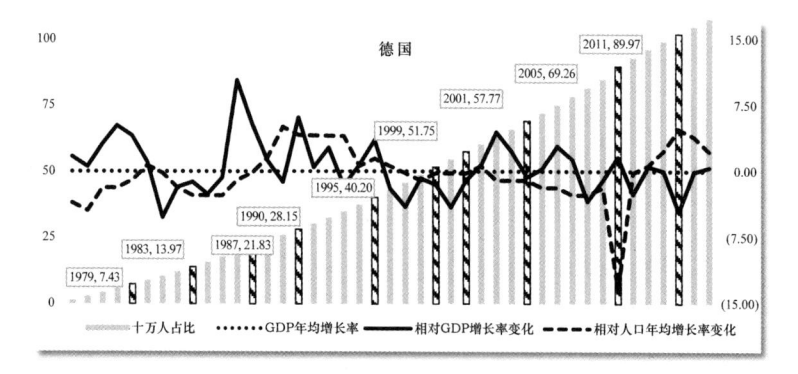

图6—5a 德国人口结构与环境要素变化

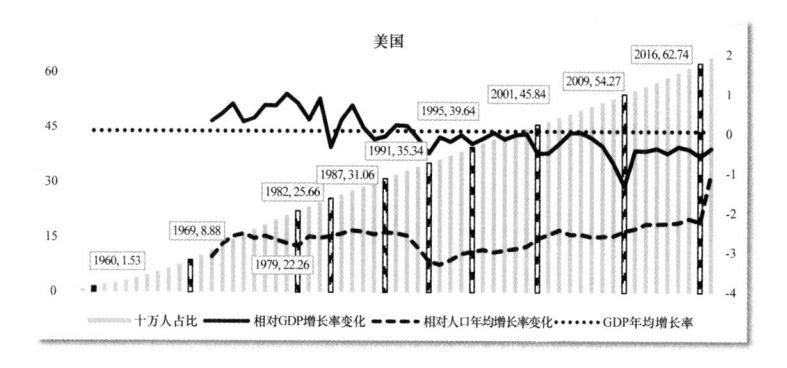

图6—5b 美国人口结构与环境要素变化

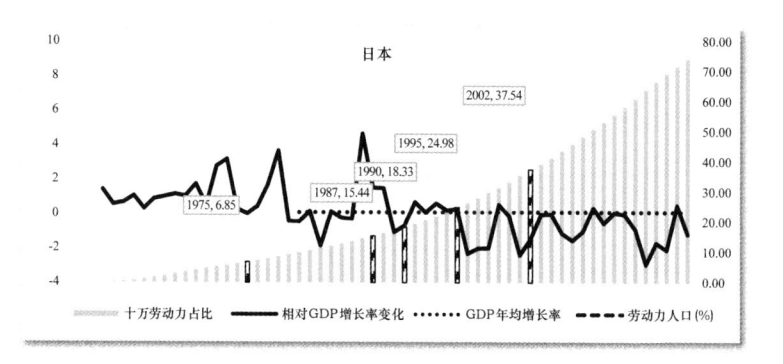

图6—5c 日本人口结构与环境要素变化

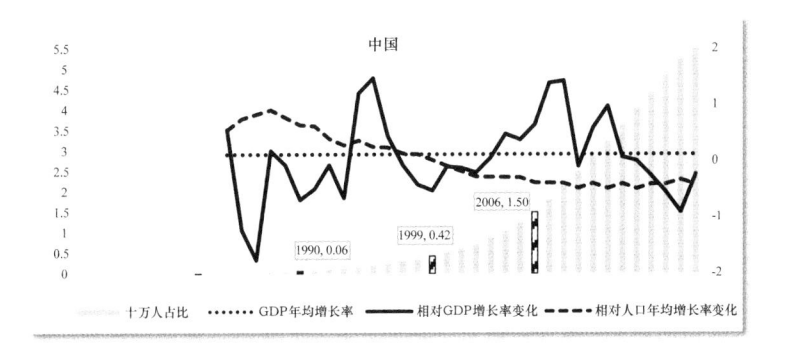

第六章　协同学视阈下博士生培养模式的结构与动因 / 191

图6—5d　中国人口结构与环境要素变化

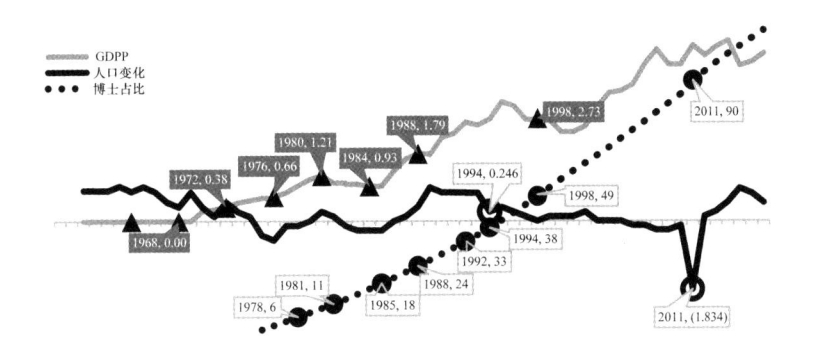

图6—6　德国人口结构与环境要素变化拐点

可见，博士生培养模式的发展变化一方面受到学校教育场域内各要素之间的协同与竞争机制的影响，另一方面受到博士生培养背景的政治、经济和社会等环境供给与控制的影响，两方面持续不断地相互作用并产生出各类富含价值的"输入—输出"，构成了一个自组织的复杂社会系统，培养模式的每一次显著变化，都是培养系统"量变"或"质变"的结果，对应着协同理论中宏观状态的"旧有序—新有序"或"无序—有序"的变迁。当然，博士生培养模式的动态机制与协同学中所有的开放系统一样，都是非平衡相变，每一种"典型模式"都需要持续稳定的外部供给来保障，而每一次模式结构的时空更替又是对外部控制所引发的临界条件的自然响应。"相变过程是由子系统之间的协同合作行为所决定"①。

在四个国家中，德国的人口规模最小、数量也最稳定，其博士人口比例也表现出最明显的指数增长，有利于研究培养系统与环境因素的相互影响，因此，以德国为样本，探寻博士生培养规模发展与经济、人口变化的耦合规律。本书 VAR 模型中（见本章第三节），德国博士生培养规模对 GDP 有显著贡献，即存在"增加博士数量可提高人力资本进而促进 GDP 增长，又通过教育再投入进一步扩大博士规模发展"的正回路。因其人口规模稳定，意味着德国博士生培养规模正比于博士人口比例，同样，经济规模 GDP 也正比于经济发展水平 GDPP（人均国内生产总值）。因此，引入 GDPP 可以宏观反映出高端人口素质提升与经济高质量发展和提高生活水平之间的相互作用关系。根据上述原则，通过观察德国的博士人口占比增长与 GDPP 拐点变化发现，每一次博士占比的跨越（5 个点）基本出现在经济由低谷向上回升的拐点附近。

比较日本和美国，也会有类似的情况。可以推断，在每个经济周期内，博士教育规模与人民生活水平有相互的促进作用，生活水平高，民众的重心转移到经济建设，相应降低了对学历教育的要求；生活水平降低时，民众对博士教育的重视和热度相应上升，并在经济拐点前后达到新高。同时，生活水平对人口增速也有抑制作用，因此，人口素质对人口增长存在负反馈作用。德国、日本的 GDPP 先后在 2011 年和 2013 年前后达到了两国的历史最高水平，同年，也出现了近 50 年中最为显著的人口负增长，与此同时，两国的博士人口占比同步达到新高，分别突破 100 和 40 的整数关口。据此分析，可以将博士生培养规模发展与环境变量的耦合关系定义为：博士学位人口占比的五倍数增长，促进经济增长速度，同时降低人口增长速度。

三　培养规模的增长模式

如图 6—7 所示，样本国家博士学位规模增长的基本行为模式包括指数增长、S 形增长和振荡。由此推断，该变量存在带延迟的正负反馈回路，且包含两个以上的独立变量，正反馈回路产生增长力，负反馈回路产生平衡

---

① 郭治安：《协同学入门》，四川人民出版社 1988 年版，第 22 页。

纠偏力，负反馈回路的延迟引发系统超调和振荡，因此，回路内必然存在着某些限制年授予量增长的资源要素以及反馈时延。同时，由于各国培养制度和环境资源间存在差异，培养规模的发展表现出不同的方式。

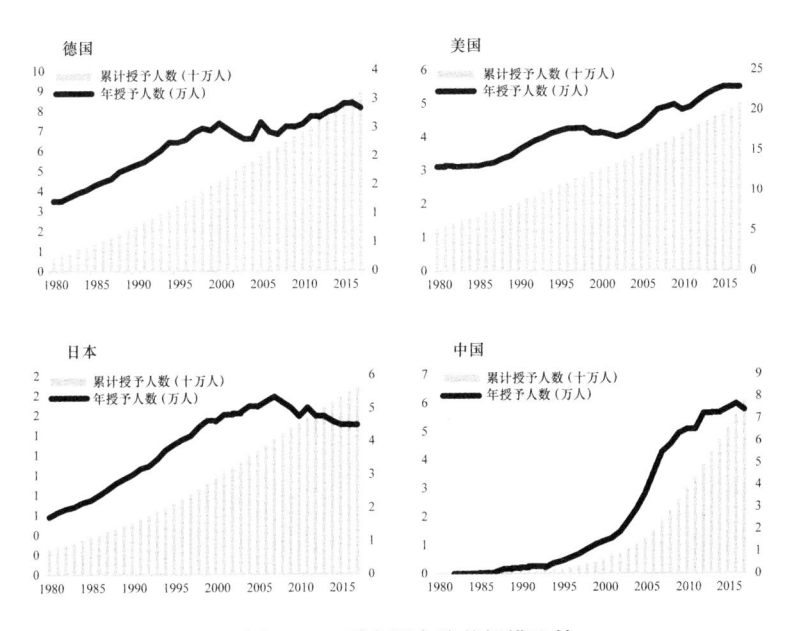

图6—7 样本国家培养规模比较

注：图中主纵轴表示博士学位"年授予人数"，次纵轴表示博士学位"累计授予人数"。

（1）美国、德国"年授予人数"出现典型的超调振荡和S形增长，表明两国已进入负反馈主导阶段，同时，该负反馈回路中的信息处理机制与规模变量增长间出现了明显的延迟，从而造成振荡。总体上，两国博士生培养系统的资源充足率仍处于较高水平，尚未到达增长的极限。相比而言，德国近20年的振荡幅度更大，说明其培养模式此前发生了调整，但由于系统延迟的存在，引发了较为剧烈的振荡。现实也正如第三章所述，近年来德国教育管理部门的确对博士生培养模式作出了许多尝试性的改变，虽然仍未形成固定的模式，但这种细微的变化足以被系统内的其他变量所感知并作出反应，并影响着系统宏观的状态变化，这也是非线性复杂系统的重要特性。

(2) 日本"年授予人数"在最近 20 年出现了超调与崩溃模式，特别是近 10 年连续的零增长甚至负增长标志着日本进入了承载力不足的负反馈主导阶段。年培养规模变化速率出现单边消退，表明其规模增长突破了当前承载力上限，资源基础与系统增长之间的矛盾持续加剧并导致培养规模大幅度下降。尽管教育主管部门已经积极行动以期尽快解决问题，但是由于回路中延迟的作用，任何调整策略都可能造成系统的不稳定从而引起振荡，这一点在日本的图形中表现明显。据此分析，需要通过调整培养模式与资源配置的关系，促使系统重新恢复到承载力之下，在此之前，日本的博士生培养规模将持续下降到更低的水平。

(3) 中国表现为较典型的带有超调的 S 形增长。2005 年以前，始终保持年均 38.2% 的超指数增长，博士学位"年授予人数"几乎每两年翻一番，直到 2007 年前后首次出现转折，增速明显放缓，此后 10 年年均增长率仅为 3%，环比增速更是由 2007 年 21% 的峰值降到零，培养规模增长停滞，标志着主导回路出现了由正转负的变化。这表明，改革开放以来中国博士生培养规模的发展超过系统资源的增长，并由此造成资源充足性下降。特别是 2008 年国际金融危机以来，增速明显放缓，系统开始面临承载压力，负反馈的主导作用逐渐增强，受此影响，培养规模进入下行调整期，系统中也出现了小幅振荡。以动力学的方式来看，说明中国博士教育正面临着新的转折，系统内部要素间的竞争越发激烈，主管部门任何细微的决策变化都将对培养规模造成一定的影响，并经过有延迟非线性的复杂反馈作用呈现出振荡增长或衰退。从协同学角度分析，当前培养系统与外部环境之间正在努力寻求一种新的均衡，必然出现周期性的起伏振荡，以驱动系统从原有均衡向新的均衡跃升，教育改革迫在眉睫。

四 师资制度的作用力

"导师制度"作为博士生培养模式的关键环节备受重视。比较研究表明，各国甚至各培养单位都制定了严格的博士生导师遴选制度，虽然导师标准存在差异，但是通常要求由教授或副教授担任；此外，导生关系是影响培养绩效的重要因素，而导师的职称结构对其并无显著影响。因此，在后续研究中以教授人数代表"导师"，以"教师"代表师资总量。

显然，教授是源于"教师"并包含其中，其规模变化直接受到教师招聘以及晋升速率的显著影响，而教师的增长通常遵循"以存量定增量"的原则。典型国家博士生培养模式的研究表明，大学始终是博士毕业生最主要的就业领域，当教师增长制度与博士规模扩张之间失衡，则必然增加博士生的就业压力，从而影响潜在适龄人口的入学意愿和就读信心，并对培养规模的发展产生负向作用。因此，本书提出"学位师资比"概念，即：年授予人数与教师数量相比（学位师资比＝年授予人数/教师数量×100），表示单位人力资本投入所对应的博士学位产出量，是反映师资投入水平及其绩效的量化指标。该比值越大，说明师资绩效越高、教师资源相对紧缺；比值越小，意味着师资投入多、绩效低，体现了"以效率定投入"的资源配置原则，旨在通过对"教师"增长速度的合理控制提高系统的人力资源效率。

历史上师资与培养规模变化如图 6—8 所示，横轴为时间 1980—2015 年，主纵轴为教师数量、博士学位年授予人数及学位师资比，次纵轴为学位师资比波动指数（均值波动），该指数代表年度学位师资比相对历史均值的变化幅度，即：波动指数＝（学位师资比－学位师资比均值）/学位师资比均值。

德国的学位师资比从 1994 年的 15∶1 降至 2017 年的 10∶1，其中位数 12.5∶1 与均值 12.6∶1 非常接近。德国的师资绩效在样本中最高，同时，其学位师资比的下降速度最快，年均下降 2%，尤其近 10 年的累计降幅高达 25%。据此分析，在单一导师制度下，对高师资绩效的追求与日益增长的培养规模发展需求间存在矛盾并不断加剧，由此导致培养系统的资源承载力下降，当前的模式不可持续。为此，需要调整师资制度以提高系统承载力，适应培养规模的发展。德国的师资规模在 2005—2015 年连续 10 年增长，自 2010 年起学位师资比开始稳定在 10∶1，同时，师资规模与培养规模的增长趋势已非常相近。可见，德国的师资规模已作出适应博士生培养规模发展的调整。

近半个世纪以来（1970—2017 年），美国的学位师资比基本保持 7∶1。虽然整体呈振荡下行趋势，但年均下降低于 0.4%，该比值由峰值 8.7∶1（1972 年）缓慢下调至 7∶1（2000 年），并自 2000 年起基本稳定在 6.7∶1。进一步研究表明，美国教师数量整体为指数增长，而学位师资比表现出寻的衰减，两条曲线在 2001 年相交后增长方式发生改变，教师数量出现近似线性增长，而学位师资比则开始进入向目标收敛的阻尼振荡，同时，年培养规模与师资增长趋势非常接近。由此可见，美国博士教育的师资制度有利于系统均衡，教师数量年均1.7%的增长速度与其博士生培养规模的发展相适应。

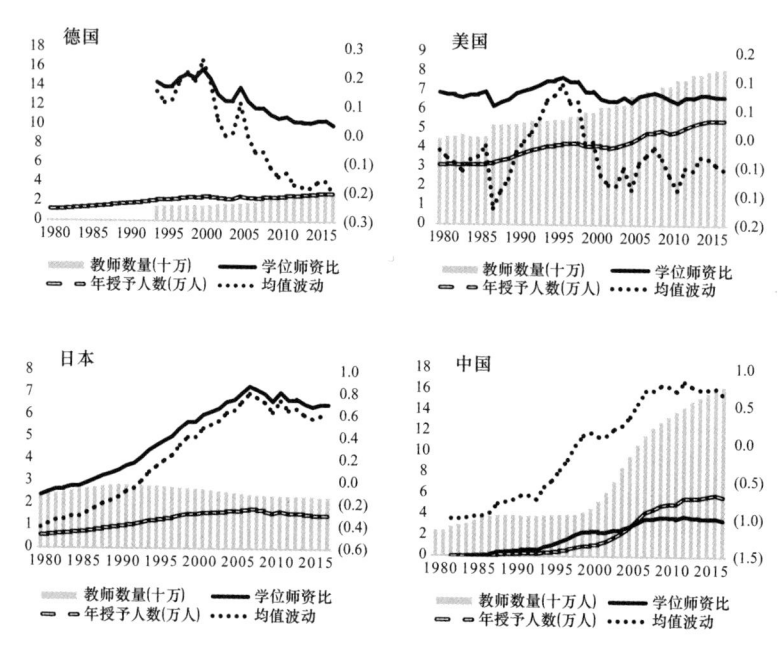

图6—8 样本国家师资变化

日本是样本中唯一出现师资零增长甚至负增长的国家，年均下降1‰，表明日本的师资投入与培养规模已趋于均衡发展态势。1990年以前，日本的师资规模年均增长1.6%，此后以每年1%的速度持续下降，到2017年师资规模只有1990年的80%，并趋于稳定。与之相反，日本的学位师资比始终处于上升态势，1962年至2017年间从1∶1提高到6.5∶1，年均增长4%，历史均值4∶1。研究表明，日本的师资绩效水平经过持续调整和改善已经非常接近于美国。

中国的师资变化与培养规模相似，同样表现为带超调的S形增长，年均增长5.2%，总体规模为博士学位"累计授予人数"的两倍，目前是样本中师资人数最多的国家，几乎比美国多1倍、比德国多5倍、比日本多6倍。经过30多年的发展，中国的学位师资比从0.03∶1提高到3.5∶1，但历史平均学位师资比2∶1仍明显高于其他样本，说明中国的博士生培养模式仍需制度化改革。针对导师制度，应着力调动教师积极性、提高指导绩效，使之与博士生培养规模的发展相适应，避免资源空耗。同时，亟须拓宽博士毕业后的就业渠道，避免过度集中于高校，造成社会高端人才资源短缺而高校人才浪费的问题。

五　人口变化的力量

人口是人口学的基本概念，分广义概念和狭义概念，本书"人口"表示一个国家的人口总和，即狭义的人口，对应着统计意义上的人口数量。通常，人口增长方式是指数增长，人口增长率代表其单位增加值，以"人"为单位，表达式为：

人口增长率 = 出生人口 – 死亡人口　　　　　　　　式（6—1）

如式（6—1）所示，人口及其增长是异常复杂的问题，包含了社会、经济、自然环境等因素。系统动力学最为著名的"世界模型"正是以"人口"状态变量为核心，通过研究人口增长率变化的影响因子及相互作用的方式，将人口、工业、农业、自然资源、环境和污染等关联在一起研究世界体系变革的动力，发现了由人口增长推动工业化进程，又因该进程引发的资源、粮食及污染问题反而成为限制人口增长的潜在危机的反馈机制，并提出了著名的"增长的极限"。可见，一切社会经济活动的主体是人，历史的发展就是人口世代更替的过程。博士教育作为社会经济活动中的一项内容，其发展变化也必然与"人口"状态的变化存在某种连接方式及相互作用，因此，"人口"的影响应纳入博士生培养模式研究的范畴中，并设法厘清博士生培养规模的发展动态与"人口"状态变化之间的行为模式。考虑到"人口"增长率的复杂性无益于深入理解与博士生培养相关的变化规律，且这些复杂的影响因素大多也与研究内容大相径庭，因此，引入"年均增长率"（亦称"复合增长率"），这是统计学常用于人口预测的速度概念，单位"%"，数学方程为：

$$m = \sqrt[n]{\frac{B}{A}} - 1 \qquad 式（6—2）$$

式中，m 表示人口的"年均增长率"，A 为首年人口值，B 为末年人口值，n 为首末年数差减基期（基期 = 1）。

以"人口"的历史数据为基础，由式（6—2）可计算出每个样本国家的人口年均增长率，并以此作为"正常"条件下人口数量的年均增长速度，即"标准增长率"，代表当系统处于标准水平（未开展博士生培养活动）时每年的人口增速，"人口"与标准增长率的乘积即为基本"人口增长率"。若将博士生培养看作生产活动，博士生即为"劳动对象"，则需要"人"，尤其是劳动力代表的适龄人口的稳定供给，"生产"方可持续。可见，人口增长与其结构变化将对博士生培养产生深远影响。因此，以博士生培养规模增长与人口增长变化的关系为研究目标，以"受博士生培养规模影响的人口增长率"作为修改基本"人口增长率"的乘数，连乘积代表受博士生培养规模影响的人口数量，该乘数变量建立起博士生与人口的耦合关系。

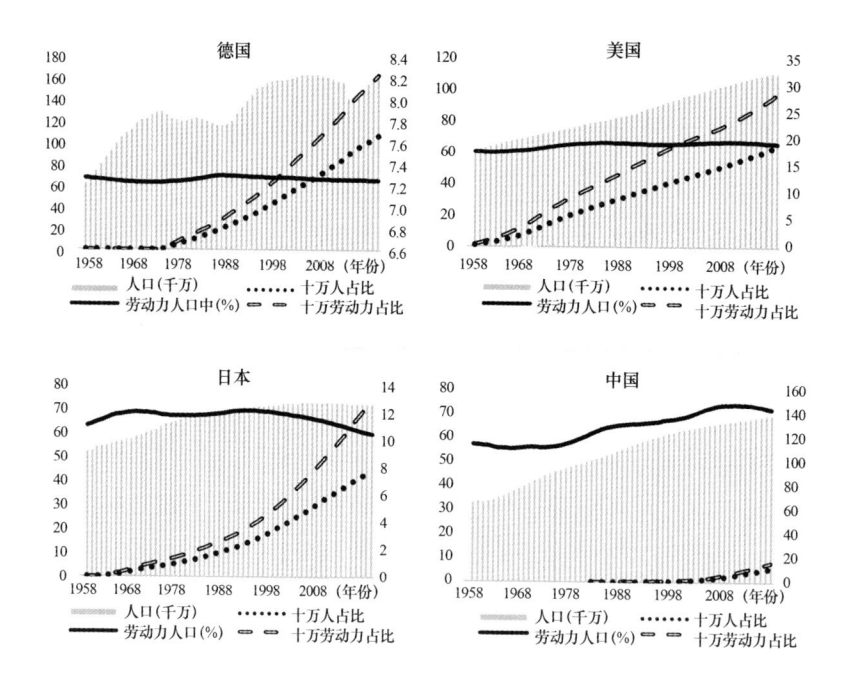

图 6—9　样本国家人口结构质量比较

注：横轴为时间，主纵轴代表劳动力人口比例、博士学位在十万人口及十万劳动力人口的比例，次纵轴代表人口总数。

统计分析表明，德国人口长期稳定在 8000 万，年均增长率保持为 1‰，未出现指数增长的行为模式；美国人口表现出较明显的指数增长，年均增长率长期保持在 9.6‰；日本、中国的人口规模整体呈现收敛型增长，年均增长率在各统计区间出现依次下降的变化。

那么，在过去半个多世纪，随着人口规模的变化，各国人口结构又呈现何种动态行为呢？本书以博士学位"十万人占比"及其"十万劳动力占比"分别代表与博士生培养模式相关的人口结构指标，并以"十年"为一个统计区间，比较各国人口结构周期变化的特点。如图 6—10 所示，横轴代表 1960—2017 年间的每一个"十年"（其中，"2010s"表示 2010—2017 年"八年"）；主纵轴代表人口学意义上的人口增长率与劳动力人口增长率，即"十年"中的每年人口净增加值之和；次纵轴代表每"十年"中"人口"年均增长率（‰），以及该区间合计授予学位数占"累计授予人数"的比例（即"当期培养规模贡献率"）和年均培养规模增长率（%），标签数字代表该区间末所达到的博士学位"十万人占比"。

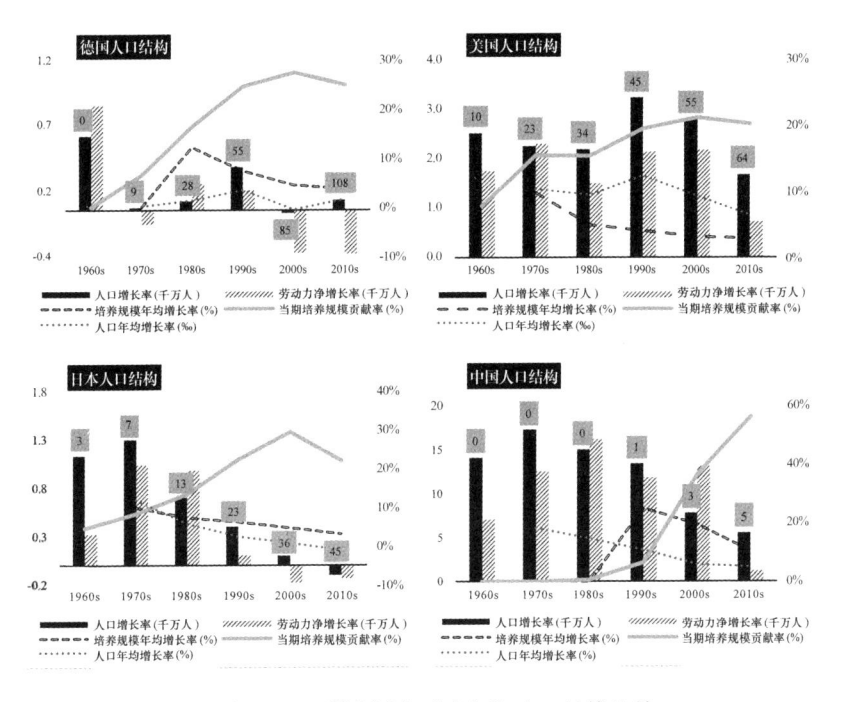

图 6—10 样本国家"十年"人口结构比较

显然，各国历史数据的起始时间各不相同，因此，将各项指标的时间轴统一为 1980—2017 年（中国与博士生数量相关的统计起始于 1985 年），从而可在一个时空中进行比较研究。历史数据的统计分析表明：

（1）德国博士学位的人口占比呈指数增长。1980 年至今，德国人口年均增长率仅 1.5‰，劳动力人口年均下降 1.7‰，人口总数连续 40 年稳定在 8000 万。由于博士生培养规模的持续增长，德国接受博士教育并取得学位的人数在总人口及劳动力人口中的比例不断上升，2017 年每 10 万人有博士学位 108 人，比 1980 年的 9 人提高了 11 倍，同时，每 10 万劳动力有博士学位也从 1980 年的 13 人猛增到 2017 年 180 人，增幅高达 13 倍。据此分析，人口结构质量的提升对于人口增长存在有延迟的负向作用。

（2）美国博士学位的人口占比呈线性增长。1980—2017 年，美国人口及劳动力人口的年均增长率均为 9.6‰，每 10 万人拥有博士学位由 23 人增至 64 人，每 10 万劳动力拥有博士学位由 35 人增至 98 人，博士学位"十万人占比"及"十万劳动力占比"近 40 年增长近两倍，二者的年均增长率均为 2.8%，倍增期约 25 年，长期保持同步增长。

（3）日本博士学位的人口占比呈指数增长。与德国相似，日本的人口规模也长期保持稳定，从 1980 年至今人口年均增长 2.2‰，略高于德国，总量基本控制在 1.3 亿，劳动力人口年均增长 2.1‰，与人口增速基本持平。到 2017 年，日本每 10 万人有博士学位 45 人、每 10 万劳动力有博士学位 68 人，与 1980 年相比，二者都实现了约 6 倍的增长。但是，日本博士生培养规模的增速却逐年下滑，由 20 世纪 80 年代年均增长 7% 降至近 10 年 3% 左右。在此期间，日本人口和劳动力双双减少，其中，劳动力人口在 1990 年一度到达峰值（接近总人口 70%）并保持 10 年，之后开始大幅减少，成为样本中唯一在近 10 年人口、劳动力与博士生培养规模同时下降的国家。日本人口与博士生培养规模的"十年"年均增长率始终呈下降趋势，且前者下降更快，几乎每 10 年增速下降一半，表现出负反馈回路主导的衰退变化，据此分析人口资源的衰退是影响其培养规模增长的因素之一。

（4）中国博士学位的人口占比同样呈现指数增长。1982 年中国授予了第一批、共 13 个博士学位，此后，累计授予人数以年均 27% 的速度超指数增长。在博士教育高速发展的同时，中国也始终保持着全球第一人口大国的地位，总人口以年均增长 9.4‰ 的速度由 1980 年 9.8 亿扩大到 2017 年约 14 亿；劳动力更是以接近年均 15‰ 的速度增加，所占总人口的比例从 1980 年不到 60% 上升到 2017 年接近 72%，目前，是样本中劳动力占比最高的国家。与 1985 年相比，每 10 万人拥有博士学位从零增至 5.4 人，每 10 万劳动力有博士学位发展到接近 8 人，二者的年均增长率基本一致，达到 15%，几乎每五年增长一倍的人数，说明中国的人口结构质量正在加速改善。近 20 年，中国人口和劳动力的增长势头明显减弱，人口年均增长率从 20 世纪 80 年代 15‰ 连续下降到 5‰，更为严峻的是，中国劳动力人口结束了过去 30 多年平均年增长 1500 万人的发展速度，近 10 年平均年增长仅 300 万人，与此同时，博士生培养规模的增长速度也只有 20 年前的一半，出现了明显的消退迹象。

六 经济周期的作用

作为学历教育的顶端，博士教育具有非常明显的精英化属性，是各国最为重要的高端人才储备途径，培养过程伴随着严格的科研训练以及高标准的创新要求，与其他教育层次相比，博士生培养无疑是"成本"最高的，因此，需要充足的经费、先进的设备等物质资本，以及更高标准的师资队伍等人力资本支撑。

20 世纪末，全球进入知识经济时代，对知识的依赖程度空前提高，知识生产的场所和从业者呈现出"社会弥散"和"异质性"特征，知识资本的重要性受到广泛关注，经济增长方式已然发生了改变，长久以来的投资驱动逐步被"知识人才"所取代，知识生产和创新已成为未来经济增长的主要驱动力。受此影响，世界各国更加重视以博士生为代表的高端知识人才的培养和竞争，博士教育与经济发展之间的联系也随之越发紧密。因此，本书引入宏观经济概念，以 GDP 代表经济规模，GDPP 代表经济发展水平，HERD（高等教育研发投入）代表博士教育的投资规模，博士学位"年授予人数"代表知识资本的增长速度，博士学位"十万人口占比"表示单位知识资本水平，根据样本国家相关经济数据研究经济周期与博士生培养规模发展的关系。样本国家经济与知识资本的历史变化如图 6—11 所示，横轴为时间（1958—2017 年），主纵轴代表博士学位在十万人口的比例、博士学位年授予人数以及 GDPP，次纵轴代表 GDP。

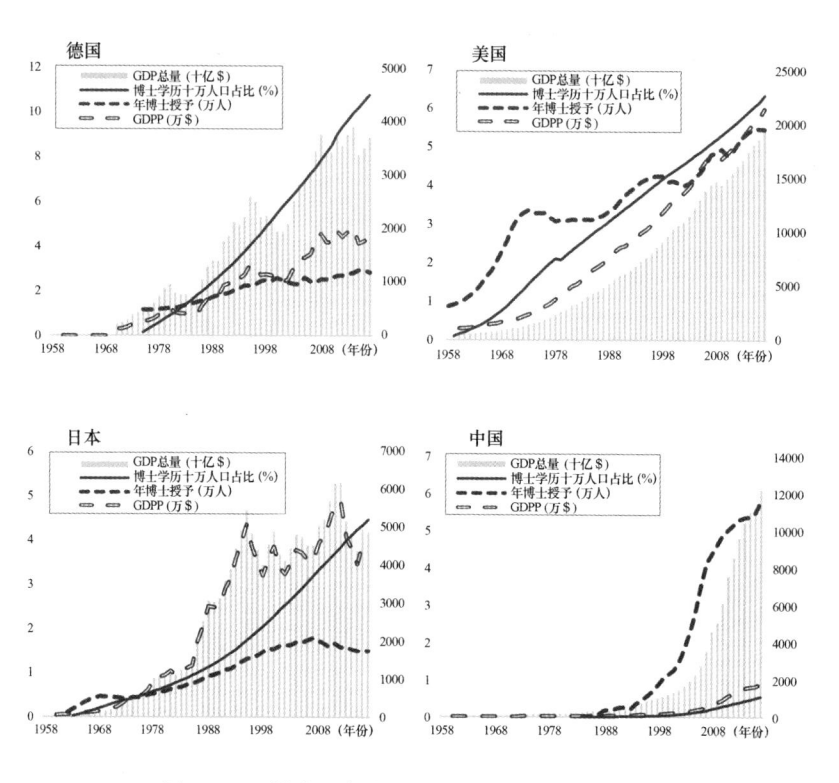

图 6—11　样本国家培养规模—人口结构—经济比较

德国博士生培养规模的变化在四个样本国家中最为平稳，2000 年以前其经济发展水平基本围绕培养规模稳步增长并逐渐超越，特别是在最近 20 年，德国经济增长的后发优势日益凸显并保持领先。近半个世纪以来，美国始终保持世界第一大经济强国的优势地位，同时，其博士生的培养规模也领先全球，并成为世界各国效仿和学习的标杆。2000 年之前，美国的培养规模增速始终高于经济发展水平，直到 2001 年左右，经济水平与培养规模变化曲线基本重合，并在 2017 年反超。与德国相似，1980 年以前，日本的经济发展水平也是围绕博士生培养规模的增长曲线同步增长，但此后日本的经济水平和培养规模都呈现出更快的指数增长特征，尤其是从 1985 年开始，经济发展水平的超指数增长将领先优势进一步扩大，时至今日，日本的经济增长水平显著高于博士生培养规模的增长。与上述三个发达国家不同，中国的培养规模与经济规模（GDP）发展的一致性较高，而庞大的人口基数则导致经济水平远低于博士生培养规模的发展，但可以看出，中国的经济水平也呈现出指数增长的态势，与博士生培养规模增长速度的差距也在逐步缩小。可见，博士生培养规模与经济发展有相互的作用力。

通过图6—11的对比分析可以看出，美国是样本国家中经济发展与博士生教育协同发展最好的国家，博士生培养促进了经济增长，同时，强大的经济基础又为博士生培养规模提供更好的环境承载力以及更充足的资源。与美国相似，德国的经济增长与博士生培养规模也相对同步，特别是博士学历人口占比与经济总量的发展趋势有较为显著的一致性，同时，德国整体呈现了较明显的15年的经济增长周期，并且每个经济周期又分别对应着一次经济转型，期间虽然也出现了短暂下滑，但时间通常只有2—3年，究其原因，与德国注重科教的国家理念密不可分。可见，德国的博士生教育是其经济发展的动力之一，良好的人口结构质量积累为经济发展提供了充足的后劲。日本是经济领先于博士生培养规模的样本，而日本的经济腾飞期也恰恰与其博士生教育高速发展息息相关。与日本不同，中国的博士生培养规模增速领先于经济增长5年左右，这也基本与中国博士生的培养周期相吻合。综上可见，博士生培养与经济发展之间必然存在着相互的作用力，也正是基于这些交互行为的耦合关系，打破了经济发展的平衡，并使其出现了或增长、或衰退的奇妙变化。

第三节　基于 VAR 模型的博士生培养规模增长动因分析

基于协同学理论，我们已在上节中分析了推动博士生培养模式演化的潜在因素。同时，也反映出培养系统的核心要素包含了学生、教师、适龄人口等人群；系统环境因素主要来自"投资"相关的社会部门，并集中在政策、资金和人的"输入"；系统相变的目标方向是"博士"人数的增长，即培养规模的增长。因此，本节提出一个博士生培养的互动影响因素模型，即：一个将学生规模、师资投入、制度保障、社会经济与人口素质相互关联的影响因素模型。利用该模型分别对四个样本国家进行识别与探讨，并从更深的层次上掌握博士生规模增长的关键动因。

一 向量自回归（VAR模型）

1970年后期，计量经济学家Sims对传统大型联立方程模型（SEM）提出批评。SEM在预测和政策分析方面失效，Sims对SEM模型中所施加识别的合理性提出质疑，认为在SEM模型中外生变量的假定是人为划分的，不一定符合经济运行的实际，施加的某些结构限制也是人为的，即没有确定的理论基础，也没有经过适当的统计检验。

Sims提出以向量自回归（Vector Autoregression，VAR）来代替当时流行的SEM模型进行宏观经济分析。VAR模型不区分内、外生变量，具有易于估计、拟合程度高、灵活性和实用性高，适合描述小变量集合的特点[1]，并且大多数宏观变量是具有一个单位根的非平稳一阶单整I（1）变量，多个非平稳变量因为协整关系其自身的随机成分通过线性组合相互抵消，使得VAR模型不仅能够反映数据生成过程，还能使各变量的实际意义得以解释。

一组n个方程的VAR可以表示为式（6—3），其中每一个方程都包含系统中所有n个变量的p个滞后项。其中A_{io}代表截距项的系数，$A_{ij}(L)$代表滞后算子L的多项式[2]。

$$\begin{bmatrix} x_{1t} \\ x_{2t} \\ \cdots \\ x_{nt} \end{bmatrix} = \begin{bmatrix} A_{10} \\ A_{20} \\ \cdots \\ A_{n0} \end{bmatrix} + \begin{bmatrix} A_{11}(L) & A_{12}(L) & \cdots & A_{1n}(L) \\ A_{21}(L) & A_{22}(L) & \cdots & A_{2n}(L) \\ & & \cdots & \\ A_{n1}(L) & A_{n2}(L) & \cdots & A_{nn}(L) \end{bmatrix} \begin{bmatrix} x_{1t-1} \\ x_{2t-1} \\ \cdots \\ x_{nt-1} \end{bmatrix} + \begin{bmatrix} \delta_{1t} \\ \delta_{2t} \\ \cdots \\ \delta_{nt} \end{bmatrix}$$

式（6—3）

在上述方程组中，只要方程中存在可识别的解释变量，OLS估计就是一致估计且渐进有效的。但是一个VAR是过度参数化的，即有过多的

---

[1] 张延群：《向量自回归（VAR）模型中的识别问题——分析框架和文献综述》，《数理统计与管理》2012年第5卷第31期，第805—812页。

[2] ENDERS W：《应用计量经济学——时间序列分析》，杜江、谢志超译，机械工业出版社2017年版，第217—235页。

参数值，而这些参数估计中有许多都是不显著的。但这不影响本章的目的，即在变量中寻找重要的相关关系。

二 变量选取

为了深入探索各国博士生培养规模变动的原因，了解影响博士生培养规模的内在机理和外在环境因素，发现博士生培养系统与外界各系统之间的互动联结，从师资、制度保障、社会经济与人口各方面对博士生培养的影响进行探索，构建影响因素体系如表6—2所示。

表6—2　　　　　博士生培养规模影响因素指标体系

影响因素	名称	衡量方式	预期影响方向
培养规模	毕业博士规模	授予博士学位人数（/年）	+
师资	博士生导师规模	教授总数（/年）	+
制度保障	资金保障	博士生生均经费（/年）	+
	学业制度	博士生平均修业年限	−
社会经济	国家经济水平	国内生产总值（GDP）	+
	个人经济水平	人均国内生产总值（GDPP）	+
人口	人口总数	全国人口总数	+

三　影响德国博士培养规模增长因素的实证分析

（一）VAR模型建立的思路

理论上，在VAR模型中可包含大量的变量。但在实践过程中，自由度会随着变量的不断增加而被削弱。一般地，在设定模型之前，应根据理论来确定哪些变量相互关联从而对模型进行设定。理论上毕业博士规模与博士生导师规模、资金保障、学业制度、国家经济水平、个人经济水平以及人口总数相关，如果将以上变量全部纳入VAR系统之中，系统会极其不稳定，其统计结果也将不具有解释意义。因此，建立VAR模型要确定模型的滞后期并对模型的稳定性进行检验。限于篇幅，基于德国博士生培养特点和发展规律，通过对相关变量的逐次筛选，构建了关于德国年授予博士学位人数、教授总数（即博士生导师规模）、国内生产总值（GDP）和博士生生均经费的四变量

VAR 模型。其中,y_{1t} 代表德国授予博士学位第 t 年的人数,te_{1t} 代表德国第 t 年的教授总数,gdp_{1t} 代表德国第 t 年的 GDP,$cost_{1t}$ 代表德国第 t 年的博士生生均经费。通过 AR 特征多项式根来检验该模型的稳定性,利用格兰杰因果检验各变量之间的因果关系,最后通过脉冲响应函数以及方差分解来检验该模型的稳定性。

(二)VAR 模型的建立与估计

1. 德国 VAR 模型滞后阶数的选择

对 VAR 模型进行估计之前,首先要决定动态模型的滞后阶数,当选择滞后阶数 p 时,协整秩 r 未知。一般会预先设定最大滞后阶数 p_{max},随后进行序贯检验①以决定最优的模型阶数。对顺序对 $H0:A_{p_{max}}=0$,$H1:A_{p_{max}-1}=0$ 等零假设进行检验,直至检验被拒绝。一般来说必须至少包括一年的滞后值,如季度数据滞后阶数一般设置为 4,月度数据滞后阶数一般设置为 12。利用信息准则判断动态模型的滞后阶数,将最大滞后阶数设置为四阶。

表6—3a   VAR 模型滞后期选择(德国)

Lag	LL	LR	AIC	HQIC	SBIC
0	141.551		-8.09124	-8.03001	-7.91167
1	485.917	688.73	-27.4069	-27.1007	-26.509
2	550.148	128.46	-30.244	-29.6929	-28.6279
3	581.826	63.356	-31.1663	-30.3701*	-28.8318*
4	600.619	37.585*	-31.3305*	-30.2894	-28.2778

注:*表示最优滞后阶数。

表6—3a 给出了赤池信息准则(AIC)、汉南—奎因信息准则(HQIC)以及贝叶斯信息准则(SBIC),这几种准则都是选择一个 $\hat{p}$ 使得 AIC、HQIC 以及 SBIC 最小。一般认为,在小样本数据中,$\hat{p}_{AIC}$,$\hat{p}_{HQIC}$,

---

① 序贯检验:按照某一个精度或可靠度给出一个停止规则,不事先规定总的检验个数,根据检验结果,再决定停止抽样或继续抽样。

$\hat{p}_{SBIC}$ 都是真实滞后阶数 p 的一致估计；但在大样本数据中，$\hat{p}_{AIC}$ 可能高估真实滞后阶数 p。

AIC 容易高估滞后阶数，而 HQIC 以及 SBIC 提供了对真实滞后阶数的一致估计。根据 HQIC 和 SBIC 最小原则，德国博士生培养 VAR 模型的最佳滞后期为3，因此可将 VAR（3）模型设为：

$$Z_{1t} = \varphi_1 Z_{1(t-1)} + \varphi_2 Z_{1(t-2)} + \varphi_3 Z_{1(t-3)} + \delta_i$$

其中：$Z_{1t} = (\ln y_{1t}, \ln te_{1t}, \ln gdp_{1t}, \ln cost_{1t})^T$；$\varphi_1 = (n_{ij})_{4\times 4}$；$\varphi_2 = (\theta_{ij})_{4\times 4}$；$\varphi_3 = (\eta_{ij})_{4\times 4}$；$\delta_i = (\delta_{1t}, \delta_{2t}, \delta_{3t}, \delta_{4t})^T$

2. 德国模型的估计及稳定性检验

使用 Stata15 进行 VAR 回归，对模型进行估计，对系数不显著的变量加以约束，结果如下：

$$\begin{bmatrix} \ln y_{1t} \\ \ln te_{1t} \\ \ln gdp_{1t} \\ \ln cost_{1t} \end{bmatrix} = \begin{bmatrix} 0.74 & -0.34 & 0.42 & -0.04 \\ 0.02 & 1.83 & -0.01 & 0.01 \\ 0.01 & -0.37 & 1.55 & 0.07 \\ 0.98 & -0.67 & 0.57 & 1.28 \end{bmatrix} \begin{bmatrix} \ln y_{1(t-1)} \\ \ln te_{1(t-1)} \\ \ln gdp_{1t(t-1)} \\ \ln cost_{1t(t-1)} \end{bmatrix} +$$

$$\begin{bmatrix} 0 & 0 & -1.91 & -0.16 \\ -0.02 & -0.86 & 0 & 0 \\ -0.68 & 0.45 & -0.72 & -0.06 \\ -1.13 & 0 & -0.26 & -0.38 \end{bmatrix} \begin{bmatrix} \ln y_{1(t-2)} \\ \ln te_{1(t-2)} \\ \ln gdp_{1t(t-2)} \\ \ln cost_{1t(t-2)} \end{bmatrix} +$$

$$\begin{bmatrix} 0 & 0 & 0 & 0 \\ 0 & 0.38 & 0 & 0 \\ 0.81 & 0 & -0.55 & 0 \\ 2.15 & 2.44 & -0.54 & 0.44 \end{bmatrix} \begin{bmatrix} \ln y_{1(t-3)} \\ \ln te_{1(t-3)} \\ \ln gdp_{1t(t-3)} \\ \ln cost_{1t(t-3)} \end{bmatrix} + \begin{bmatrix} \delta_{1t} \\ \delta_{2t} \\ \delta_{3t} \\ \delta_{4t} \end{bmatrix}$$

对于 VAR 模型，其系数估计无较大意义，在此不进行过多讨论。VAR 模型是否稳定对模型的预测准确性十分重要。利用 AR 特征多项式根检验判断模型的稳定性，图 6-12 显示模型所有的特征值都位于单位圆内，满足 VAR（3）模型的平稳性要求，说明模型稳定，其结果具有可靠性。

表6-3b　　　　　　　VAR 模型稳定性结果（德国）

根	模	根	模
0.917 + 0.328i	0.974	0.698	0.698
0.917 - 0.328i	0.974	0.441 + 0.352i	0.564
0.973	0.973	0.441 - 0.352i	0.564
0.955	0.955	-0.022 + 0.483i	0.483
0.526 + 0.476i	0.709	-0.022 - 0.483i	0.483

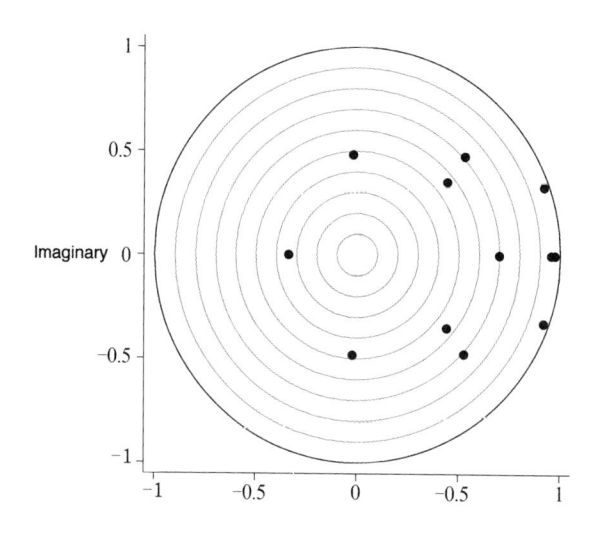

图 6—12　VAR 模型稳定性检验图（德国）

(三) 格兰杰因果检验

格兰杰因果分析是由格兰杰（Granger）在 1969 年提出的一种因果概念。如果变量 x_t 有助于增进对时间序列变量 y_t 的预测，那么可以认为 x_t 就成为 y_t 的格兰杰原因；同理，如果时间序列变量 y_t 有助于增进对 x_t 的预测，那么可以认为 y_t 是 x_t 的格兰杰原因。因此格兰杰因果关系方向可分为单向、双向和无因果关系。VAR 模型进行格兰杰因果检验时使用的是 F 统计量，这种方法常常更接近检验的理想状态。格兰杰因果检验如表 6—4 所示。

表6—4　　　　　　　　格兰杰因果检验结果（德国）

被解释变量	检验变量	F值	P>F	是否有因果关系
Lny_1	$Lnte_1$	3.395	0.0359	是
Lny_1	$Lngdp_1$	1.105	0.3681	否
Lny_1	$Lncost_1$	1.719	0.1922	否
$Lnte_1$	Lny_1	0.186	0.9050	否
$Lnte_1$	$Lngdp_1$	0.783	0.5160	否
$Lnte_1$	$Lncost_1$	0.413	0.7453	否
$Lngdp_1$	Lny_1	3.422	0.0350	是
$Lngdp_1$	$Lnte_1$	0.564	0.6443	否
$Lngdp_1$	$Lncost_1$	3.115	0.0469	是
$Lncost_1$	Lny_1	26.164	0.0000	是
$Lncost_1$	$Lnte_1$	0.901	0.4564	否
$Lncost_1$	$Lngdp_1$	9.805	0.0003	是

通过格兰杰检验确定变量间因果关系，格兰杰检验原假设为"X不是Y的格兰杰原因"，若检验统计量拒绝原假设，则认为X是Y的原因，同理，若Y也是X的原因，则认为Y与X之间存在互动因果关系；反之，两者存在单向因果关系。在 $\ln y_{1t}$ 作为被解释变量的方程中，根据各解释变量的F统计量和相应的P值，只有 $\ln te_{1t}$ 作为解释变量时，其F统计量才通过5%的显著性检验，即只有 $\ln te_{1t}$ 能够作为 $\ln y_{1t}$ 的格兰杰原因。在 $\ln te_{1t}$ 作为被解释变量的方程中，根据各解释变量的F统计量和相应的P值，各变量对应的P值显著大于0.05，不能拒绝原假设，$\ln y_{1t}$、$lngdp_{1t}$ 以及 $lncost_{1t}$ 均不是 $\ln te_{1t}$ 的格兰杰原因，由此也可以得到 $\ln te_{1t}$ 与 $\ln y_{1t}$ 之间存在单向因果关系，且 $\ln te_{1t}$ 是 $\ln y_{1t}$ 的格兰杰原因。在 $lngdp_{1t}$ 作为解释变量的方程中，除 $\ln te_{1t}$ 作为解释变量未通过显著性检验外，其余变量 $\ln y_{1t}$ 以及 $lncost_{1t}$ 均通过检验，说明 $\ln y_{1t}$、$lncost_{1t}$ 是 $lngdp_{1t}$ 的格兰杰原因，同时也说明了 $\ln te_{1t}$ 与 $lngdp_{1t}$ 之间不存在因果关系，$\ln y_{1t}$ 与 $lngdp_{1t}$ 之间存在单向因果关系。在 $lncost_{1t}$ 作为解释变量的方程中，除 $\ln te_{1t}$ 作为解释变量未通过显著性检验外，其余变量 $\ln y_{1t}$ 以及 $lngdp_{1t}$ 均通过检验，说明 $\ln y_{1t}$、$lngdp_{1t}$ 是 $lncost_{1t}$ 的格兰杰原因，同时也说明了 $\ln te_{1t}$ 与

$lncost_{1t}$ 之间不存在因果关系，$ln\ y_{1t}$ 与 $lncost_{1t}$ 之间存在单向因果关系，$lncost_{1t}$ 与 $lngdp_{1t}$ 之间存在双向因果关系。上述变量间的因果关系如图6—13所示。

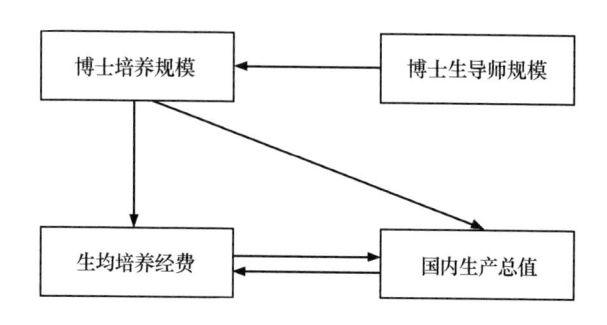

图6—13　格兰杰因果关系图（德国）

图6—13展示了在德国博士生培养系统中，博士生培养规模是生均培养经费的原因，这与实际情况相符。博士生导师规模是博士生培养规模的格兰杰原因，这说明在德国导师数量限制博士生数量，与德国"学徒制"培养模式相符。生均培养经费和博士培养规模是国内生产总值的格兰杰原因，可以将博士生培养看作一种人力资本，而生均培养经费看作对提高人力资本投入的实际资本，这两种资本的回报率将影响国内生产总值，说明德国博士生人力资本对国内生产总值的贡献更大。

（四）脉冲响应分析及方差分解分析

1. 脉冲响应分析

对于VAR模型而言，其估计结果的具体数值并不是最重要的，通过脉冲响应和方差分析判断模型整体的动态特征才是最为重要的。脉冲响应是为了研究在一个动态系统中受到某一个干扰项的冲击时，系统在多大程度上受到该冲击的影响。选用正交的脉冲响应，选取20年的响应期。首先考察不同变量的变动对 $ln\ y_{1t}$ 序列的脉冲响应，即一个冲击或者一个误差发生时对 $ln\ y_{1t}$ 的动态影响。

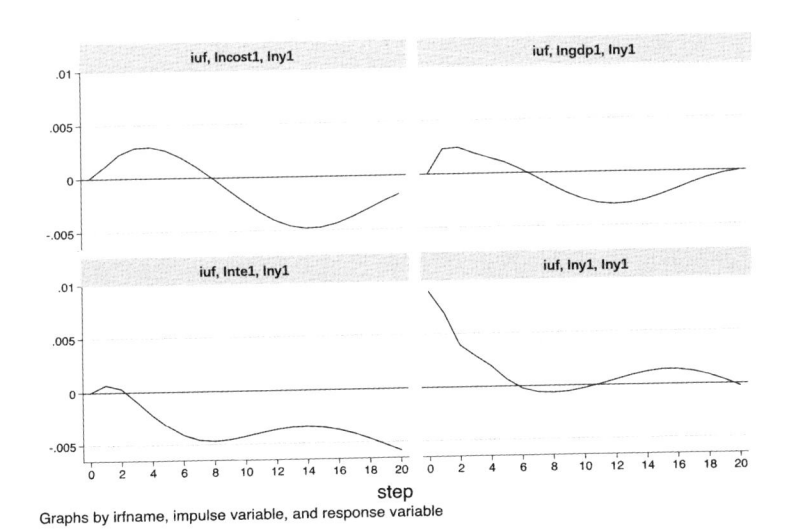

图 6—14a　变量对 $\ln y_{1t}$ 的脉冲影响（德国）

图 6—14a 展示了对德国博士生培养系统而言，给予不同的冲击，$\ln y_{1t}$ 序列对其的响应程度。如果在当期给 $\ln y_{1t}$ 序列一个正的 $lncost_{1t}$ 冲击，在第 1 期不会明显变化，第 2—8 期一直存在正向反应，但反应程度并不大，反应最大值也未超过 0.005。第 8 期后开始呈现负响应，负响应程度依然较小，最大值同样未超过 0.005。与生均培养经费带来的波动类似，$lngdp_{1t}$ 在当期有一个正向冲击，在第 1 期没有明显响应，在第 2—7 期 $\ln y_{1t}$ 呈现正向响应，响应程度不大，第 7 期后呈现负向响应。在当期给予一个正向 $\ln te_{1t}$ 响应，在第 2 期呈现微弱的正向响应，第 2 期后响应程度下降为负响应，负响应持续时间长但程度微弱。在当期给予一个正向 $\ln y_{1t}$ 冲击，在第 1 期即表现出较大程度的正向反应，随后反应程度逐渐下降，直至第 6 期下降为 0，第 6—8 期呈现十分微弱的负向反应，第 8 期后再次回归正响应，但程度相对减弱。总的来说，分别对德国博士培养规模 $\ln y_{1t}$ 提供生均经费 $lncost_{1t}$、国内生产总值 $lngdp_{1t}$、博士生导师 $\ln te_{1t}$ 以及博士培养规模 $\ln y_{1t}$ 的冲击，生均经费 $lncost_{1t}$、国内生产总值 $lngdp_{1t}$、博士生导师 $\ln te_{1t}$ 带来的影响方向不一，但相对微弱，博士生培养规模 $\ln y_{1t}$ 带来的影响较大，但随着时间逐渐减弱。

2. 方差分解分析

方差分解分析是将系统中均方误差分解成各结构冲击对内生变量变化程度。模型可以计算第 l 个变量的正交化冲击对 y_{t+h} 预测均方误差的贡献比例，是度量第 l 个变量对第 j 个变量的影响的又一方法。

表 6—5　　　　　　　　预测方差分解（德国）

预测期	预测方差分解			
	（1）	（2）	（3）	（4）
0	0	0	0	0
1	1	0	0	0
2	0.948	0.003	0.040	0.009
3	0.886	0.003	0.071	0.039
4	0.829	0.008	0.083	0.080
5	0.768	0.031	0.086	0.116
6	0.704	0.077	0.083	0.137
7	0.643	0.140	0.076	0.141
8	0.589	0.207	0.070	0.133
9	0.542	0.267	0.069	0.122
10	0.498	0.311	0.075	0.116
11	0.455	0.338	0.087	0.120
12	0.414	0.348	0.101	0.137
13	0.376	0.348	0.113	0.163
14	0.342	0.343	0.121	0.194
15	0.316	0.337	0.124	0.223
16	0.295	0.334	0.124	0.247
17	0.279	0.337	0.120	0.264
18	0.265	0.346	0.116	0.273
19	0.253	0.363	0.110	0.274
20	0.241	0.385	0.105	0.269

注：（1）irfname = iuf, impulse = lny1, and response = lny1；
　　（2）irfname = iuf, impulse = lnte1, and response = lny1；
　　（3）irfname = iuf, impulse = lngdp1, and response = lny1；
　　（4）irfname = iuf, impulse = lncost1, and response = lny1。

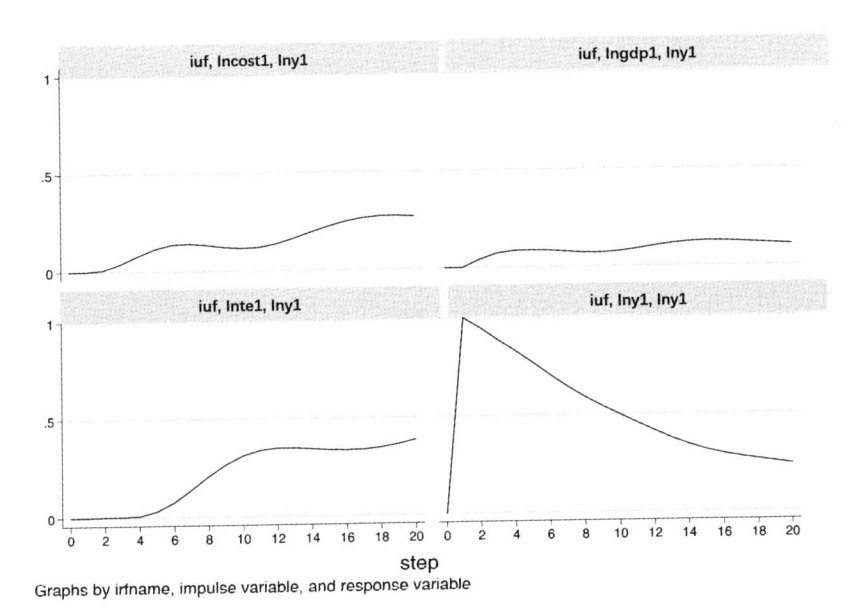

图 6—14b　$\ln y_{1t}$ 的预测方差分解图（德国）

如图 6—14b 所示，对 $\ln y_{1t}$ 进行向前 1 个时期的预测，其预测方差完全来自 $\ln y_{1t}$ 本身；向前 7 个时期的预测，其预测方差的 64.3% 来自于自身，剩下的 35.7% 来自于其他三个时间序列；而前进 20 个时期的预测，其预测方差 24.1% 来自于自身，38.5% 来自于博士生导师，10.5% 的影响来自于国内生产总值，26.9% 来自于博士生培养经费。这说明德国博士培养规模除了受自身影响以外，还受博士生导师、国内生产总值以及博士生生均培养经费的影响，其中博士生导师规模影响最大，生均培养经费次之，最后是国内生产总值的影响。值得注意的是，在前进 14 个时期时，博士生导师的预测方差占比开始超过博士培养规模自身的预测方差占比，这与德国典型的"师徒制"培养模式密不可分。

小结：对德国博士培养规模变动的影响因素进行实证分析。利用格兰杰因果检验发现德国博士培养规模与博士生导师、生均培养经费以及国内生产总值之间存在单向因果关系。利用脉冲响应分析发现博士培养规模对博士生导师、国内生产总值以及生均培养经费变动均有响应，但响应较微弱。利用预测方差分解分析发现除第1—7期各变量无明显贡献，第7期后均对博士生培养规模有积极的正向贡献。以上各类分析均说明：德国博士培养规模与博士生导师、生均培养经费以及国内生产总值有着密切的联系。

四 影响美国博士培养规模增长因素的实证分析

（一）VAR模型建立的思路

基于美国博士生培养特点和发展规律，通过对相关变量的逐次筛选，构建了关于美国年授予博士学位人数、全国人口总数、人均GDP（即GDPP）[①]、教授总数（即博士生导师规模）的四变量VAR模型，其中，y_{2t}代表美国授予博士学位第t年的人数；p_{2t}代表美国第t年的人口总数；te_{2t}代表美国第t年的教授总数；$gdpp_{2t}$代表美国第t年的人均GDP。通过AR特征多项式根来检验该模型的稳定性，利用格兰杰因果检验各变量之间的因果关系，最后通过脉冲响应函数以及方差分解来检验该模型的稳定性。

（二）VAR模型的建立与估计

1. 美国VAR模型滞后阶数的选择

选用数据为年度值，将最大滞后阶数设置为三阶。

表6—6a　　　　　　VAR模型滞后期选择（美国）

Lag	LL	LR	AIC	HQIC	SBIC
0	218.047		-12.591	-12.5298	-12.4114
1	491.165	546.24	-27.7156	-27.4094	-26.8177
2	527.219	72.108*	-28.8953*	-28.3441*	-27.2791*
3	608.718	163	-28.4791	-27.7481	-26.2044

注：*表示最优滞后阶数。

---

① GDP变量放入系统中会导致系统不稳定，估计结果不准确，因此此处用人均GDP变量替代。

根据表 6—6a 可知，根据 AIC、HQIC 和 SBIC，该模型的最佳滞后期为 2，因此可将 VAR（2）模型设为：

$$Z_{2t} = \varphi_1 Z_{2(t-1)} + \varphi_2 Z_{2(t-2)} + \delta_i$$

式中：$Z_{2t} = (\ln y_{2t}, \ln p_{2t}, \ln te_{2t}, gdpp_{2t})T$；$\varphi_1 = (n_{ij})_{4\times 4}$；$\varphi_2 = (\theta_{ij})_{4\times 4}$；$\delta_i = (\delta_{1t}, \delta_{2t}, \delta_{3t}, \delta_{4t})T$

2. 美国模型的估计及稳定性检验

使用 Stata15 进行 VAR 回归，对以上模型的估计结果如下：

$$\begin{bmatrix} \ln y_{2t} \\ \ln p_{2t} \\ \ln te_{2t} \\ gdpp_{2t} \end{bmatrix} = \begin{bmatrix} 0.36 & 4.84 & 0.31 & 0.05 \\ 0.02 & 1.59 & 0.43 & 0.02 \\ 0.11 & -1.96 & 0.54 & -0.04 \\ -0.18 & 2.57 & 0.72 & 1.53 \end{bmatrix} \begin{bmatrix} \ln y_{2(t-1)} \\ \ln p_{2(t-1)} \\ \ln te_{2(t-1)} \\ gdpp_{2(t-1)} \end{bmatrix} +$$

$$\begin{bmatrix} -0.20 & 0.59 & -2.36 & -0.16 \\ -0.04 & -0.60 & -0.04 & -0.02 \\ 0.07 & 1.32 & 0.59 & 0.04 \\ -0.21 & 0.54 & -1.56 & -0.62 \end{bmatrix} \begin{bmatrix} \ln y_{2(t-2)} \\ \ln p_{2(t-2)} \\ \ln te_{2(t-2)} \\ gdpp_{2(t-2)} \end{bmatrix} + \begin{bmatrix} \delta_{1t} \\ \delta_{2t} \\ \delta_{3t} \\ \delta_{4t} \end{bmatrix}$$

以上部分二阶系数未通过显著性检验，对未通过显著性检验的变量进行约束，对二阶方程进行系数限定，限制 9 个约束条件，再次对方程进行估计，可得结果如下：

$$\begin{bmatrix} \ln y_{2t} \\ \ln p_{2t} \\ \ln te_{2t} \\ gdpp_{2t} \end{bmatrix} = \begin{bmatrix} 0.28 & 5.15 & -0.67 & -0.12 \\ 0.00 & 1.54 & 0.02 & 0.01 \\ 0.12 & -0.70 & 0.87 & -0.07 \\ -0.21 & 2.44 & -0.61 & 1.38 \end{bmatrix} \begin{bmatrix} \ln y_{2(t-1)} \\ \ln p_{2(t-1)} \\ \ln te_{2(t-1)} \\ gdpp_{2(t-1)} \end{bmatrix} +$$

$$\begin{bmatrix} 0.00 & 0.00 & -1.31 & 0.00 \\ 0.00 & -0.55 & -0.02 & -0.01 \\ 0.04 & 0.00 & 0.31 & 0.00 \\ 0.00 & 0.00 & 0.00 & -0.46 \end{bmatrix} \begin{bmatrix} \ln y_{2(t-2)} \\ \ln p_{2(t-2)} \\ \ln te_{2(t-2)} \\ gdpp_{2(t-2)} \end{bmatrix} + \begin{bmatrix} \delta_{1t} \\ \delta_{2t} \\ \delta_{3t} \\ \delta_{4t} \end{bmatrix}$$

表6—6b　　　　　　VAR模型统计量的表述（美国）

R-squared	0.9960	0.9933	0.9853	0.9976
Adj. R-squared	0.9949	0.9902	0.9834	0.9962
F-statistic	580.008	412.553	196.179	244.699

表6—6b显示的是VAR模型中每个方程的检验统计量和VAR模型整体的检验统计量结果。从表6—6b中可以得知模型的拟合程度，调整后的可决系数和F统计量都很高，证明本模型中所选取的变量能够对影响博士生培养的因素进行全面合理解释。对于VAR模型而言，计量结果的具体数值并不是最重要的，主要是通过脉冲响应和方差分析来判断模型整体的动态特征。在进行脉冲响应和方差分析之前需要对模型的平稳性进行检验。

表6—6c　　　　　　VAR模型稳定性结果（美国）

根	模	根	模
0.979 + 0.042i	0.980	0.486 + 0.379i	0.616
0.979 − 0.042i	0.980	0.486 − 0.379i	0.616
0.838 + 0.233i	0.869	− 0.416	0.416
0.838 + 0.233i	0.869	− 0.152	0.152

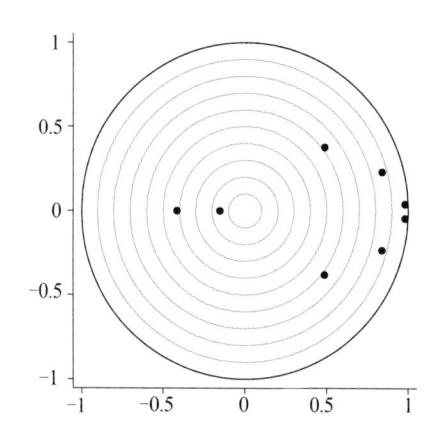

图6—15　VAR模型稳定性检验图（美国）

采用 VAR 模型进行 AR 特征多项式根的检验来判断该模型是否稳定。检验 $ln\ y_{2t}$、$ln\ p_{2t}$、$ln\ te_{2t}$ 以及 $gdp\ p_{2t}$ 建立的 VAR（2）模型的特征根。表 6—6c 显示模型所有根的倒数都位于单位圆内，即都小于 1，说明该模型基本稳定。如图 6—15 所示，同时有两个特征值十分接近单位圆，说明有些冲击具有较强的持续性。

（三）格兰杰因果检验

利用格兰杰因果分析判断各变量之间的因果关系，格兰杰因果关系方向仍分为单向、双向和无因果关系。VAR 模型进行格兰杰因果检验时使用的是 F 统计量，这种方法常常更接近检验的理想状态。格兰杰因果检验如表 6—7 所示。

表 6—7　　　　　　　　格兰杰因果检验结果（美国）

被解释变量	检验变量	F 值	P > F	是否有因果关系
Lny_2	Lnp_2	10.357	0.0005	是
Lny_2	$Lnte_2$	8.360	0.0015	是
Lny_2	$Gdpp_2$	4.593	0.0192	是
Lnp_2	Lny_2	0.397	0.6761	否
Lnp_2	$Lnte_2$	1.782	0.1875	否
Lnp_2	$Gdpp_2$	9.365	0.0008	是
$Lnte_2$	Lny_2	11.045	0.0003	是
$Lnte_2$	Lnp_2	5.227	0.0121	是
$Lnte_2$	$Gdpp_2$	0.719	0.4964	否
$Gdpp_2$	Lny_2	1.692	0.2031	否
$Gdpp_2$	Lnp_2	2.442	0.1060	否
$Gdpp_2$	$Gdpp_2$	1.318	0.2844	否

基于表 6—7 格兰杰检验结果，在 $ln\ y_{2t}$ 作为被解释变量的方程中，检验变量 $ln\ p_{2t}$ 的 F 统计量为 10.357，相应的 P 值为 0.0005，明显小于 1% 的显著条件，可以认为 $ln\ p_{2t}$ 是 $ln\ y_{2t}$ 的格兰杰原因。同理，可以得出 $ln\ te_{2t}$ 以及 $gdp\ p_{2t}$ 也是 $ln\ y_{2t}$ 的格兰杰原因。在 $ln\ p_{2t}$ 作为被解释变量的方程中，检验变量 $gdp\ p_{2t}$ 的 F 统计量为 9.365，相应的 P 值为 0.0008，明显小于 1% 的显著条件，强烈拒绝"$gdp\ p_{2t}$ 不是 $ln\ p_{2t}$ 的格兰杰原因"的假设，

也就是可以认为$gdpp_{2t}$是lnp_{2t}的格兰杰原因。同理，可以得出lny_{2t}及$lnte_{2t}$不是lnp_{2t}的格兰杰原因，其F值太小未达到拒绝原假设的要求。在$lnte_{2t}$作为被解释变量的方程中，检验变量lny_{2t}的F统计量为11.045，相应的P值为0.0003，明显小于1%的显著条件，强烈拒绝"lny_{2t}不是$lnte_{2t}$的格兰杰原因"的假设，也就是可以认为lny_{2t}是$lnte_{2t}$的格兰杰原因。再结合在lny_{2t}作为被解释变量的方程中对$lnte_{2t}$的检验，可得lny_{2t}与$lnte_{2t}$之间存在双向因果关系。而lnp_{2t}虽然可以被看作$lnte_{2t}$的格兰杰原因，但由于$lnte_{2t}$不能作为lnp_{2t}的格兰杰原因，lnp_{2t}与$lnte_{2t}$之间仅存在单向因果关系。而$gdpp_{2t}$不能看作$lnte_{2t}$的格兰杰原因。在$gdpp_{2t}$作为被解释变量的方程中，lny_{2t}，lnp_{2t}，$lnte_{2t}$均无法视为$gdpp_{2t}$的格兰杰原因，其对应的P值均未通过显著性检验。

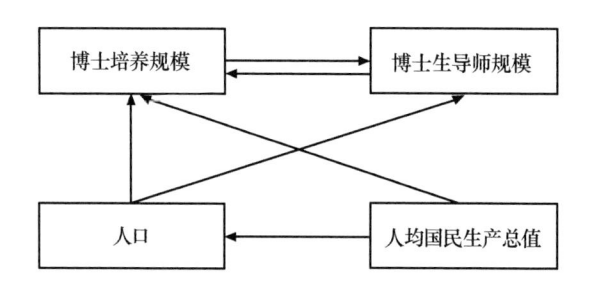

图6—16　格兰杰因果关系图（美国）

为了更加清晰直观地反映出上述变量间的因果关系，进一步绘制四个变量的格兰杰因果关系图。如图6—16所示，美国博士生培养系统中，博士培养规模与博士生导师规模之间存在着双向互动因果关系，即既可以通过$lnte_{2t}$序列的过去值预测lny_{2t}的未来值，也可通过lny_{2t}序列的过去值预测$lnte_{2t}$的未来值。而博士培养规模与人口、博士培养规模与人均国内生产总值、博士生导师规模与人口之间均存在单向因果关系，博士生导师规模与人均国内生产总值之间不存在因果关系。

（四）脉冲响应分析及方差分解分析

1. 脉冲响应分析

首先考察不同变量的变动对lny_{2t}序列的脉冲响应，即一个冲击或者一个误差发生时对lny_{2t}的动态影响。

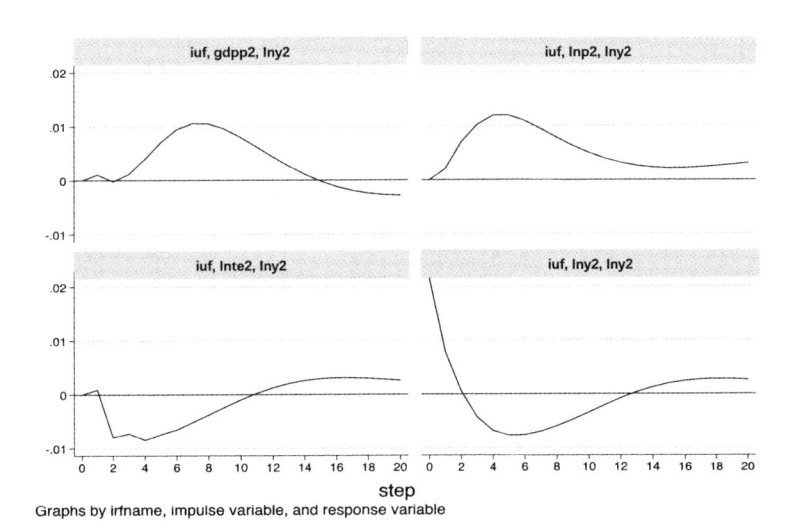

图 6—17a 变量对 $\ln y_{2t}$ 的脉冲影响（美国）

图 6—17a 包含了四个小图，代表着 $\ln y_{2t}$ 对四个脉冲变量冲击的响应结果。每个图的标题依次为 "iuf" "impulse variable"（脉冲变量）以及 "response variable"（响应变量）。例如第一行的第一个小图标题为 "iuf, gdpp2, lny2" 代表着 $\ln y_{2t}$ 对 $gdpp_{2t}$ 这一期带来的正向冲击在未来一段时间内所作出的反应。从图 6—17a 中可以看到，在该期给 $\ln y_{2t}$ 序列一个正的人均 GDP 的冲击，博士生培养规模有上涨的趋势，但在第 1 期没有明显变动，在第 1—2 期内有较小幅度的上涨和较小幅度的下跌。在第 2—7 期不断上升，随后逐期下降，在第 14 期开始表现出负响应，后下降趋势变缓。图 "iuf, lnp2, lny2" 代表着 $\ln y_{2t}$ 对 $\ln p_{2t}$ 这一期带来的正向冲击在未来一段时间内所作出的反应，在该期给 $\ln y_{2t}$ 序列一个正的人口总量的冲击，博士生培养规模在第 1 期没有明显变化，但在第 1—4 期表现出正向响应，在第 4 期达到顶峰，随后逐期下降。图 "iuf, lnte2, lny2" 代表着 $\ln y_{2t}$ 对 $\ln te_{2t}$ 这一期带来的正向冲击在未来一段时间内所作出来的反应，在该期给 $\ln y_{2t}$ 序列一个正的博士生导师的冲击，博士生培养规模在第 1 期没有明显变化，但在第 1—11 期表现出负向响应，在第 11 期后逐步缓慢上升，回归正响应。这表明博士生导师的变动不会在根本上影响博士培养规模的变动，而三个冲击在第 1

期都没有明显响应是由于博士生培养的周期性,博士生培养具有时间周期,少则3年,多则4—8年,而本书对培养规模的衡量选用指标为当年的授予博士学位人数,因此三个冲击无法在当期就带来较大变化。图"iuf, lny2, lny2"代表着 $ln\ y_{2t}$ 对 $ln\ y_{2t}$ 这一期带来的正向冲击在未来一段时间内所作出来的反应,在该期给 $ln\ y_{2t}$ 序列一个正的博士生规模的冲击,博士生规模会大幅上涨,也在第1期达到响应的顶峰,在第2期其正向响应结束,第4—14期都产生负向响应,第14期后回归正响应。这种情况不难理解,举个简单例子:比如美国该期大力引进从其他国家刚毕业的博士,本国博士生感受到竞争威胁便争取提早毕业,当这个冲击时间越长,带来的影响越小。

2. 方差分解分析

如表6—8所示,对 $ln\ y_{2t}$ 进行向前1个时期的预测,其预测方差完全来自 $ln\ y_{2t}$ 本身;向前4个时期的预测,其预测方差的66.1%来自自身,剩下的33.9%来自其他三个时间序列。而前进20个时期的预测,其预测方差31.7%来自自身,31.2%来自人口,22.8%来自人均国内生产总值,14.3%来自博士生导师。这说明美国博士生培养规模除了受自身影响以外,还受人口、博士生导师以及人均国内生产总值的影响,其中人口影响最大,人均国内生产总值次之,最后是博士生导师规模。以上结果可更直观地绘制成图6—17b。

表6—8　　　　　　　　　预测方差分解(美国)

预测期	预测方差分解			
	(1)	(2)	(3)	(4)
1	1	0	0	0
2	0.988	0.009	0.001	0.002
3	0.814	0.085	0.099	0.002
4	0.661	0.195	0.141	0.003
5	0.537	0.276	0.171	0.016
6	0.462	0.318	0.172	0.048
7	0.412	0.331	0.166	0.091

续表

预测期	预测方差分解			
	（1）	（2）	（3）	（4）
8	0.379	0.330	0.156	0.135
9	0.357	0.324	0.156	0.162
10	0.343	0.319	0.139	0.198
11	0.333	0.316	0.134	0.216
12	0.327	0.315	0.131	0.226
13	0.324	0.315	0.130	0.231
14	0.322	0.316	0.131	0.232
15	0.320	0.316	0.133	0.231
16	0.320	0.316	0.135	0.230
17	0.319	0.316	0.138	0.227
18	0.319	0.314	0.140	0.228
19	0.318	0.314	0.142	0.226
20	0.317	0.312	0.143	0.228

注：（1）irfname = iuf, impulse = lny2, and response = lny2；

（2）irfname = iuf, impulse = lnp2, and response = lny2；

（3）irfname = iuf, impulse = lnte2, and response = lny2；

（4）irfname = iuf, impulse = gdpp2, and response = lny2。

与脉冲响应分析类似，图6—17b包含了4个小图，代表着四个变量对 $ln\ y_{2t}$ 预测的方差贡献程度。第一行的第一个小图标题为"iuf, gdpp2, lny2"代表着 $gdp\ p_{2t}$ 对 $ln\ y_{2t}$ 的预测方差贡献程度变化趋势。在图"iuf, gdpp2, lny2"中，曲线反映出人均国内生产总值对博士培养规模在第1—4期内并无明显贡献，其贡献率从第5—10期迅速增加，第10期后基本趋于平缓，基本稳定在20%左右。在图"iuf, lnp2, lny2"中，曲线反映出人口总数对博士培养规模在第1、2期内并无明显贡献，其贡献率从第3—7期迅速增加，于第7期达到贡献率峰顶，方差分解贡献为0.331。第7期后基本趋于平缓，其预测方差贡献率稳定在30%左右。与人口对博士培养规模方差贡献曲线类似，博士生导师在第1、第2期内并无明显贡献，其贡献率从第3—6期迅速增加，于第6期达到贡献率峰顶，方差分解贡献为 0.172，第 7 期后略有下降但基本趋于平缓，其预测方差贡献率稳定在 13% 左右。

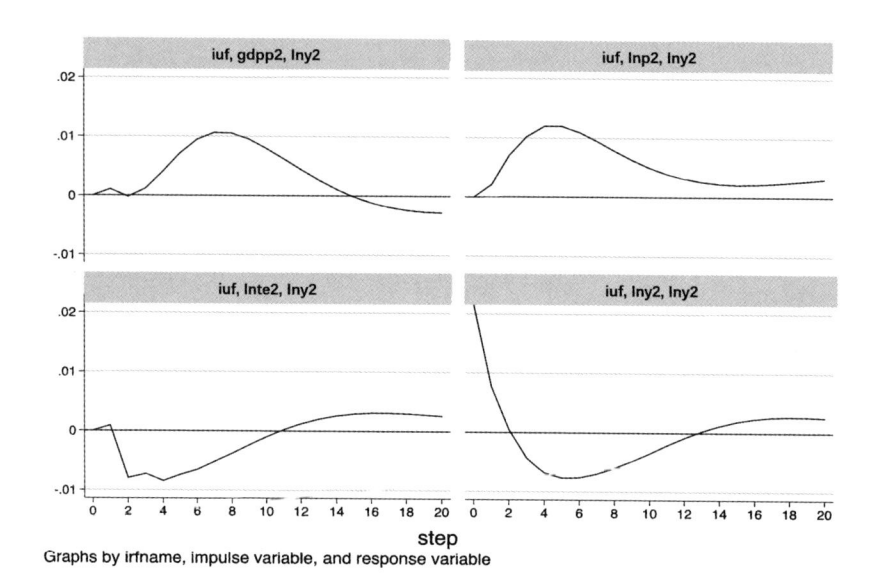

图 6—17b　$\ln y_{2t}$ 的预测方差分解图（美国）

小结：对美国博士生规模变动的影响因素进行了实证分析。利用格兰杰因果检验发现美国博士生培养与博士生导师之间存在双向因果关系，与人口变动、人均国内生产总值之间存在单向因果关系。利用脉冲响应分析发现博士培养规模对人口变动、博士生导师以及人均国内生产总值变动均有响应，但具有一定的滞后性，这与博士生培养周期较长有关。利用预测方差分解分析发现除第 1—4 期各变量无明显贡献，第 4 期后均对博士生培养规模有积极的正向贡献。以上各类分析均说明：美国博士培养规模与人口总量、博士生导师规模以及人均国内生产总值有着密切的联系。

五　影响日本博士培养规模增长因素的实证分析

（一）VAR 模型建立的思路

基于日本博士生培养特点和发展规律，通过对相关变量的逐次筛选，构建了关于日本年授予博士学位人数、博士生生均经费、教授总数（即博士生导师规模）和博士生平均修业年限的四变量 VAR 模型，其中，y_{3t} 代表日本授予博士学位第 t 年的人数；t_{3t} 代表博士生平均修业年限；$cost_{3t}$ 代表第 t 年的博士生生均经费；te_{3t} 代表第 t 年的教授总数。通过 AR 特征多项式根来检验该模型的稳定性，利用格兰杰因果检验各变量之间的因果关系，最后通过脉冲响应函数以及方差分解来检验该模型的稳定性。

（二）VAR 模型的建立与估计

1. 日本 VAR 模型滞后阶数的选择

根据 AIC、HQIC 以及 SBIC 准则，均估计 4 为最佳滞后期，因此可建立 VAR（4）模型，由于模型滞后期太长，包含的参数太多，此处不列出估计后的方程。

2. 日本 VAR 模型稳定性检验

表 6—9　　　　　　　　VAR 模型稳定性结果（日本）

根	模	根	模	根	模
0.972 + 0.041i	0.973	0.813 + 0.197i	0.836	−0.619 + 0.152i	0.638
0.972 − 0.041i	0.973	0.813 − 0.197i	0.836	−0.619 − 0.152i	0.638
0.684 + 0.608i	0.915	0.322 + 0.691i	0.762	−0.189 + 0.603i	0.632
0.684 − 0.608i	0.915	0.322 − 0.691i	0.762	−0.189 − 0.603i	0.632
0.724 + 0.425i	0.839	−0.359 + 0.543i	0.651		
0.724 − 0.425i	0.839	−0.359 − 0.543i	0.651		

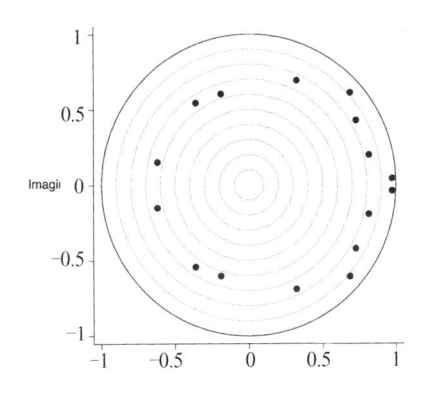

图 6—18　VAR 模型稳定性检验图（日本）

采用 AR 特征多项式根的检验来判断该模型是否稳定，检验所建立的 VAR（4）模型的特征根。图 6—18 表明所有根的倒数都位于单位圆内，即都小于 1，说明模型基本稳定，后续基于 VAR（4）的分析具有可靠性。

（三）格兰杰因果检验

表 6—10　　　　　　　格兰杰因果检验结果（日本）

被解释变量	检验变量	F 值	P＞F	是否有因果关系
lny_3	lnt_3	0.728	0.5850	否
lny_3	$lncost_3$	5.913	0.0036	是
lny_3	$lnte_3$	10.375	0.0000	是
lnt_3	lny_3	0.260	0.8996	否
lnt_3	$lncost_3$	0.840	0.5186	否
lnt_3	$lnte_3$	7.298	0.0000	是
$lncost_3$	lny_3	16.913	0.0000	是
$lncost_3$	lnt_3	37.023	0.0000	是
$lncost_3$	$lnte_3$	16.715	0.0000	是
$lnte_3$	lny_3	0.188	0.9412	否
$lnte_3$	lnt_3	0.345	0.8441	否
$lnte_3$	$lncost_3$	1.203	0.3456	否

格兰杰因果检验的结果可以更直观地绘制如图 6—19 所示，在日本博士生培养系统中，博士培养规模受博士生导师规模、生均培养经费的影响，虽然不受平均修业年限制度的直接影响，但平均修业年限通过影响生均培养经费间接影响博士培养规模，这与实际情况一致，如果博士生未在规定时间内完成学业，其将不再享有各种培养经费。同时，博士培养规模与生均培养经费之间存在双向互动因果关系，即博士培养规模受生均培养经费的影响，生均培养经费也受博士培养规模的限制。

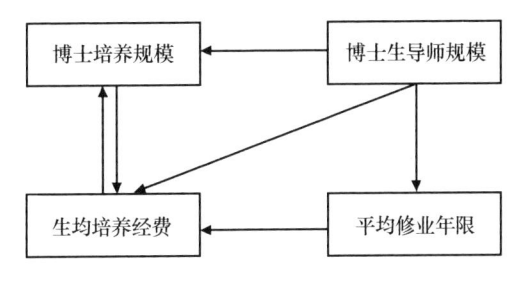

图 6—19 格兰杰因果关系图（日本）

（四）脉冲响应分析及方差分解分析

1. 脉冲响应分析

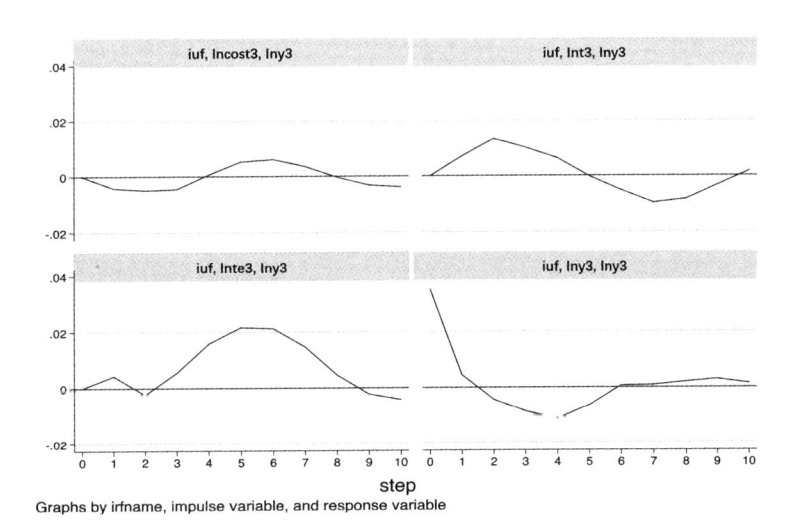

图 6—20a 变量对 $\ln y_{3t}$ 的脉冲影响（日本）

由于第 10 期后，对脉冲响应的程度不明显，因此此处将响应时期步长设置为 10。由图 6—20a 中可以看出，lnt_{3t}、$lncost_{3t}$ 以及 $lnte_{3t}$ 在当期给 $\ln y_{3t}$ 序列一个正向冲击，在第 1 期 $\ln y_{3t}$ 序列都不会有明显响应，只有在冲击是 $\ln y_{3t}$ 自身带来的情况下，在第 1 期会产生明显的影响。生均经费冲击带来的影响响应曲线类似于正弦函数图像，但整体而言，其响应程度较小。修业年限的冲击一开始会导致博士培养规模扩大，但这种影响也相对较小，随着时间的推移逐渐减弱。博士生导师规模的正向冲击具有显著的滞后性，一开始对博士培养规模的影响很小，随着时间推移，第 2 期响应开始扩大，到第 5 期达到最大响应值，随后逐渐减弱。日本对博士培养规模自身冲击的响应与其他几个国家类似，都是一开始响应最为剧烈，随着时间推移，响应程度逐渐减弱，直到最后衰减为 0。

2. 方差分解分析

表 6—11　　　　　　　　　预测方差分解（日本）

预测期	预测方差分解			
	（1）	（2）	（3）	（4）
0	0	0	0	0
1	1	0	0	0
2	0.936	0.037	0.013	0.014
3	0.814	0.144	0.027	0.015
4	0.753	0.182	0.035	0.030
5	0.667	0.165	0.029	0.139
6	0.552	0.132	0.033	0.283
7	0.464	0.120	0.039	0.377
8	0.422	0.136	0.039	0.403
9	0.412	0.151	0.038	0.398
10	0.411	0.153	0.041	0.396
11	0.407	0.152	0.044	0.397
12	0.404	0.155	0.046	0.395
13	0.405	0.156	0.045	0.394
14	0.405	0.154	0.046	0.395
15	0.400	0.157	0.047	0.396
16	0.393	0.164	0.048	0.395
17	0.390	0.168	0.048	0.393
18	0.391	0.169	0.048	0.392
19	0.391	0.169	0.048	0.392
20	0.389	0.171	0.048	0.391

注：（1） irfname = iuf, impulse = lny3, and response = lny3；
　　（2） irfname = iuf, impulse = lnt3, and response = lny3；
　　（3） irfname = iuf, impulse = lncost3, and response = lny3；
　　（4） irfname = iuf, impulse = lnte3, and response = lny3。

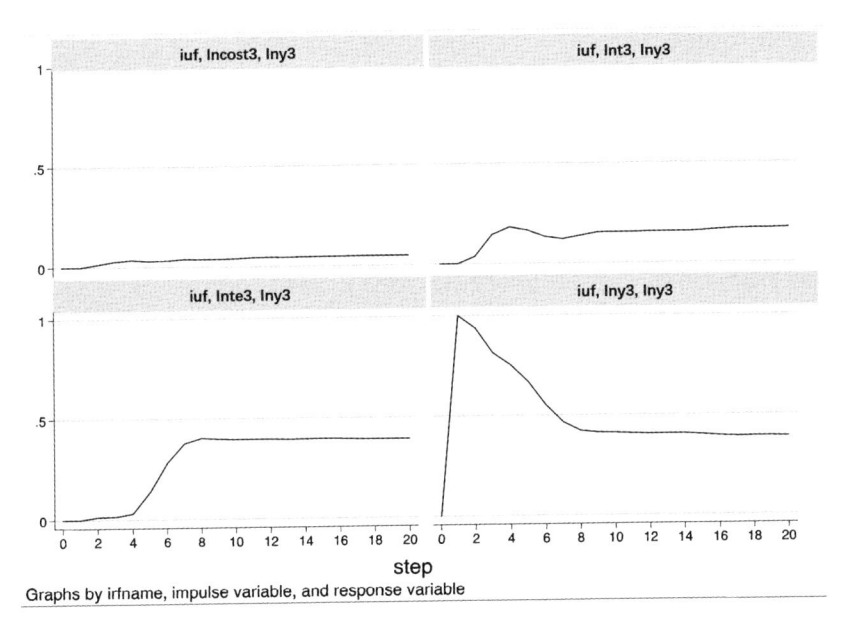

图 6—20b　$\ln y_{3t}$ 的预测方差分解图（日本）

结合表 6—11 和图 6—20b，对 $\ln y_{3t}$ 进行向前 1 个时期的预测，其预测方差完全来自 $\ln y_{3t}$ 本身；向前 6 个时期的预测，其预测方差的 55.2% 来自自身，剩下的 44.8% 来自其他三个时间序列。而前进 20 个时期的预测，其预测方差 38.9% 来自自身，17.1% 来自博士生修业年限，4.8% 的影响来自生均培养经费，39.1% 来自于博士生导师规模。这说明日本博士培养规模除了受自身影响以外，还受博士生导师、博士生修业年限以及博士生生均培养经费的影响，其中博士生导师规模影响最大，博士生修业年限次之，最后是博士生生均培养经费。

小结：对日本博士培养规模变动的影响因素进行了实证分析。利用格兰杰因果检验发现日本博士生培养与生均培养经费之间存在双向因果关系，与博士生导师规模之间存在单向因果关系，而博士生修业年限通过影响生均培养经费从而影响博士培养规模。利用脉冲响应分析发现博士培养规模对修业年限、博士生导师以及生均培养经费变动均有响应，但具有一定的滞后性，且响应程度不大。这与博士生培养周期较长有关。利用预测方差分解分析四个变量均对博士培养规模有积极的正向贡献。以上各类分析均说明：日本博士培养规模与其平均修业年限、博士生导师规模以及生均培养经费有着密切的联系。

六　影响中国博士培养规模增长因素的实证分析

（一）VAR 模型建立的思路

基于中国博士生培养特点和发展规律，通过对相关变量的逐次筛选，构建了关于中国年授予博士学位人数、人口总数、博士生平均修业年限和博士生生均经费的四变量 VAR 模型，其中，y_{4t} 代表中国授予博士学位第 t 年的人数；p_{4t} 代表中国第 t 年的人口总数；t_{4t} 代表博士生平均修业年限；$cost_{4t}$ 代表第 t 年的博士生生均经费。通过 AR 特征多项式根来检验该模型的稳定性，利用格兰杰因果检验各变量之间的因果关系，最后通过脉冲响应函数以及方差分解来检验该模型的稳定性。

（二）VAR 模型的平稳性

经计算，模型的最佳滞后阶数为四阶，滞后阶数太长导致参数过多，在此将模型的估计结果省略。经由 VAR 模型平稳性检验，该模型内根的倒数都位于单位圆中，说明该系统具有良好的稳定性。

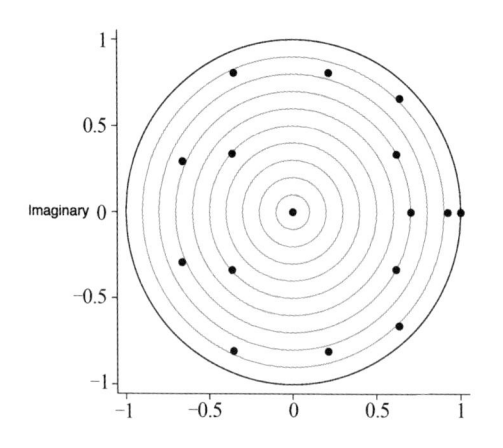

图6—21　VAR 模型稳定性检验图（中国）

（三）格兰杰因果检验

表6—12　　　　　　　格兰杰因果检验结果（中国）

被解释变量	检验变量	F 值	P＞F	是否有因果关系
lny_4	lnp_4	37.934	0.0000	是
lny_4	lnt_4	16.493	0.0000	是
lny_4	$lncost_4$	122.140	0.0000	是
lnp_4	lny_4	0.197	0.9366	否
lnp_4	lnt_4	0.909	0.4785	否
lnp_4	$lncost_4$	0.248	0.9075	否
lnt_4	lny_4	0.943	0.0001	是
lnt_4	lnp_4	10.805	0.0000	是
lnt_4	$lncost_4$	20.625	0.0000	是
$lncost_4$	lny_4	3.512	0.0262	是
$lncost_4$	lnp_4	9.51.2	0.0000	是
$lncost_4$	lnt_4	30.672	0.0000	是

由表6—12可得，lnp_{4t}、lnt_{4t}和$lncost_{4t}$是lny_{4t}的格兰杰原因，lny_{4t}、lnp_{4t}和$lncost_{4t}$是lnt_{4t}的格兰杰原因，lny_{4t}、lnp_{4t}、lnt_{4t}是$lncost_{4t}$的格兰杰原因，即在中国VAR模型中，博士生培养规模与生均培养经费以及平均修业年限互为因果，生均培养经费与平均修业年限也互为因果关系，而博士生培养规模、生均培养经费以及平均修业年限均与人口是单向因果关系，且人口是格兰杰原因。

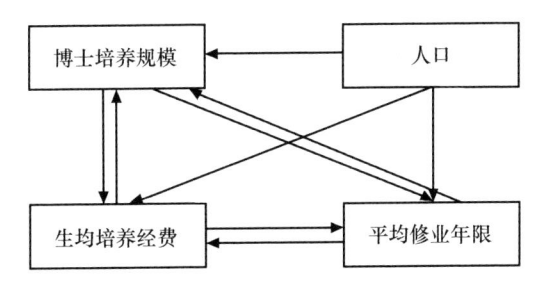

图6—22　格兰杰因果关系图（中国）

如图 6—22 所示，中国博士培养规模受生均培养经费、平均修业年限与人口的影响，且博士培养规模反过来影响其生均培养经费、平均修业年限，这符合中国的国情。人口不受系统内任何变量的影响，这是由于中国人口基数非常大，且有相应的人口政策。

（四）脉冲响应分析及方差分解分析

1. 脉冲响应分析

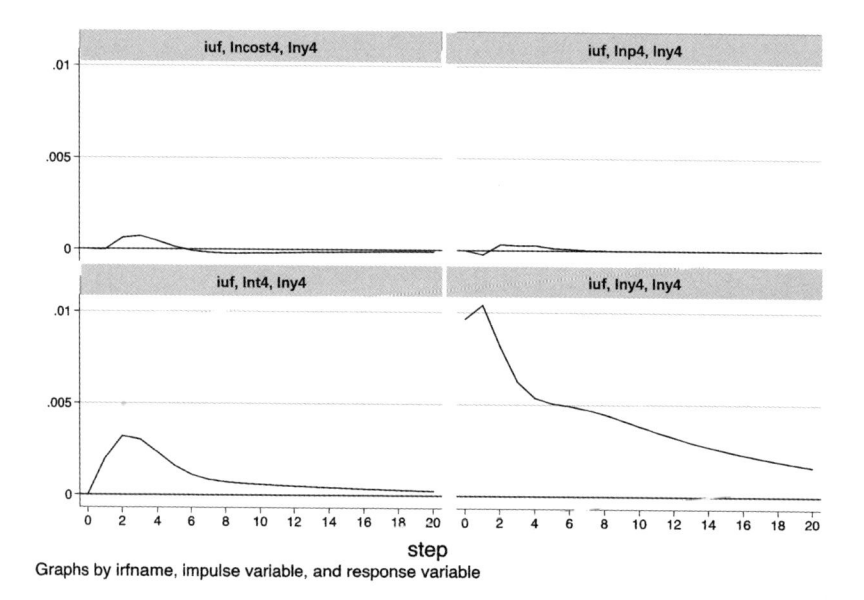

图 6—23a　变量对 $\ln y_{4t}$ 的脉冲影响（中国）

由图 6—23a 可知，生均培养经费以及人口的脉冲影响对博士培养规模 $\ln y_{4t}$ 的响应非常微弱，基本上可以视作无响应。对于平均修业年限带来的冲击，在当期不会有明显的反应，但在第 1—6 期存在相对较明显的冲击反应，第 6 期后趋于平缓，整体而言，其影响力度未超过 0.005，依然是较微弱的反应。对于博士培养规模自身带来的冲击，在当期即有一个明显的反应，随后逐渐减弱。

2. 方差分解分析

从图 6—23b 中可以看出，第 1 期预测方差只受 $\ln y_{4t}$ 的影响，但从第 2 期开始，$\ln y_{4t}$ 的影响就大大减小，而 $lncost_{4t}$ 的影响开始占主体地位，并在长期保持主体作用。人口对博士培养规模的影响非常微弱，平均修业年限从第 2 期后能够对 $ln\ y_{4t}$ 的预测产生影响，与 $ln\ y_{4t}$ 自身影响程度相差无几。

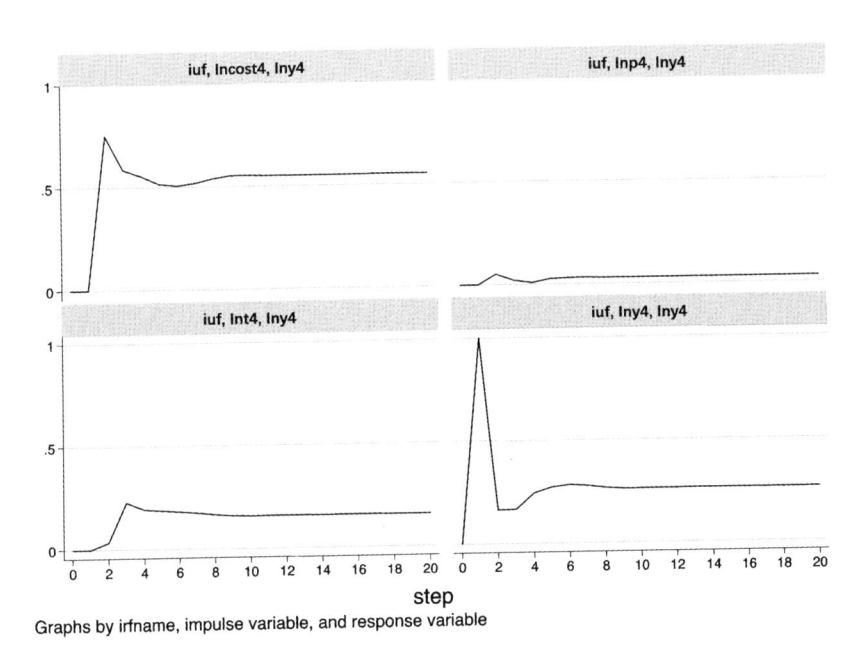

图 6—23b $ln\ y_{4t}$ 的预测方差分解图（中国）

小结：对中国博士培养规模变动的影响因素进行了实证分析。利用格兰杰因果检验发现博士培养规模受人口、平均修业年限以及生均培养经费的影响，而脉冲响应分析显示人口、生均培养经费对其的冲击基本上不产生明显的影响。但生均培养经费对博士培养规模的预测起到较大的贡献作用。平均修业年限对培养规模的冲击以及预测都能起到一定的作用，但作用效果并不十分明显。以上各类分析说明：中国博士培养规模与人口总量、平均修业年限以及生均培养经费之间存在密切的联系。

七 四国影响因素对比

表 6—13 中"✓"表示该变量被纳入博士生培养 VAR 系统，纳入系统的变量具有以下特点：①不同国家博士生培养系统的构成变量不同。

由于不同国家的博士生培养各有特点,因此影响其博士培养规模的因素也各不相同;②无论对于哪个国家而言,博士培养规模都受其自身的影响,也即是对于每个国家而言,当前的博士培养规模都受过去培养规模的影响。表6—13中"✓✓"表示该变量是授予博士学位人数变量的格兰杰原因,即博士培养规模变动是由这些变量引起的。德国、美国以及日本的博士培养规模变动均与博士生导师数量有关,日本、中国的博士培养规模受博士生生均经费的制约,其中中国的博士培养规模还受平均修业年限的影响。修业年限制度虽然不直接影响日本的博士培养规模,但其通过影响日本博士生生均经费而间接影响培养规模。对于美国博士生系统而言,人均国内生产总值和人口变量也会影响其博士培养规模。人口变量也是中国博士培养规模变动的重要原因。

表6—13　　　　　　　　　四国影响因素对比

影响因素	德国	美国	日本	中国
授予博士学位人数	✓	✓	✓	✓
教授总数	✓✓	✓✓	✓✓	
博士生生均经费	✓		✓✓	✓✓
博士生平均修业年限			✓	✓✓
国内生产总值	✓			
人均国内生产总值		✓✓		
全国人口总数		✓✓		✓✓

第四节　基于协同理论的培养模式形成的半定量研究

一　多分量和中观法

在协同学中,哈肯以流体做类比描述了自组织系统,并以中观(mezoscopic)层阐释了系统宏观结构出现和演化的数学方程,即:假设流体由N个分子构成,其中,N为阿伏伽德罗数量级的大数,子系统则为大量原子分子组成的流体微团,子系统采取合作行动以产生流体的宏

观结构。据此,将系统演化方程定义为①:

$$q = N(\alpha, q, \nabla, x, t) \qquad 式(6—4)$$

式中:α 为控制参数,q 为序参数,∇ 为向量梯度,x 表示坐标,t 为时间。

同时,哈肯在《高等协同学》中提到,协同学主要研究开放系统,在这些系统中,外界流入的物质、能量驱使系统远离平衡状态,出现了协同学的一个重要概念"控制参数",即可以控制系统发展的外部常参数②。引入控制参数的概念,则受其影响的系统演化方程定义为:

$$q_1 = \alpha q_1 + \beta q_1 q_2 \qquad 式(6—5)$$

式中,α 表示系统 q_1 的增长率,β 表示系统 q_1 和系统 q_2 之间的耦合,当从外部控制耦合强度时,β 就起到控制参数的作用。

根据协同学理论,博士生培养模式存在三个层次:宏观层是全球范围内所有博士生培养体系的集合,中观层是指某一国家的博士生培养体系,微观层对应于独立的博士生培养单位。显然,整体研究培养体系集合或是单独研究个别培养单位都无法厘清培养模式的宏观结构,而中观系统的研究更具价值,同时,应用中观法,也与本书"比较研究"的基本方法与样本空间的定义相一致。这也意味着构成培养模式的子系统构成要素是国内的人口,子系统在物质、能量或信息流的作用下通过相互耦合将"人"转化为不同属性的人群变量,从而在这些异质系统间建立起统一的联系,并驱动博士生培养模式不断演化。可见,中观系统的博士生培养模式代表着由"人"构成的复杂开放系统,外部的政治、经济、社会等环境因素转化为博士教育资源参量输入培养系统,并成为控制参数;系统内部由特定属性的"人"组成不同的角色群体,群体中个体之间的持续转化或扩散则构成了教学、科研、管理与支撑等子系统相互协同的逻辑网络。

因此,中观法可确定博士生培养模式的系统边界与参数,包括培养系统的资源型外参量,内部角色群体数目、临界点附近的内生个体及密

---

① [德] H. 哈肯:《协同学讲座》,宁存政等译,陕西科学技术出版社1987年版,第25页。
② [德] H. 哈肯:《高等协同学》,郭治安译,科学出版社1989年版,第22页。

度等快慢变量。如表6—14所示。

表6—14　博士生培养系统的潜在变量与属性（部分）

	变量	属性
外部潜在变量	教育决策部门	国家教育主管部门、地方教育主管部门……
	教育投资部门	国家财政、地方财政、社会投资、个人投资……
	社会公共部门	公立大学、私立大学、公立研究机构、私立研究机构……
	人力资源部门	人口、劳动力人口、就业人口、失业人口……
	工商业	生产领域、服务领域、消费领域……
内部潜在变量	职业	教师、学生、职员……
	学历	取得博士学位、未取得博士学位
	性别	女性、男性
	学生	新生、在学、完成学业、退学、流失、就业、待业……
	教师	博士生导师、全职教师、兼职教师……
	教学科研	设备、设施、助学、助研……
	管理	行政管理、人力资源管理、财务管理、业务管理……
内生个体及密度变量	博士学位	年授予量、累计授予量……
	学位密度	学位人口比、学位劳动力人口比……
	资源消耗	学位资助比、学位研发经费比、学位导师比……

显然，博士生培养模式涉及诸多变量，传统的研究方法难以厘清驱动其发展的核心变量，而极致追求普适性的协同学则提供了巧妙的方法：协同理论中的"支配原理"表明自组织系统中的快变量可以用慢变量来表示，有序结构最终可以用少数几个变量来描述，且所有的子系统也由这几个变量"支配"。因此，一般系统的数学模型即可简化为方程：

$$\vec{q} = \vec{N}(\vec{q},\alpha) + \vec{F}(t) \qquad \text{式（6—6a）}$$

其中，$\vec{q}$代表状态矢量，α是控制参数，$\vec{F}(t)$是内外噪声影响下系统出现的临界涨落。可见，系统状态的改变主要受控制参数、序参数及其涨落的支配。

以此类推，博士生培养模式的状态变化受外部输入的物质、能量和信息的控制并与之发生耦合，根据式（6—6a）可以得出博士生培养模式的一般方程：

$$p = \alpha p + \beta p q_i \qquad 式（6—6b）$$

式中：p 表示博士生培养系统状态，其实质是"人"的数目；q_i 表示相关社会部门的资源供应集合（即外部环境资源），是所有输入性资源的可统计价值总量（包括有形投资、无形投资以及人口等）；α 表示外参量控制作用下的系统增长率；β 表示培养系统与环境资源的耦合度，显然，耦合度系数 β 是外部可控量，对培养模式的演化具有控制作用。同时，由于外部环境是不同功能的社会部门的统称，实际运行中其内部各组成部门与博士生培养系统通过独立的接口建立不同程度的联系，且联系越多耦合度越高，对培养系统的实际控制力也越大，这些高耦合度接口所对应的社会部门发挥着"控制参数"的载体功能。因此，当外部控制参数（外参量）发生显著瞬变时，必然导致博士生培养系统自组织并出现新的状态，这也正是促进博士生培养模式产生结构变化的核心驱动力。比较研究表明，博士生培养系统的外参量主要集中在决策、投资和人力资源等部门，并通过向培养系统分别输入政策、资金和人才需求等控制力对其产生重大影响。

具体而言，博士生培养模式在中观层面的个体要素是不同身份标识的"人"，即如表6—14所示的内部潜在变量，并由此形成了招生子系统 R、培养子系统 S、学位管理子系统 D、就业子系统 H、师资子系统 F、适龄人口 P 等子系统。在外部环境资源 q_i 的控制下，子系统间相互作用并与外参量耦合驱动个体规模发展变化，同时也对资源供给能力产生影响，从而协同产生博士生培养模式的宏观结构。

二 序参数和自组织理论

根据自组织理论，在社会系统的自组织结构中，大部分子系统是具有头脑可以思维的人，外部环境供应的物质和能量为人与人之间的关联提供转化条件，从而产生很强的协同效应[1]，促使系统相互结合并构成各种各样的社会部门。显然，人类社会活动的系统要素远比自然界复杂得

---

[1] [德] H. 哈肯：《协同学讲座》，宁存政等译，陕西科学技术出版社1987年版，第134页。

多[①],一切社会现象皆由人们的合作行为与协调运动所造成,但要把这类现象建立在严格的数学基础之上非常困难。因此,哈肯提出用自组织理论解决社会科学领域非平衡相变问题的一般原则是:借助适当的模型,引入一些宏观参数解决开放系统的约束条件问题,再用少量的序参数描述复杂系统,通过改变序参数使系统状态发生改变,或者改变控制参数,则自组织作用将促使系统状态发生重大的、甚至是质的变化。

事实上,在社会活动的自组织行为中,我们很难掌握系统动态变化的具体过程,最好的办法是通过深入了解系统的随机因素,推断出可能的临界涨落,进而找出发生该涨落的序参数,计入序参数的涨落是寻求这类现象的合适的约束的关键。根据协同理论,序参数的重要特征可概括为:源于子系统间的协同,又同时支配子系统的行为;从无到有,维持系统宏观有序,通常是稳定的结构以及群体数目的指数增长;受控制参数作用并与之耦合形成冲击系统平衡点的涨落,进而通过支配快变量驱动系统产生非平衡相变。

此外,协同效应与自组织现象在生物学的发展中发挥着关键作用,并已经成为协同学非常重要的应用领域。同时,鉴于社会系统的运行机制与生物系统非常相似,本书将应用协同学关于物种分布和丰度的研究成果建立博士生培养系统的基本数学模型。

研究表明,博士生培养模式中"人"的属性主要包含与学生变量相关的博士或非博士、入学或离校、有资助或无资助、就业或非就业等,与教师变量相关的导师或教师,以及与人口变量相关的劳动力和总人口等。同时,每一个属性分别对应一个特定的个体集合,该集合中"人"的数目与变量群体"人"的数目比值即为相应的个体密度。因此,博士生培养模式的宏观特征主要体现在修业身份、教学与指导规模、资助水平、学位授予以及失业等个体密度(即个体在人群中的比例),这些个体数目的变化支配着个体行为,并在群体规模的自组织发展中发挥着重要的作用。假设个体密度为 n,其变化率与 n 相关,则 n 的变化率为迁入率 γn 与迁出率 δn 的差(γ 和 δ 由外参量决定),典型方程为:

[①] 郭治安:《协同学入门》,四川人民出版社1988年版,第349页。

$$n = \alpha n \equiv (\gamma - \delta)n \qquad 式（6—7a）$$

式6—7a，描述了群体的指数增长或衰减，说明外参量的微小变化都将引发系统的显著变化，当 $\gamma = \delta$ 时系统失稳并将进入临界状态，同时系统稳态将发生移动。根据二分叉理论，在资源供给速度稳定的情况下，n 的增长必然消耗更多的资源并造成资源的相对有限，反过来，资源减少又对 n 产生负向作用 $-\beta n^2$。设 α_0 为系统的初始增长率，则博士生培养系统的基本方程为：

$$n = \alpha_0 n - \beta n^2 \qquad 式（6—7b）$$

式（6—7b）表明，培养系统 n 在外参量的持续作用下，宏观状态（"人"的数目）呈现指数增长，其内部各子系统 R、S、D、H、F、P 之间则通过个体要素"人"产生协同效应，即：个体入学、修业、毕业到就业过程中，不断在培养单位、用人单位、教育主管部门、社会公共部门等系统间转化和扩散。

显然，系统最主要的作用对象是学生变量，包含了如表6—14中所示的多种属性个体，作用目标是将要素"人"转化为"博士学位"属性的个体，作用过程将动态出现新生个体量，因此，学生及其相关属性个体的数目变化和密度是描述系统自组织行为的重要参数。在内生个体中，年博士学位、年招生、年流失、年淘汰、年就业等个体数目改变了学生群体的发展规模，个体密度分别代表完成率、招生率、流失率、淘汰率和就业率等宏观统计参数。若将外部资源纳入系统整体考虑，则可以通过"年博士学位"个体数目统计得到学位师资比、学位导师比、学位投资比。"年博士学位"个体数目累计构成了统计参数"累计博士学位"，其数目变化呈指数增长，反映了培养系统的宏观状态，是重要的宏观参数，借由该参数又可引入学位人口比、学位劳动力人口比等宏观统计参数，这些参数宏观反映了培养系统 n 规模发展变化对资源 q_i 的影响，是培养活动与资源相互影响的结果，二者的平衡保证了培养模式的稳定，也维持了资源 q_i 的稳定性，这一点已在比较研究中得到验证，主要体现在两方面：

一是资源供给速度的可控性。培养资源的投资主体是政府，由于通常采取预算制，因此投资增速将在较长时期内相对稳定。预算主要依据招生制度、修业制度、导师制度和资助制度,通过限定学生群体规模、师资规模在制度层面保持资金投入速度的稳定,同时也决定了投资的增长方式。

二是资源消耗方式的计划性。在培养活动中,导师制度和资助制度将投资转化为成本费用,并与学生变量中个体数目耦合形成"生均"概念下的人力资本、有形或无形资产等资源消耗方式。招生制度和修业制度则决定了资源的消耗速度。

可见,当 q_i 补给速度保持稳定时,宏观参数的变化将使系统微观失稳并出现培养资源短暂失衡,此时,系统中任何个体数目的变化都可能竞争成为"临界涨落 F"并在自组织的作用下驱动博士生培养模式发生相变。同时,宏观参数从无到有的变化反映出在 q_i 作用下系统内部群体规模发展的非零活动;反过来,群体规模的变化又作用于资源 q_i 的配置和增长速度,支配与随动的相互作用使得博士生培养系统自组织产生特定的功能,形成或激进或保守的招生制度、或延长或缩短的修业年限、或单一或多元的指导方式、或严苛或适度的学位要求,以及或高或低的资助水平等,从而实现对博士生培养模式的重构。

结合比较研究进一步发现,招生率和淘汰率通常受政策影响基本可控,就业率一般情况下也保持相对稳定,流失率则与完成率存在函数关系并受后者支配,学位师资比、学位导师比、学位投资比、学位人口比以及学位劳动力人口比等宏观反映出系统状态与系统资源间的耦合度,其中,"博士学位"的个体数目由"完成率"支配。因此,当控制变量持续完成率通常是推动系统状态发生根本性改变的序参数时,应用支配原理可以将式(6—7b)描述为序参数方程的基本形式:

$$\dot{\xi}_u = \lambda_u \xi_u - \beta \xi_u^3 + F \qquad 式(6—7c)$$

式(6—7c)正是协同学的基本方程,描述了复杂系统在外界控制作用下自组织形成的过阻尼非简谐振动,该运动方程为博士生培养模式的半定量研究提供了理论依据和分析工具。

三 培养模式的演进规律

协同理论提出,在最简单的情况下,社会系统中的个体只有两种状态，可以用加减号表示，序参数对应于每种状态的个体数目（n+和n−），群体是n+和n−协同效应的结果，显然，群体的形成是受相同或相反属性个体的影响，即存在一般的跃迁关系概念：

跃迁概率 = 迁入率 − 迁出率

因此，跃迁的主方程①为：

$$P = \sum_{n_-} W(n_+, n_-) P(n_-) - \sum_{n_-} W(n_-, n_+) P(n_+)$$

式（6—8a）

再回到研究中，关于"博士培养模式的核心要素是人"的观点在本书中已得到论证并被反复提及。同时，大量文献分析的结果表明，在各类研究和评价体系中，通常以"博士生培养规模"作为衡量博士生培养模式优劣的关键指标，并普遍采用"博士学位授予人数"表示培养规模。此时，学生变量的属性就可以被简化为两种状态：一是授予博士学位；二是未授予博士学位，符合协同学提出的"最简单的情况"，因此，可以类比的方法在协同学模型框架下对博士生培养模式的演进规律进行详细描述。

首先，引入协同学的进化过程模型②：

$$n_i = \gamma_i n_i - \delta_i n_i + F_i(t) \quad i = 1, 2, \cdots \quad 式（6—8b）$$

式中：n_i 表示个体数量，γ_i 表示增益率，δ_i 表示损耗率，$F_i(t)$ 表示涨落力，是一个既与原来的群体相关，又与环境因素相关的函数。

接下来，借助式（6—8b）将生物进化过程与博士生培养进行类比分析。显然，博士生的培养对应着学生群体属性的"进化"，学生在其博士修业过程中，不断获得知识、经验、资金、社会关系等"供应"，同时个体中也潜存着心境与心态等"突变基因"，当出现所谓"突变压力"时，就会产生出新的群体，如"博士群体""流失群体"等。也就是说，个体经过"入学"被赋予了学生群体的属性，但就其个体而言存在着意愿、能力等诸多差异，并导致隐性目标的分化，随着所处环境的变化，某些

---

① 郭治安：《协同学入门》，四川人民出版社1988年版，第353页。
② 同上书，第344页。

"分化"不断增殖,一旦面临突如其来的选择压力时就变为显性,从而将由学生群体中产生出一种新属性群体,例如,修业完成并获得博士学位,或因改变目标而放弃学业,等等。参照式(6—8b),可以将其概括描述为:

完成状态 = 入学 – 淘汰 + 突变压力

其中,"突变压力"指那些与原群体相关并产生因流失而淘汰、持续而始终未完成或最终完成等瞬变影响力,也只有在此时方可出现的新群体。

上述过程是在相同的"供应"条件下进行的,即原学生群体中所有的个体都处于相同环境条件(如资金、培养途径等),因此,亦符合推广方程:

$$n_i = \alpha_i (g_0 - \sum g_e n_1) n_i - k_i n_i + F_i(t) \qquad 式(6—8c)$$

式(6—8c)表明,如果各种突变体的突变率都很小,则只有那些增益因子 α_i 最高且损失因子 k_i 最小的突变能够幸存,即"适应者"。

可见,相同的培养条件下,如果不断强化"博士学位"获得者的重要性并使其 α_i 增益最大、k_i 损失最小,从而令"博士群体"成为"适应者",博士生培养规模必然会相应增加。这种强化可以来自社会的舆论、政策的引导、劳动力市场的需求、培养单位的重视、家庭的支持等。

四 博士学位完成率的优化问题

在各国博士生培养过程中,"博士学位完成率"(以下简称"完成率")是反映培养情况的重要问题。本书将高完成率和低完成率视为两个不同的相,并借助协同学提出的宏观经济过程演化模型[①],对"完成率"的相变问题进行讨论,以期为博士生培养模式的宏观结构调整策略提供参考。

比较研究的结果表明,各国博士生培养规模的发展可总体概括为两个阶段:一是激励培养规模扩张发展;二是控制规模,优化培养规模增长方式。

---

① 郭治安:《协同学入门》,四川人民出版社1988年版,第356页。

第一阶段，持续的高投入旨在扩大培养规模，因此，常以扩大招生规模、加大教育投入等直接的驱动政策，客观上极大地刺激了博士学位授予人数的高增长，推动培养体系进入规模发展的快车道，博士学位完成率达到较高水平。

第二阶段，针对培养规模的鼓励性政策逐步退出，直接驱动受到限制，取而代之的是发展更加科学的培养模式评价体系，引导教育投入从规模优先向效率优先转变，提高博士生培养资源的利用水平。同时，对质量和效率的更高要求加大了博士学位授予人数持续高增长的难度，也导致博士学位完成率下降，淘汰率和流失率提高，培养规模相应进入了低速增长阶段。

显然，博士生培养规模的增长方式与经济增长方式非常相似，核心驱动力都是"投资"，且同指一切有形投资和无形投资的总和；同时，投资对扩大规模的作用方式也都存在直接和间接两种。直接投资与规模的增长成正比，间接方式则是将投资用于培养过程合理化以及资源使用效率优化进而促进规模的增长。受此启发，可以在协同学理论中找到一个非常值得借鉴的模型，即宏观经济过程演化模型，并可将其用于博士生培养规模优化发展问题的研究。

（一）建立模型

1. 确定培养规模的增长与博士学位完成率之间的关系

假设年均培养规模 $\bar{x}$，实际年培养规模 $\bar{x}+x$，则 x 即为培养规模的增长，并将投资对培养规模增长变化的作用力记为 F。根据协同学中动力学过程的相关理论，则：

$$F(x) = -kx \qquad 式（6—9a）$$

借助运动方程过阻尼运动的消除原理，可推导出：

$$\dot{x} = F(x) \qquad 式（6—9b）$$

设博士学位完成率 V，显然，V 与 x 正相关，即 $x > 0$ 可提高完成率，$x < 0$ 则会降低完成率，分别对应着完成率的两个相，因此，可将 V 视为 F 在相位距离上的"做功"：

$$V = \int_{x0}^{x1} F(x)\,dx \qquad 式（6—9c）$$

可见，培养规模可以作为完成率水平的量度，且负 V 称为势能，则：

$$x = -\frac{\partial V}{\partial x} \quad \text{式（6—9d）}$$

2. 概括投资方式及其关系

设总投资规模 I，其中一部分 A 表示直接投资，与培养规模的增长成正比；另一部分 B 为间接投资，用于优化培养模式及其效能，故 I = A + B。

根据式（6—7c）建立博士生培养模式演化的投资模型：

$$x = A + Bx - Cx^3 \quad \text{式（6—10）}$$

投资模型说明，当增加直接投资 A，即直接用于扩大培养规模的投资增加，培养规模随之增长；增加间接投资 B，意味着培养模式及其效能得到优化，培养规模也会增加，Bx 表示间接投资引起的规模增加值。当然，培养规模不可能无限增长，故存在增长上限 Cx^3，是一个反作用饱和项。由此可得势函数：

$$V = -Ax - \frac{1}{2}Bx^2 + \frac{1}{4}Cx^4 \quad \text{式（6—11）}$$

（二）势函数分析

通过讨论势函数方程，可以发现完成率相变问题的一般规律。

假设，总投资 I 主要通过直接投资 A（或称规模投资）和间接投资 B（或称优化投资）两种方式促进博士生培养规模的增长，总投资 $I = A + B$。则：

1. B = 0，投资全部用于规模投资

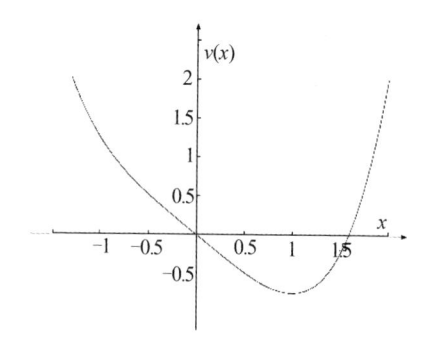

图 6—24　B = 0 时势函数曲线

势函数方程为：$V = -Ax + \frac{1}{4}Cx^4$ 式（6—12a）

根据极值条件 $\frac{\partial V}{\partial x} = 0$，即 $-A + Cx^3 = 0$，

解得：$x_0 = \sqrt[3]{\frac{A}{C}}$

该状态是稳态。这也符合一般认知，说明当投资全部用于扩大规模时，培养规模增长，并表现为高完成率状态。

2. $A = 0$，投资全部用于优化投资

势函数方程变为：$V = -\frac{1}{2}Bx^2 + \frac{1}{4}Cx^4$ 式（6—12b）

根据极值条件 $\frac{\partial V}{\partial x} = 0$，即 $-Bx + Cx^2 = 0$，

解得：$x_{01} = 0$，$x_{02} = -\sqrt{\frac{B}{C}}$，$x_{03} = \sqrt{\frac{B}{C}}$

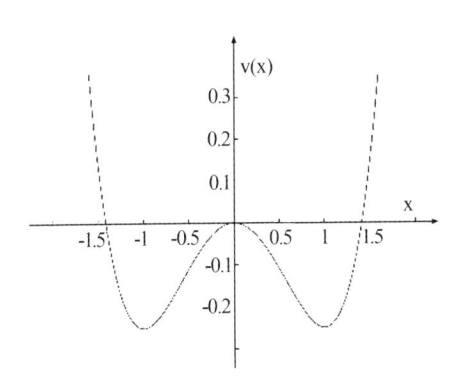

图6—25 $A=0$时势函数曲线

如图6—25所示，三个状态中有一个失稳，另外两个稳定（对应于两个极小值）。该结果表明，当投资全部用于优化培养模式及其效能，由于协同作用，可能出现两个概率相等的平衡，一个是培养规模低增长下的平衡，另一个是培养规模高增长下的平衡，前者对应于低完成率状态，而后者则代表着高完成率。

3. $A+B = It$（常数），$A \neq 0$ $B \neq 0$，投资用于扩大投资和优化投资

当 $B > A$ 时，极小值在左侧（图6—26左），说明若不充分增加用于扩大规模的直接投资，则系统处于低完成率状态的概率大；当 $A > B$ 时，极小值在右侧（图6—26右），说明若此时将主要投资用于扩大规模，则出现高完成率的概率大。可见，在投资总量一定的前提下，掌握直接投资与间接投资的比例非常重要。

此外，值得指出的是，若希望通过调整直接与间接投资比例来实现"完成率"由低水平向高水平的相位跃迁，并非是个别培养单位靠一己之力所能完成，这种跨越通常需要通过所有单位的集体行动来实现，也就是说，需要通过政府加大力度增加以扩大规模为目标的直接投资，方可实现培养规模增长方式的整体转型。

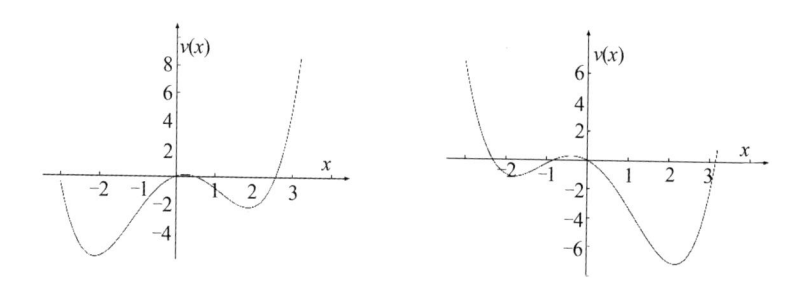

图6—26 $A \neq 0$ $B \neq 0$ 时势函数曲线

第七章

博士生培养模式的系统动力学建模

至此，已建立起中观层面的博士生培养系统的完整概念，即一个由学生、教师、管理者、监督者、决策者、雇主以及社会公众等人群构成的社会系统，系统中各类群体通过耦合作用发生数量的非线性动态变化，最终以自组织方式推动博士生培养规模的增长方式产生相变，并形成新的要素配置结构。借助系统动力学理论和方法，可进一步确定系统边界、逻辑结构、功能与机制，实现对上述概念建模，并通过模型进行比较研究。

第一节　博士生培养模式系统动力学模型构建

一　系统结构图

系统动力学分析的系统行为的发展变化，有赖于系统内部各要素之间的相互作用。假定系统外部环境的变化不给系统行为本身产生影响，也不完全受系统内部因素的控制。基于此，需要研究影响博士生培养系统动态演化的概念模型及变量，从而确定系统边界。

博士生培养体系是指在博士生培养过程中，包括学生、导师、教师、大学、政府以及社会等各主体之间相互作用，并最终形成培养规模发展变化的制度体系。同时，博士生培养模式受到国家宏观政策、经济发展状况、社会环境、科学技术水平、大学制度等诸多客观因素的影响，各因素对于博士生培养体系的作用又不尽相同，对博士生培养结果的引导亦有所不同。

因此，根据系统论开放性、整体性与关联性的特点，一个完整的博士生培养系统不仅包括以大学—学生—教师为利益共同体的招生计划、培养方案、师资管理、质量保障等环节，还包括政府、财政、劳动力市场、社会部门等其他利益共同体。通过比较德国、美国、日本与中国的博士生培养模式，确定博士生培养模式系统结构如图7—1所示。模型的五个子系统包括学生子系统、师资子系统、大学子系统、人口子系统和经济子系统，各子系统间由人的活动、信息流、资金与物质的流通等沟通连接，并通过变量之间的耦合形成子系统间相互影响的反馈结构，最终推动系统演进。

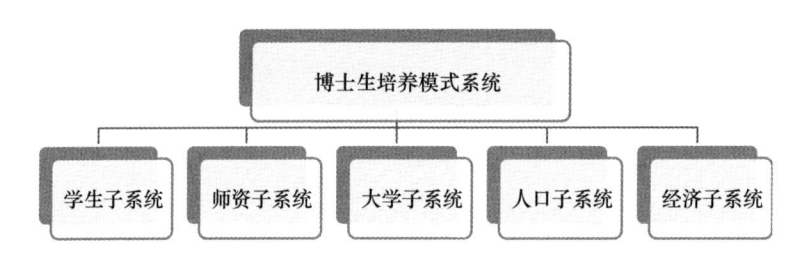

图7—1 博士生培养模式系统结构图

二 因果回路图

因果回路图（Causal Loop Diagram，CLD）是表示系统反馈结构的重要工具。在系统动力学中，系统由相互联系、相互影响的元素组成，元素之间的联系或关系概括为因果关系（Causal Relationship），正是因果关系的相互作用，最终形成系统的功能和行为。因此，因果关系分析是开展系统动力学模型研究的基础。

（一）主要因果关系分析

在博士生培养体系里，各层次变量相互影响从而作用于博士生培养模式自组织发展的过程中，不同子系统之间相互嵌套形成不同的反馈循环，控制系统从最简单到最复杂的动作和变化。建立系统结构最重要的概念是，所有的动作都发生在"反馈回路"中，所有的增长和平衡过程都在"反馈回路"中产生。在明确因果关系、反馈回路的概念和特征之后，针对研究内容进行因果关系分析，形成了以博士生为核心的子模块间的反馈结构图，以描述博士生培养模式系统的基本反馈机制。

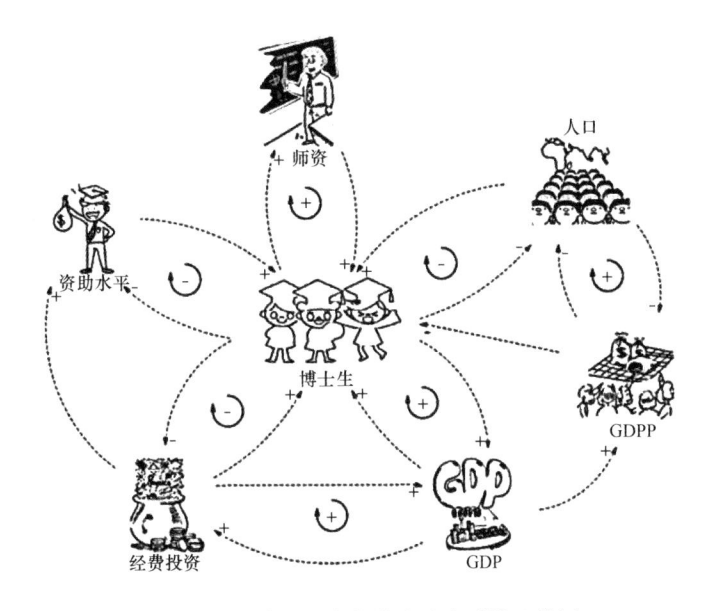

图7—2 博士生培养模式系统反馈结构图

由图7—2中可知：

（1）博士生、师资形成一个正反馈回路，说明此二者之中任何一方所出现的变化都会被进一步加强；

（2）博士生、资助水平形成一个负反馈回路，说明此二者中任何一方的变化都会通过回路的调节得到抑制；

（3）博士生与GDP形成一个正反馈回路，GDP又与经费投资形成另一个正反馈回路；同时，博士生与经费投资之间还存在一个负反馈回路，相互之间形成了比较复杂的连接关系，一旦GDP增长受到抑制，另外的两方也会受到影响；

（4）博士生、人口形成一个负反馈回路；同时，还存在人口与人均GDP（即GDPP）的正反馈回路，从而形成了正负反馈回路互相结合的构造。因此，人口的增加或减少取决于正反馈回路起主导作用还是负反馈回路起主导作用。

（二）主要反馈回路

描述系统基本变量间因果关系及相互作用的图称为系统的因果回路

图，变量间由标明因果关系的箭头连接（即因果链），表示箭尾变量对箭头变量有一定影响（作用方向与箭头指向一致），变量变化极性由箭头上方"＋"（正，表示产生增长力）或"－"（负，表示产生平衡压力）标注。两个以上的因果链首尾相连则形成反馈回路，当回路中都是正因果链或包含偶数个负因果链时，即为正反馈回路（增强型），反之为负反馈回路（平衡型）。基于以上认识，本书进一步研究归纳了博士生培养模式系统中各子系统及其构成要素的相互联系、制约和作用，以及产生各种后果的可能性，建立系统动力学模型系统因果回路图7—3，包含了45个反馈回路，其中，正反馈回路22个，负反馈回路23个。

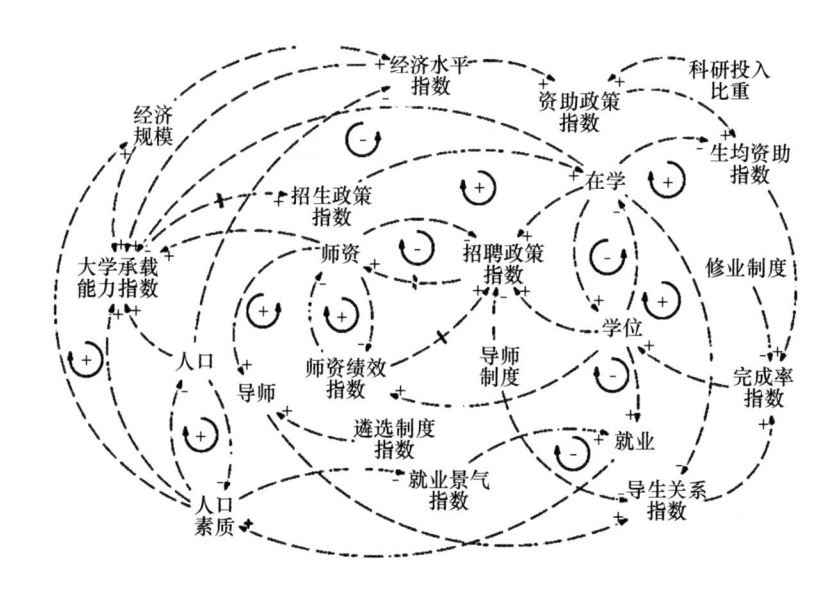

图7—3　博士生培养模式系统因果回路

三　模型检验

根据德、美、日、中四个国家的数据建模，模型包含五个子模块100多个变量，其中，状态变量15个、表函数11个，同时，以1980年的基本条件作为定义状态变量初始值的参考点，1980—2017年连续的变化率作为定义系统未来运行状态的常数和变量的参考点。

（一）外观检验

外观检验，主要用于考察模型结构是否与实际情况相一致，模型是否能真实、有效地反映实际系统的运行过程。本书所构造的博士生培养模型基于博士生培养体系结构,建模时参阅了大量的文献资料,并对模型数据进行了必要的调研,力求使模型结构与实际系统的结构尽量一致,各参数能真实反映实际问题。同时,各变量单位均符合实际,代表影响因子及速率的参数取值范围在 [0, 1] 之间,其余参数进行无量纲化处理,可通过外观检验。

(二)稳定性检验

为了测试博士生培养模型的运行是否会产生突变,需要检验模型的稳定性。分别选取不同的仿真步长 DT 对模型进行仿真分析,对于 DT = 0.0078125、DT = 0.015625、DT = 0.03125、DT = 0.0625、DT = 0.125、DT = 0.25、DT = 0.5、DT = 1 进行仿真并观察累计学位授予人数及承载规模的比较结果如图 7—4 所示。可以看出,系统的行为基本稳定。

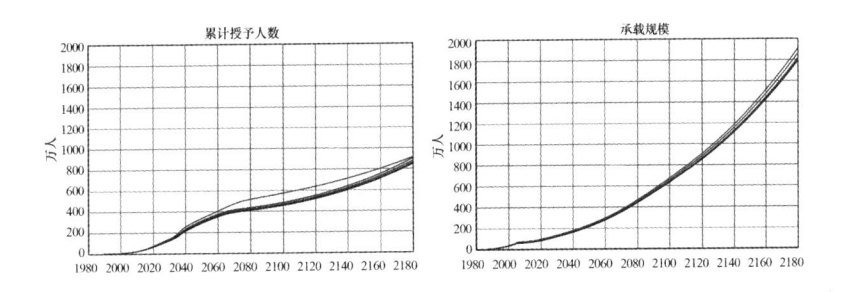

图7—4 模型稳定性检验

(三)误差检验

误差检验是指通过比较系统状态变量的仿真值与历史统计数据之间的差异来判断模型的有效性。考虑到历史数据的可获取性,历史验证的起始时间为 1980 年,终止时间为 2017 年,检验时间为 38 年,通过模拟仿真,可得出各个子系统主要变量的历史性检验结果。

由表7—1 中可以看到,变量的仿真值与历史值之间的精确度各有优劣,三项指标的平均误差绝对值分别为德国 8%、美国 10.73%、日本 0.77%、中国 2.8%,各项指标的误差率绝对值介于 [0.003,0.137],通过误差检验。

表7—1　样本国家培养规模平均误差率（1980—2017年）（部分）　（%）

变量	德国	美国	日本	中国
年授予人数	-1.8	12.2	-3.4	-5.4
累计授予学位	12.1	10.4	3.5	-0.3
十万人口占比	13.7	9.6	2.2	-2.7

（四）拟合度检验

在分析平均误差的基础上，进一步进行拟合度检验，拟合度方程如下：

$$R^2 = 1 - \frac{\sum_{i=1}^{n}(y_i - \tilde{y}_i)^2}{\sum_{i=1}^{n}(y_i - \bar{y}_i)^2}$$

式中：y_i 为实际值；$\tilde{y}_i$ 为仿真结果；$\bar{y}_i$ 为平均值；n 为仿真周期年数。根据拟合度方程，分别计算主要存量的实际值与仿真值的拟合系数如表7—2所示。

表7—2　样本国家模型仿真与实际拟合系数表（1980—2017年）（部分）

变量	德国	美国	日本	中国
年授予人数*	0.60*	0.54*	0.93	0.90
累计授予学位数	0.99	0.96	1.00	0.92
十万人口占比	0.99	0.94	1.00	0.91

由表7—2中可知，四国的累计授予学位数、十万人口占比等指标的拟合系数均在0.9以上，拟合程度较高，说明上述变量的仿真结果与真实值更加接近、更为可信。同时，在四个样本国家中，中国各项指标的拟合程度最高，拟合系数均超过0.9，说明该动力学模型能够最优反映出中国博士生培养模式系统的实际运行状态。在反映博士生培养规模的指标中，虽然德国、美国"年授予人数"拟合度较低，分别为0.60和0.54，但是两国"累计授予学位数"拟合度却高于中国，分别达到0.99和0.96，拟合曲线如图7—5所示，说明从长期来看模型具有"预测"未来趋势的价值。

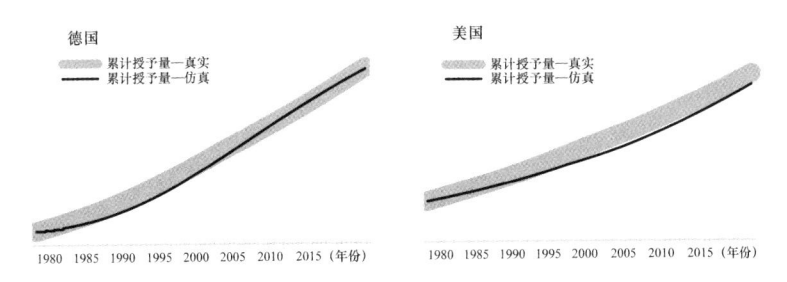

图7—5 "累计授予学位"拟合曲线（德国/美国）

第二节 博士生培养模式系统动力学模型仿真

本书使用 Vensim PLE 软件进行模拟仿真，实现系统要素各自变化并相互影响的行为按时间展开的整体特征分析。本书中的动力学模型是基于作者提出的假设及研究结论，经过反复调试和修改的结果。

样本国家的仿真数据已通过软件被绘制成直观的二维计算机图形。横轴代表"年"，起止点设置为1980—2180；纵轴左侧标识为图表的刻度单位，其单位刻度对应不同图例符号标记的图线时所指示的数值比例、数值单位也各不相同，其标记顺序与图例符号自上而下依次对应。横轴下方的图文即为图例符号，由上及下依次与纵轴的刻度标识对应，纵轴标记的上下顺序依次为"十万人占比""在学规模""授学位""导师""人口"[①] 和"GDP"，对应显示模型的六个重要输出，即博士学位十万人占比（单位：无纲量）、博士在学人数（单位：万人）、年博士学位授予人数（单位：万人/年）、导师人数（单位：万人）、总人口（单位：万人）及国内生产总值（单位：十亿美元）[②]，涵盖了学生、师资、大学、人口及经济五个子系统的运行状态。

---

① 本书模型中所指的"人口"并非统计学意义上的人口，而是特指在博士学历人口占比水平影响下的且仅与之相关的人口情况，是不考虑任何其他与人口变化相关的外因的模型内生变量，正因如此，才能将人口系统纳入博士生培养模式系统、并作为其中一个子系统进行研究。

② 系统仿真结果中所有货币单位"元"均指"美元"。

一 德国博士生培养模式系统仿真

图7—6显示了德国博士生培养模式系统的仿真结果。如图7—6所示,按照当前假设的行为规则,德国博士学位年授予量2040年之前将超过3万并继续保持增长,到2090年左右预计突破4万,2130年前后将达到5万,而在此之前,博士学位年授予人数从1990年左右达到2万直至2040年3万的增长也历经50年左右的时间。

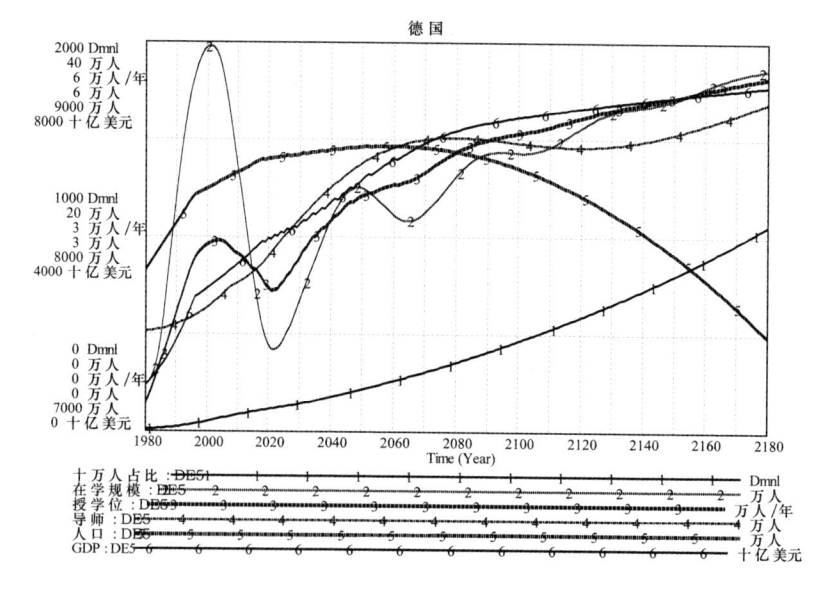

图7—6 德国博士生培养模式系统仿真结果

二 美国博士生培养模式系统仿真

图7—7显示了美国博士生培养模式系统的运行结果,按照当前假设,美国博士学位年授予量2020年前后将突破6万,之后增长率下调,进入相对缓慢的指数增长阶段,同时,年授予量的变化情况作为培养模式系统最重要变量和输出信息,其任何变化都影响着另一表征培养规模的状态变量——在学规模的变化速度,美国"在学规模"与年授予量的比值在四国中最小,由此反映出美国博士生培养模式的重要内涵,即"积极突破,追求投入产出效率"。

美国

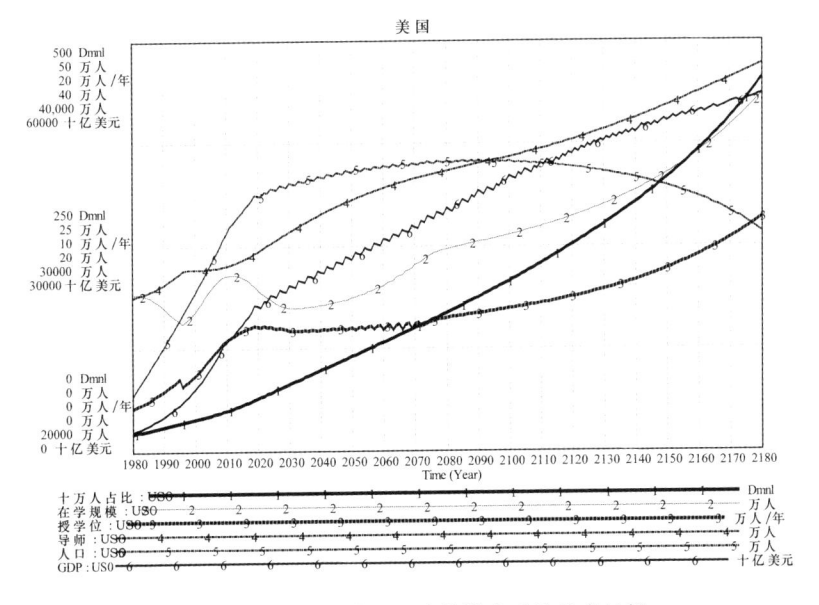

图 7—7 美国博士生培养模式系统仿真结果

三 日本博士生培养模式系统仿真

图 7—8 显示了日本博士生培养模式系统的运行结果。如图 7—8 所示，按照当前假设的行为规则，日本博士生培养模式整体呈现收敛的行为特征。日本博士学位年授予量 2020 年达到接近 2 万的峰值后出现持续下降并具有明显的寻的特征，大约经过 80 年稳定在万人规模的新水平。同样，导师人数的变化也出现寻的特征的收敛行为，时间上与年学位授予量基本同步，在 2020 年左右达到接近万的峰值，此后逐步下降并在 2100 年左右稳定在近 4 万人的规模。

四 中国博士生培养模式系统仿真

图 7—9 显示了中国博士生培养模式系统的运行结果，可看出其培养规模的整体行为模式是持续增长，尤其表现出多项指数增长。按照当前假设的行为规则，在未来一百多年，中国每年授予博士学位的人数到 2020 年将突破 6 万，之后年均增长率有所调整并进入新的指数增长阶段，2180 年中国博士学位的年授予规模将达到 30 万，年均增长率 1%，倍增

期约70年。

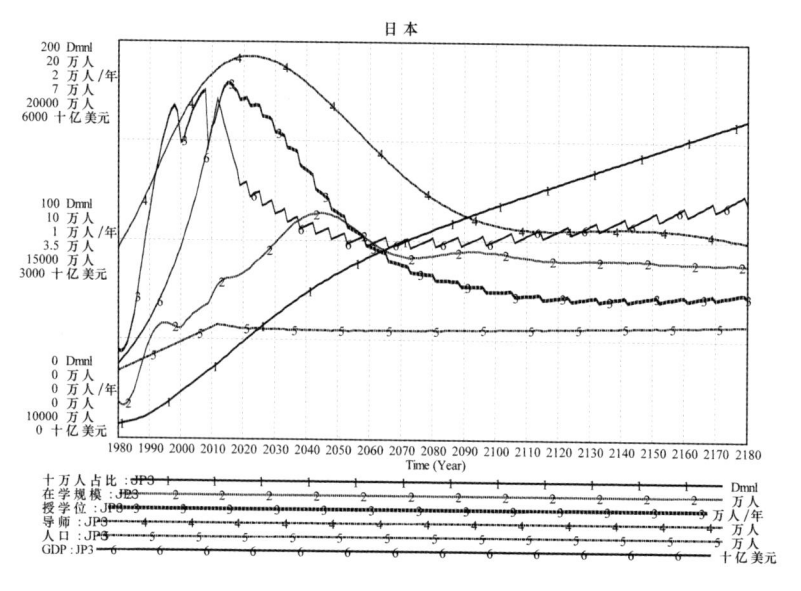

图7—8 日本博士生培养模式系统仿真结果

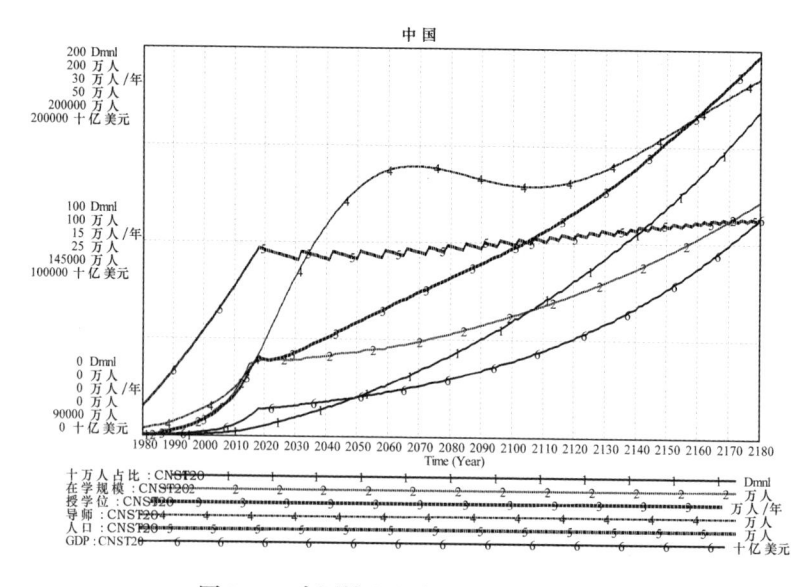

图7—9 中国博士生培养模式系统仿真结果

四国的仿真结果可概括为三个共同特征：(1)博士总量（即：十万人占比）基本呈指数增长；(2)博士总量的提升促进了经济持续增长；(3)博士总量的提升抑制了人口持续增长。

五　博士生培养模式系统发展趋势比较

根据系统动力学模型的仿真结果，可以进一步选取主要观察变量并对比其2017—2180年的变化幅度以及年均增长率。

表7—3　　　　　　主要变量的未来变化（2017—2180年）

	德国		美国		日本		中国	
	变化幅度	年均增速	变化幅度	年均增速	变化幅度	年均增速	变化幅度	年均增速
年授学位（万人）	↑125%	↑0.50%	↑89%	↑0.39%	↓59%	↓0.55%	↑410%	↑0.96%
在学规模（万人）	↑201%	↑0.68%	↑109%	↑0.45%	↑9%	↑0.05%	↑221%	↑0.72%
年招生量（万人）	↑5%	↑0.03%	↑75%	↑0.34%	↓82%	↓1.04%	↑354%	↑0.93%
导师规模（万人）	↑99%	↑0.42%	↑98%	↑0.42%	↓48%	↓0.40%	↑372%	↑1.00%
博士学位十万人占比	↑904%	↑1.43%	↑658%	↑1.25%	↑261%	↑0.79%	↑4142%	↑2.33%
生均经费/GDPP	↓64%	↓0.63%	↑473%	↑1.08%	↓76%	↓0.86%	↓56%	↓0.50%
GDPP（万美元）	↑107%	↑0.45%	↑176%	↑0.62%	↑16%	↑0.11%	↑761%	↑1.33%
总人口（千万人）	↓11%	↓0.07%	↓4%	↓0.03%	↑1%	↑0.00%	↑7%	↑0.04%

如表7—3所示，经过未来一百多年的发展，中国博士生培养规模增长幅度最大，且博士生教育对中国社会经济增长的促进作用也最为显著；而日本的博士生培养规模下降最为明显，且对其经济增长造成了一定的

负影响；德国、美国的增长方式比较接近，二者主要区别在于美国受其培养经费的大幅上涨，相应促进了招生规模的显著提升。

仿真结果显示，在未来 100 多年间，中国的博士生培养规模相关变量的年均增长率最高，其中，年博士学位授予人数、年招生量增速均接近 1%，博士学位十万人占比的年均增速甚至超过 2.3%，受到培养规模快速增长的推动，博士生导师规模以每年 1% 的速度同步增长，人均国内生产总值年均增长率也超过了 1.3%，经济增长速度明显高于其他 3 个国家，但是与此同时，人口增速明显放缓，年均增长率 0.04%；美国、德国博士学位年授予人数的增长速度比较接近，分别为 0.4% 和 0.5%，但美国年招生增速达到 0.34%、约为德国的 10 倍，两国导师规模的年增长率持平、约为 0.4%；日本的培养规模基本处于负增长，其中，年招生量的年均下降速度超过 1%，受此影响，日本的经济也出现了下滑，人均国内生产总值（GDPP）年均下降 0.11%。

第三节　我国博士生培养模式系统的优化策略

一　引用典型培养模式政策参数的仿真结果

我国博士生教育广泛借鉴和吸收了德国、美国、日本等发达国家的先进理念和实践，但总体而言，我国博士生培养模式更侧重于"师徒制"。借助模型，分别引用德国、美国和日本的博士生培养模式的表征参数（见表 7—4），可以对比观察各模式应用于中国的仿真结果，为制度的选择提供参考。

表 7—4　　典型国家博士生培养模式的表征变量

典型模式	图例	投资政策	资助政策	导师制度	修业制度	招生政策	供职年限
德国模式	CNST30	0.0060	4.5	1	5	0.005	30
美国模式	CNST31	0.0035	4.0	5	6	0.010	35
日本模式	CNST32	0.0045	7.7	3	6	0.039	30
中国模式	CNST33	0.0040	10.0	1	4	0.035	25

根据表 7—4 组合参数调整，得到博士生培养规模相关仿真结果如图 7—10 所示。

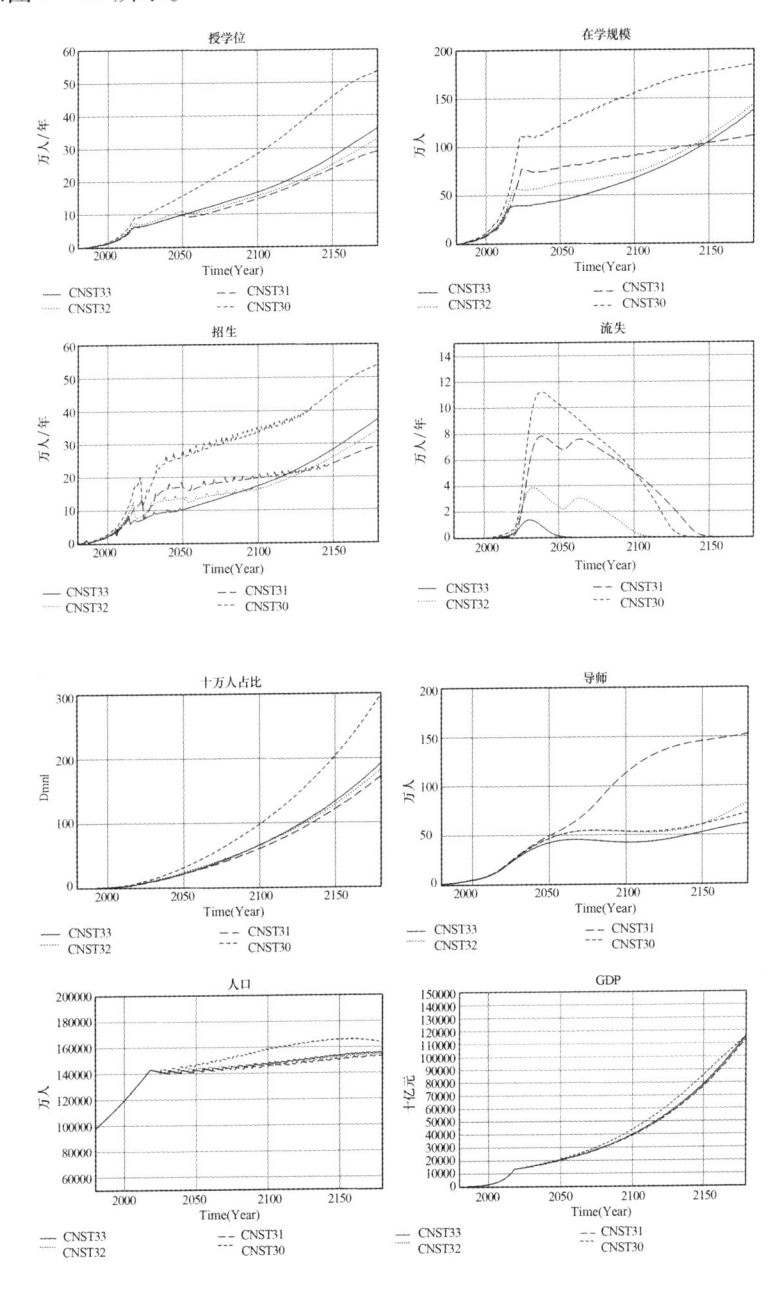

图 7—10　引用典型培养模式政策参数的仿真结果

如图7—10所示，可以看出采用德国模式的政策参数组对中国的博士生培养规模的促进效果最明显，也相应拉动了博士生导师规模的显著增长，但同时也增加了学生的流失数量。具体变化如图7—11所示。

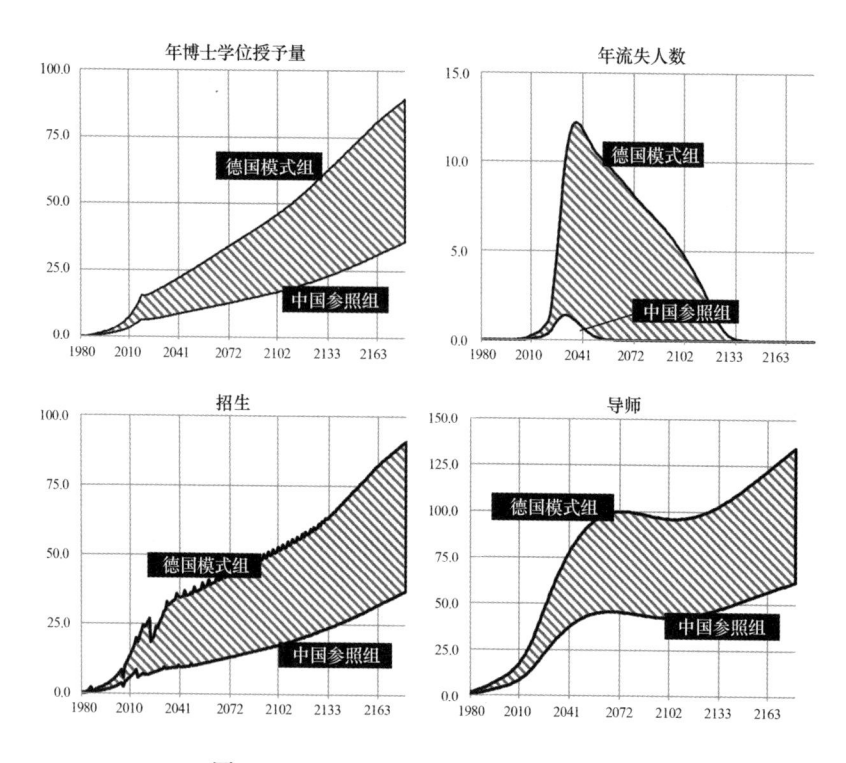

图7—11 引用德国培养模式的显著变化参数

二 政策实验的启示

上述培养模式相关制度测试的仿真实验表明，中国主要借鉴德国博士生培养模式是合适的，"德国模式"作为对比组中历史最悠久的经典博士生教育体系，对其充分研究、合理引用是较为切实可行的选择。通过政策实验，得到如下启示：

第一，改变单一的政府主导和投入模式，引导社会力量联合培养，逐步建立培养主体多元化的博士生培养体系，优先试点实践应用类学科的社会化、市场化培养（如美国的二年制、德国的弗劳恩霍夫模式等），进一步提高基础研究类学科的财政投入比例，在现有财政预算内最大限度提高招生和培养规模,尽快实现博士教育从量变到质变的升华,逐步形成有中国特色的博士生培养模式。

第二,保持导师队伍的稳定对于促进博士生规模增长有积极的推动作用,适当延长导师的任职年限,引导建立良好的师生关系,定期开展导师专业能力审核,促进导师自身学术素养及道德修养的提升;同时,应根据培养绩效对师资队伍进行合理规划和及时调整,建立分流机制确保师资队伍稳健增长,建立激励机制充分调动教师积极性,提高教学质量,从而,全面促进博士生教育水平稳步提高。

第三,随着博士生教育的不断发展,修业制度或将逐渐成为制约博士生培养规模增长的要素之一,过长的修业年限必然造成学生心理和经济的双重负担,应密切关注修业制度所产生的负影响,并及时采取措施将修业年限控制在适度范围内,将有利于博士生培养规模的持续增长。

第四,尽管经济资助是减少流失的重要手段,适度增加经济资助标准可以促进博士生培养规模的提升,但是当资助制度足够完善时,持续增加的经济资助将逐渐失去正向作用,并由于边际效用递减规律而造成培养规模的下降。

第五,博士生培养规模的增长应逐渐与劳动力市场需求相适应,避免博士劳动力供过于求所引发的就业危机:一方面,会严重挫伤求学者的积极性,并促使博士入学人数骤降,对国家竞争力的提升带来负面影响;另一方面,会造成创新驱动型岗位难以匹配高端人才,从而抑制了社会知识资本的增长能力。

第六,人口、特别是劳动力人口的稳定增长有利于博士生教育的可持续发展,但同时人口文化水平的提高又负向影响着人口的增长速度,为此,各国都纷纷采取相应措施以化解此矛盾:德国社会经济运行平稳,人口总量长期稳定,但是通过严格的移民政策,其劳动力人口规模较为稳定,在此客观环境下,德国博士生培养规模也保持了稳定增长的态势;美国在不断提高博士生培养规模的同时,通过移民政策保障人口规模的持续增长,形成博士生教育水平、劳动力人口与经济总量的协调增长;近10年,日本的博士生教育遇到了困境,经济保持增长的同时,其劳动力人口却出现了较大衰退,并对博士生培养规模的增长造成了冲击,招生人数和培养人数逐年减少,博士生在学规模也出现下降趋势,暂且无快速应对该困境的有效措施；近年来，中国的劳动力人口也在减少，由于人口基数庞大，博士生教育的发展暂时不会面临日本当前的困境，但需要警惕并提前采取防范措施。

第七，博士生教育与经济增长的关系是个永恒的话题，学术界对此始终保持着浓厚的兴趣，国内外专家学者针对这一课题开展了广泛而深入的研究，并取得了很多极具价值的成果。本书也发现一个普遍而重要的结论：相较于物质资本的贡献率，中国的研究生人力资本对经济增长的推动作用严重不足。因此，应充分认识博士生教育与经济发展的关系，注重博士生创新能力培养，尽快建立淘汰分流机制，在持续扩大培养规模的同时，不断提高博士生教育质量；同时，在博士教育投资总量一定的前提下，可围绕"博士学位完成率的优化问题"，从国家层面确立"投资"对于"完成率"和规模的控制方向，推动探索适应新时代的博士生培养的"中国模式"。

参考文献

中文部分

著作类：

［比利时］普利高津、［比利时］尼科里斯：《探索复杂性》，罗久里译，四川教育出版社 2013 年版。

陈凌、张原、国懿：《德国人才战略：历史、发展与政策》，党建读物出版社 2016 年版。

陈学飞等：《西方怎样培养博士——法、英、德、美的模式与经验》，教育科学出版社 2002 年版。

陈彦丽：《协同学视阈下我国食品安全社会共治研究》，经济科学出版社 2016 年版。

［德］弗·鲍尔生：《德国教育史》，滕大春、滕大生译，人民教育出版社 1986 年版。

［德］弗里德里希·克拉默：《混沌与秩序——生物系统的复杂结构》，柯志阳、吴彤译，上海科技教育出版社 2010 年版。

［德］H. 哈肯：《高等协同学》，郭治安译，科学出版社 1989 年版。

［德］H. 哈肯：《协同学讲座》，宁存政等译，陕西科学技术出版社 1987 年版。

［德］H. 哈肯：《信息与自组织：复杂系统的宏观方法》，郭治安译，四川教育出版社 2013 年版。

［德］赫尔曼·哈肯：《大自然成功的奥秘：协同学》，凌复华译，上海译

文出版社 2018 年版。

［德］赫尔曼·哈肯：《协同学：大自然构成的奥秘》，凌复华译，上海译文出版社 2013 年版。

方美琪、张树人：《复杂系统建模与仿真》，中国人民大学出版社 2011 年版。

符娟明、迟恩莲：《国外研究生教育研究》，人民教育出版社 1992 年版。

郭治安：《协同学入门》，四川人民出版社 1988 年版。

胡建华：《战后日本大学史》，南京大学出版社 2001 年版。

［加］约翰·福克斯：《社会科学中的数理基础及应用》，贺光烨译，格致出版社 2011 年版。

贾仁安、丁荣华：《系统动力学：反馈动态性复杂分析》，高等教育出版社 2002 年版。

贾仁安：《组织管理系统动力学》，科学出版社 2014 年版。

姜德昌、夏景才：《资本主义现代化比较研究》，吉林人民出版社 1989 年版。

金明善、宋绍英、孙执中：《战后日本经济发展史》，航空工业出版社 1988 年版。

李旭：《社会系统动力学：政策研究的原理、方法和应用》，复旦大学出版社 2009 年版。

廖湘阳：《研究生教育发展战略研究》，清华大学出版社 2006 年版。

刘细文、李宁：《科技政策研究之科学计量学方法》，科学出版社 2017 年版。

［美］彼得·圣吉：《第五项修炼：学习型组织的艺术与实践》，张成林译，中信出版社 2018 年版。

［美］伯顿·克拉克：《探究的场所：现代大学的科研和研究生教育》，王承绪译，浙江教育出版社 2001 年版。

［美］库恩：《科学革命的结构》，金吾伦、胡新和译，北京大学出版社 2012 年版。

［美］兰德斯、梅多斯：《增长的极限》，李涛、王智勇译，机械工业出版社 2013 年版。

［美］罗纳德·G. 埃伦伯格、夏洛特·V. 库沃：《博士生教育与未来的

教师》，仁杰、廖洪跃译，北京理工大学出版社2018年版。

［美］乔治·E. 沃克、［美］克里斯·M. 戈尔德、［美］劳拉·琼斯等：《学者养成：重思21世纪博士生教育》，黄欢译，北京理工大学出版社2018年版。

［美］约翰·塞林：《美国高等教育史》，孙益等译，北京大学出版社2014年版。

潘开灵、白烈湖：《管理协同理论及其应用》，经济管理出版社2006年版。

饶扬德：《创新协同与企业可持续成长》，科学出版社2011年版。

饶志明：《协同演化的企业战略观》，吉林大学出版社2009年版。

［日］大森金五郎：《现代日本史》，文沫光译，中日文化研究所1943年版。

［日］小林义雄：《战后日本经济史》，孙汉超、马君雷译，商务印书馆1985年版。

［日］小林哲也：《日本的教育》，徐锡龄译，人民教育出版社1981年版。

［瑞士］瓦尔特·吕埃格：《欧洲大学史第三卷：19世纪和20世纪早期的大学（1800—1945）》，张斌贤、杨克瑞译，河北大学出版社2013年版。

陶在朴：《系统动态学：直击〈第五项修炼〉奥秘》，中国税务出版社2005年版。

王桂：《日本教育史》，吉林教育出版社1987年版。

王其藩：《系统动力学》，上海财经大学出版社2009年版。

吴大进、曹力、陈立华：《协同学原理和应用》，华中理工大学出版社1990年版。

吴友法：《德国现当代史》，武汉大学出版社2007年版。

Enders W.：《应用计量经济学——时间序列分析》，杜江、谢志超译，机械工业出版社2017年版。

［英］吉本斯：《知识生产的新模式：当代社会科学与研究的动力学》，陈洪捷、沈文钦等译，北京大学出版社2011年版。

［英］麦奎尔、［瑞典］温德尔：《大众传播模式论》，祝建华、武伟译，上海译文出版社1987年版。

俞竹超、樊治平：《知识协同理论与方法研究》，科学出版社2014年版。

张凌云:《传承与创新:德美两国博士生培养模式研究》,武汉理工大学出版社2016年版。

赵世奎等:《美国博士教育的规模扩张》,北京大学出版社2016年版。

钟永光、贾晓菁、钱颖:《系统动力学》,科学出版社2013年版。

周洪宇:《学位与研究生教育史》,高等教育出版社2004年版。

周叶中:《研究生培养模式改革研究》,人民教育出版社2013年版。

期刊类:

包水梅:《学术型博士研究生教育中的课程建设方略研究》,《研究生教育研究》2014年第6期,第47—51页。

陈亮、陈恩伦:《"申请—考核"博士招生改革制度优化路径探究》,《学位与研究生教育》2015年第4期,第49—55页。

陈学飞:《传统与创新:法、英、德、美博士生培养模式演变趋势的探讨》,《清华大学教育研究》2000年第4期,第9—20页。

董泽芳:《关于博士生招生制度改革之我见》,《华中师范大学学报》(人文社会科学版)2014年第53期,第157—162页。

顾剑秀、罗英姿:《学术抑或市场:博士生培养模式变革的逻辑与路径》,《高等教育研究》2016年第37期,第49—56页。

何峰、贾爱英、郑义等:《高等学校与工程科研院所联合培养博士生试点工作实施效果的调查分析》,《学位与研究生教育》2014年第2期,第52—56页。

李广平、饶从满:《美、澳、英三国教育博士的培养目标与培养过程研究》,《学位与研究生教育》2010年第214期,第71—77页。

李明磊、王战军:《全国优博论文评选政策分析与改进》,《国家教育行政学院学报》2012年第169期,第15—19、34页。

李振玉:《透视日本的"博士过剩"现象》,《比较教育研究》2005年第7期,第43—47页。

卢彩晨:《如何应对高等教育适龄人口下降:美国与日本之比较》,《教育研究》2010年第31期,第102—106页。

马爱民:《澳大利亚教育博士改革动向——以新英格兰大学为例》,《高等教育研究》2012年第33期,第104—109页。

秦琳：《社会科学博士论文的质量底线——基于抽检不合格论文评阅意见的分析》，《北京大学教育评论》2018 年第 16 期，第 39—54、187—188 页。

饶从满：《英国教育博士研究生的培养及其特征——以伦敦大学教育研究院和格拉斯格大学为中心》，《外国教育研究》2010 年第 37 期，第 16—22 页。

[日] 朴澤泰男：「18 歳人口減少期の高等教育機会」，《高等教育研究》2017 年第 20 期，第 51—70 页。

孙伟、张彦通、赵世奎：《1999—2013 年全国优秀博士学位论文统计分析》，《学位与研究生教育》2015 年第 271 期，第 65—71 页。

王传毅、赵世奎：《21 世纪全球博士教育改革的八大趋势》，《教育研究》2017 年第 38 期，第 142—151 页。

王梅、赵亚平、安蓉：《德国大学教师绩效管理体系及其特点——以慕尼黑工业大学为例》，《外国教育研究》2016 年第 43 期，第 46—58 页。

王仁春、赵雪梅：《壮大企业博士后人员队伍强化企业博士后工作管理》，《中国高教研究》2005 年第 5 期，第 82—83 页。

王一鸣：《企业博士后科研工作站再探讨——产学研合作的深化与创新模式的会聚》，《科学管理研究》2013 年第 31 期，第 41—44 页。

肖凤翔、董显辉、付卫东等：《工程博士专业学位研究生培养现状及应注意的问题》，《学位与研究生教育》2014 年第 256 期，第 43—47 页。

于晓敏、赵世奎、李泮泮：《我国"博士学位论文"主题研究的文献计量分析》，《国家教育行政学院学报》2016 年第 2 期，第 79—84 页。

张天舒、李明磊：《日本一流大学博士教育变革效果——基于"博士教育引领计划"中期评估结果的研究》，《中国高教研究》2017 年第 11 期，第 60—64、76 页。

张延群：《向量自回归（VAR）模型中的识别问题——分析框架和文献综述》，《数理统计与管理》2012 年第 31 期，第 805—812 页。

赵世奎、沈文钦：《博士生导师制度的比较分析》，《学位与研究生教育》2011 年第 9 期，第 71—77 页。

朱佳妮、朱军文、刘莉：《德国博士生培养模式的变革——"师徒制"与

"结构化"的比较》,《学位与研究生教育》2013 年第 11 期,第 64—69 页。

论文集:

王其藩:《系统动力学:一九八六年全国系统动力学会议论文集》,《系统工程》编辑部 1986 年版。

外文部分

著作类:

Berelson B., Graduate education in the United States [M]. New York: Mc Graw-Hill, 1960.

Blessinger P., Stockley D., Emerging directions in doctoral education [M]. Bingley, U.K.: Emerald, 2016.

Bowen W. G., Rudenstine N. L., In pursuit of the PhD [M]. Princeton: Princeton University Press, 1996.

Breneman D. V., Graduate school adjustments to the "new depression" in higher education [M]. Washington, D.C.: National Board on Graduate Education, 1975.

Deutscher Bundestag. Unterrichtung durch die Bundesregierung: Bundesbericht zur Förderung des Wissenschaftlichen Nachwuchses [M]. Köln: Bundesanzeiger Verlagsgesellschaft mbH, 2008.

Hauss K., Kaulisch M., Zinnbauer M., et al. Promovierende im Profil: Wege, Strukturen und Rahmenbedingungen von Promotionen in Deutschland [M]. Berlin: Institut für Forschungsinformation und Qualitätssicherung, 2012.

Hauss K., Kaulisch M., Zinnbauer M., et al. Promovierende im Profil: Wege, Strukturen und Rahmenbedingungen von Promotionen in Deutschland [M]. Berlin: Institut für Forschungsinformation und Qualitätssicherung, 2012.

Hochschulrektorenkonferenz. Quo vadis Promotion? Doktorandenausbildung in

Deutschland im Spiegel internationaler Erfahrungen [M]. Bonn: HRK, 2007.

Lincoln Y. S., Guba E. G., Naturalistic Inquiry [M]. Beverly Hills, C. A.: Sage Publications, Inc, 1985.

Lovitts B. E., Leaving the ivory tower: the causes and consequences of departure from doctoral study [M]. Maryland: Rowman & Littlefield Publishers, Inc, 2001.

Mayhew L. B., Reform in gradutae education [M]. Atlanta, G. A.: Southern Regional Education Board, 1972.

Miles M. B., HUBERMAN A M. Qualitative data analysis: An expanded sourcebook [M]. Thousand Oaks, C. A.: Sage, 1994.

Powell S., GREEN H. The Doctorate Worldwide [M]. Berkshire: Open University Press, 2007.

Thurgood L., GOLLADAY M J, HILL S T. U. S. doctorates in the 20th century [M]. Arlington, V. A.: National Science Foundation, 2006.

Wintermantel M., André J., Mayer M., Promovieren heute: Zur Entwicklung der deutschen Doktorandenausbildung im europäischen Hochschulraum [M]. Hamburg: Herstellungsbüro, 2010.

Wollgast S., Zur Geschichte des Promotionswesens in Deutschland [M]. Bergisch Gladbach: Dr. Frank Grätz Verlag, 2001.

报告、论文集：

Brandt G., Devogel S., Jaksztat S., et al. DZHW-Promoviertenpanel 2014: Daten-und Methodenbericht zu den Erhebungen der Promoviertenkohorte 2014 (1. und 2. Befragungswelle) [R]. Hannover: Deutsches Zentrum für Hochschul-und Wissenschaftsforschung GmbH, 2018.

Bundesministerium für Bildung und Forschung. Das BaföG: Kompaktinformationen zur Ausbildungsförderung [R]. Berlin: Bundesministerium für Bildung und Forschung, 2018.

Bundesministerium für Bildung und Forschung. Mehr als ein Stipendium: Die Angebote der Begabtenförderungswerke für Studierende und Promovierende

[R]. Berlin: BMBF, 2018.

Bureau of Education, Department of the Interior. Accredited higher institutions, bulletin, 1927, No. 41 [R]. Washington, D. C. : Government Printing Office, 1928.

BUSH V. Science, the endless frontier: a report to the president [R/OL]. (1945 - 07 - 25) [2019 - 03 - 21]. https://www.nsf.gov/od/lpa/nsf50/vbush1945.

CollegeBoard. Trends in student aid 2018 [R/OL]. (2018 - 10 - 01) [2018 - 12 - 26]. http://trends.collegeboard.org.

Council of Graduate Schools, Educational Testing Service. The path forward: the future of graduate education in the United States [R]. Princeton, N. J. : ETS, 2010.

Deutscher Akademischer Austauschdienst. Promovieren in Deutschland: Ein Leitfaden für international Doktoranden [R]. Bonn: DAAD, 2015.

Freie Universität Berlin. Gemeinsame Promotionsordnung zum Dr. phil. /Ph. D. der Freien Universität Berlin [R]. Berlin: Kulturbuch-VerlagGmbH, 2008.

Freie Universität Berlin. Promotionsordnung des Fachbereichs Physik der Freien Universität Berlin [R]. Berlin: FU-Berlin, 2013.

HAUSS K, KAULISCH M, ZINNBAUER M, et al. Promovierende im Profil: Wege, Strukturen und Rahmenbedingungen von Promotionen in Deutschland, Ergebnisse aus dem ProFile-Promovierendenpanel [R]. iFQ-Working Paper, 2012.

Hochschulrektorenkonferenz. Zur Qualitätssicherung in Promotionsverfahren: Empfehlung des Präsidiums der HRK an die promotionsberechtigten Hochschulen [R]. Bonn: HRK, 2012.

MENAND L. College: the end of the golden age [N]. The New York review of books, 2001 - 10 - 18.

National Board on Graduate Education. Outlook and opportunities for graduate education [R]. Washington, D. C. : NBGE, 1975.

National Research Council. A century of doctorates: data analyses of growth and change [R]. Washington, D. C. : National Academies Press, 1978.

National Science Board. The federal role in science and engineering graduate and postdoctoral education [R]. Arlington, V. A. : National Science Foundation, 1998.

National Science Foundation. 2017 Doctorate recipients from U. S. universities [R]. Washington, D. C. : NSF, 2018.

National Science Foundation, National Center for Science and Engineering Statistics. Doctorate recipients from U. S. universities 2017 [R]. Alexandria, V. A. : NSF, NCSES, 2018.

Rheinisch-Westfälischen Technischen Hochschule. Promotionsordnung der Fakultät für Maschinenwesen der Rheinisch-Westfälischen Technischen Hochschule Aachen vom 07. 8. 2008 in der Fassung der zweiten Änderungsordnung veröffentlicht als Gesamtfassung vom 12. 6. 2012 [R]. Aachen: RWTH, 2012.

Statistisches Bundesamt. Promovierende in Deutschland: Wintersemester 2014/2015 [R]. Wiesbaden: Statistisches Bundesamt, 2016.

Technische Universität München. Promotionsordnung der Technischen Universität München vom 12. März 2012 in der Fassung der 2. Änderungssatzung vom 1. September 2013 [R]. München: Technischen Universität München, 2013.

The Woodrow Wilson National Fellowship Foundation. The Responsive Ph. D. : Innovations in U. S. Doctoral Education [R]. Princeton, N. J. : WWNFF, 2005.

Wissenschaftsrat. Empfehlungen zur Doktorandenausbildung [R]. Saarbrücken: WR, 2002.

期刊类:

Abedi J. , Benkin E. , The effects of students'academic, financial, and demographic variables on time to the doctorate [J]. Research in higher education, 1987, 27 (1): 3 - 14.

Armstrong J. A. , Rethinking the Ph. D [J]. Issues in science and technology, 1994, 10 (4): 19 - 22.

Barens J., Austin E., The role of doctoral advisors: a look at advising from the advisor's perspective [J]. Innovative higher education, 2009, 33 (5): 297–315.

Bishop R. M., Bieschke K. J., Applying social cognitive theory to interest in research among counseling psychology doctoral students: a path analysis [J]. Journal of counseling psychology, 1998, 45 (2): 182–188.

Blessinger P., Stockley D., Emerging directions in doctoral education [M]. Bingley, U. K.: Emerald, 2016: 40–42.

Boud D., Mark T., Putting doctoral education to work: challenges to academic practice [J]. Higher education research and development, 2006, 25 (3): 293–306.

Bourner T., Bowden R., Laing S., Professional doctorates in England [J]. Studies in higher education, 2001, 26 (1): 65–83.

Dale E., The training of Ph. D.'s [J]. The journal of higher education, 1930, 1 (4): 198–202.

Devos C., Boudrenghien G., Vander Linden N., et al. Doctoral students' experiences leading to completion or attrition: a matter of sense, progress and distress [J]. European journal of psychology of education, 2017 (32): 61–77.

Ethington C. A., Pisani A., The RA and TA experience: impediments and benefits to graduate study [J]. Research in higher education, 1993 (3): 343–354.

Fox M. F., Stephan P. E., Careers of young scientists: preferences, prospects and realities by gender and field [J]. Social studies of science, 2001, 31 (1): 109–122.

Gardner S. K., "I Heard it through the Grapevine": Doctoral Student Socialization in Chemistry and History [J]. Higher education, 2007, 54 (5): 723–740.

Gardner S. K., Student and faculty attributions of attrition in high and low-completing doctoral programs in the United States [J]. Higher education, 2009, 58 (1): 97–112.

Gardner S. K., What's too much and what's too little?: the process of becoming an independent researcher in doctoral education [J]. The journal of higher education, 2008, 79 (3): 326–350.

Garener S. K., Fitting the mold of graduate school: a qualitative study of socialization in doctoral education [J]. Innovative higher education, 2008, 33 (2): 125–138.

Gelso C. J., On the making of a scientist-practitioner: a theory of research training in professional psychology [J]. Professional psychology research and practice, 1993, 24 (4): 468–476.

Günthe O., Warum promovieren wir? Der Doktorgrad nach Bologna [J]. Forschung & Lehre, 2009 (7): 484–485.

Golde C. M., The role of the department and discipline in doctoral student attrition: lessons from four departments [J]. The journal of higher education, 2005, 76 (6): 669–700.

Haken H., Graham R., Synergetik-Die Lehre vom Zusammenwirken [J]. Umschau in Wissenschaft und Technik, 1971 (6): 191–195.

Halse C., Malfroy J., Retheorizing doctoral supervision as professional work [J]. Studies in higher education, 2010, 35 (1): 79–92.

Ives G., Rowley G., Supervisor selection or allocation and continuity of supervision: Ph. D. students' progress and outcomes [J]. Studies in higher education, 2005, 30 (5): 535–555.

Lee A., How are doctoral students supervised? Concepts of doctoral research supervision [J]. Studies in higher education, 2008, 33 (3): 267–281.

Lent R. W., Brown S. D., Hackett G., Toward a unifying social cognitive theory of career and academic interest, choice, and performance [J]. Journal of vocational behavior, 1994, 45 (1): 79–122.

Long J. S., Fox M. F., Scientific careers: universalism and particularism [J]. Annual review of sociology, 2003, 21 (1): 45–71.

Malfroy J., Doctoral supervision, workplace research and changing pedagogic practices [J]. Higher education research & development, 2005, 24 (2): 165–178.

Mangematin V. , PhD job market: professional trajectories and incentives during the PhD [J] . Research policy, 2000, 29 (6): 741-756.

Park C. , New Variant PhD: the changing nature of the doctorate in the UK [J] . Journal of higher education policy and management, 2005, 27 (2): 189-207.

Phillips J. C. , RUSSELL R K. Research self-efficacy, the research training environment, and research productivity among graduate students in counseling psychology [J] . The counseling psychologist, 1994, 22 (4): 628-641.

Roaden A. , WORTHEN B. Research assistantship experiences and subsequent research productivity [J] . Research in higher education, 1976 (5): 141-158.

Rodrigues S. P. , Van Eck N. J. , Waltman L. , et al. Mapping patient safety: a large-scale literature review using bibliometric visualisation techniques [J]. BMJ Open, 2014, 4 (3): 1-8.

Rosenberg R. P. , The first american doctor of philosophy degree: a centennial salute to Yale, 1861-1961 [J] . The journal of higher education, 1961, 32 (7): 387-394.

Smallwood S. , Doctor dropout: high attrition from Ph. D. programs is sucking away time, talent, and money, and breaking some heart, too [J] . Chronicle of higher education, 2004: A10.

Usher R. , A diversity of doctorates: fitness for the knowledge economy? [J]. Higher education research and development, 2002, 21 (2): 143-153.

Weidman J. C. , STEIN E L. Socialization of doctoral students to academic norms [J] . Research in higher education, 2003, 44 (6): 641-656.

Yaritza F. , Departmental factors affecting time-to-degree and completion rates of doctoral students at one land-grant research institution [J] . Journal of higher education, 2001, 72 (3): 341-367.

Zhao C. M. , Golde C. M. , Mccormick A. C. , More than a signature: how advisor choice and advisor behaviour affect doctoral student satisfaction [J] . Journal of further and higher education, 2007, 31 (3): 263-281.

电子资源类：

Association of American Universities. The Association of American Universities: a century of service to higher education 1900 – 2000 [EB/OL]. [2019 – 05 – 30]. https://www.aau.edu/association-american-universities-century-service-higher-education – 1900 – 2000.

Bundesministerium für Bildung und Forschung. Individuelle Promotion [EB/OL]. (2019 – 02 – 08) [2019 – 05 – 18]. https://www.research-in-germany.org/de/karriere-in-der-forschung/infos-fuer-doktoranden/wege-zur-promotion/individuelle-promotion.html.

Bundesministerium für Bildung und Forschung. Promotionsprüfung [EB/OL]. (2019 – 02 – 08) [2019 – 07 – 18]. https://www.research-in-germany.org/de/karriere-in-der-forschung/infos-fuer-doktoranden/wege-zur-promotion/promotionspruefung.html.

Bundesministerium für Bildung und Forschung. Strukturierte Promotion [EB/OL]. (2019 – 02 – 08) [2019 – 05 – 18]. https://www.research-in-germany.org/de/karriere-in-der-forschung/infos-fuer-doktoranden/wege-zur-promotion/strukturierte-promotion.html.

Bundesministerium für Bildung und Forschung. Die Begabtenförderungswerke [EB/OL]. [2019 – 07 – 13]. https://www.bmbf.de/de/die-begabtenfoerderungswerke-884.html.

Bundesministerium für Bildung und Forschung. BAFÖG – REFORM [EB/OL]. (2019 – 05 – 17) [2019 – 07 – 27]. https://www.bmbf.de/de/bafoeg-reform-welche-aenderungen-sind-geplant – 7319.html.

Blessinger P., Stockley D., Emerging directions in doctoral education [M]. Bingley, U.K.: Emerald, 2016: 40 – 42.

東京大学．大学院入学者選抜方法の概要 [EB/OL]. [2018 – 09 – 16]. https://www.u-tokyo.ac.jp/ja/admissions/graduate/e02_02.html.

東京大学．授業カタログ．経済原論 [EB/OL]. [2019 – 11 – 07]. https://catalog.he.u-tokyo.ac.jp/detail?code=291101&year=2019.

東京大学大学院教育学研究科・教育学部．大学院進学希望の方へ [EB/OL]. [2019 – 11 – 06]. http://www.p.u-tokyo.ac.jp/entrance/graduate.

東京大学大学院経済学研究科経済学部. 学生向け情報修士論文・博士論文 [EB/OL]. [2019 – 11 – 09]. http：//www. student. e. u-tokyo. ac. jp/grad/ronbun. html.

Department of Energy. About DOE CSGF [EB/OL]. [2019 – 11 – 20]. https：//www. krellinst. org/csgf/about-doe-csgf.

東京大学大学院経済学研究科経済学部. 2020 年度博士課程学生募集要項 [EB/OL]. [2019 – 11 – 09]. http：//www. student. e. u-tokyo. ac. jp/grad/D-bosyu. pdf.

e-Gov. 法令検索 [EB/OL]. [2018 – 09 – 16]. http：//elaws. e-gov. go. jp.

e-Stat. 平成 28 年度高等教育機関卒業後の状況調査—大学院 [EB/OL]. [2019 – 11 – 07]. https：//www. e-stat. go. jp/dbview？sid = 0003198422.

Ford Foundation. Ford foundation fellowship programs [EB/OL]. [2019 – 11 – 20]. https：//sites. nationalacademies. org/pga/fordfellowships/index. htm.

Gemeinsamen Wissenschaftskonferenz. Bekanntmachung der Verwaltungsvereinbarung zwischen Bund und Ländern gemäß Artikel 91b Absatz 1 des Grundgesetzes über ein Programm zur Förderung des wissenschaftlichen Nachwuchses [EB/OL]. (2016 – 10 – 19) [2019 – 06 – 23]. https：//www. gwk-bonn. de/fileadmin/Redaktion/Dokumente/Papers/Verwaltungsvereinbarung-wissenschaftlicher-Nachwuchs – 2016. pdf.

GLAFS. 東京大学リーディング大学院—活力ある超高齢社会を共創するグローバル・リーダー養成プログラム：プログラム概要 [EB/OL]. [2018 – 09 – 20]. http：//www. glafs. u-tokyo. ac. jp/？page_ id = 1828.

Harvard University. Program overview [EB/OL]. [2019 – 11 – 09]. https：//philosophy. fas. harvard. edu/program-overview-graduate.

Hertz Foundation. Graduate fellowship award [EB/OL]. [2019 – 11 – 20]. https：//hertzfoundation. org/dx/fellowships/fellowshipaward. aspx.

Hochschulrektorenkonferenz. Annahme als Doktorandin bzw. Doktorand [EB/OL]. [2019 – 05 – 18]. https：//www. hochschulkompass. de/promotion/promotionsphase/annahme. html.

Hochschulrektorenkonferenz. Betreuung bei der Promotion [EB/OL]. [2019 –

05-18］. https：//www. hochschulkompass. de/promotion/promotionsvorbereitung/betreuung. html.

Hochschulrektorenkonferenz. Promovieren mit deutschem Studienabschluss ［EB/OL］.［2019-05-18］. https：//www. hochschulkompass. de/promotion/promotionsvoraussetzungen/deutsche-studien-abschluesse. html.

Harvard University. Program overview ［EB/OL］.［2019-11-09］. https：//philosophy. fas. harvard. edu/program-overview-graduate.

Harvard University. Program overview ［EB/OL］.［2019-11-09］. https：//philosophy. fas. harvard. edu/program-overview-graduate.

Harvard University. Program overview ［EB/OL］.［2019-11-09］. https：//philosophy. fas. harvard. edu/program-overview-graduate.

京都大学工学部大学院工学研究科. 入学案内［EB/OL］.［2019-11-10］. https：//www. t. kyoto-u. ac. jp/ja/admissions/graduate/admissionpolicy.

京都大学工学部大学院工学研究科. 博士後期課程学生募集要項［EB/OL］.［2019-11-10］. https：//www. t. kyoto-u. ac. jp/ja/admissions/graduate/exam1/doctor2019oct/200all.

京都大学工学部大学院工学研究科. 教育ポリシー（博士後期課程）［EB/OL］.［2019-11-07］. https：//www. t. kyoto-u. ac. jp/ja/education/graduate/policy_.

京都大学工学部大学院工学研究科. 工学研究科教育プログラム［EB/OL］.［2019-11-13］. https：//www. t. kyoto-u. ac. jp/ja/education/graduate/dosj69.

京都大学工学研究科. 大学院学修要覧2019年版［EB/OL］.［2019-06-25］. https：//www. t. kyoto-u. ac. jp/ja/education/graduate/curriculum/ca97sp. pdf.

京都大学大学院文学研究科. 博士後期課程カリキュラム［EB/OL］.［2019-07-05］. http：//www. kyoto-u. ac. jp/ja/education-campus/curriculum/education/documents/2016/201bun-2. pdf.

京都大学. Solid Mechanics Laboratory - Hirakata Group［EB/OL］.［2018-

9-20]. http://msr.me.kyoto-u.ac.jp/.

科学技術・学術政策研究所. NISTEP Repository:「博士人材追跡調査」第2次報告書［EB/OL］.［2018-11-16］. http://data.nistep.go.jp/dspace/handle/11035/3190.

科学技術・学術政策研究所. 科学技術指標（2018）理工系学生の進路［EB/OL］.［2019-11-07］. https://www.nistep.go.jp/sti_indicator/2018/RM274_33.html.

科学技術・学術政策研究所. 科学技術指標（2018）人文・社会科学系学生の進路・就職状況（修士・博士）［EB/OL］.［2019-11-07］. https://www.nistep.go.jp/sti_indicator/2018/RM274_34.html.

Massachusetts Institute of Technology. Architecture［EB/OL］.［2019-10-20］. http://gradadmissions.mit.edu/programs/architecture.

Massachusetts Institute of Technology. Chemical engineering［EB/OL］.［2019-10-20］. http://gradadmissions.mit.edu/programs/cheme.

Massachusetts Institute of Technology. Civil and environmental engineering［EB/OL］.［2019-10-20］. http://gradadmissions.mit.edu/programs/cee.

Massachusetts Institute of Technology. What we look for［EB/OL］.［2019-10-20］. https://mitadmissions.org/apply/process/what-we-look-for/.

MSE-TUM. Qualifizierungs-programm zur Promotion［EB/OL］.［2019-07-20］. https://www.mse.tum.de/promotion/qualifizierungsprogramm/.

MSE-TUM. Zusatzangebote für Promovierende［EB/OL］.［2019-07-20］. https://www.mse.tum.de/promotion/zusatzangebote/.

National Academy of Science. Rising above the gathering storm: energizing and employing america for a brighter economic future［EB/OL］.［2019-08-26］. https://www.nap.edu/read/11463/chapter/1.

National Science Foundation. Graduate research fellowship program（GRFP）.［EB/OL］.［2019-04-03］. https://www.nsf.gov/pubs/2016/nsf16588/nsf16588.pdf.

Office for Scientifc and Technical Information. Office of science graduate student research（SCGSR）program［EB/OL］.［2019-11-20］. https://science. osti. gov/wdts/scgsr. 1900/3/242：06：00.

慶應義塾大学．奨学金リーフレット2019［EB/OL］．［2019 - 11 - 06］. https：//www. students. keio. ac. jp/other/prospective-students/files/keio_scholarship_ leaflet. pdf.

日本学術振興会．育志賞の概要［EB/OL］．［2019 - 11 - 06］. https：//www. jsps. go. jp/j-ikushi-prize/gaiyo. html.

日本学術振興会．日本学術振興会賞の概要［EB/OL］．［2019 - 11 - 06］．https：//www. jsps. go. jp/jsps-prize/gaiyo. html.

日本学術振興会．特別研究員申請資格・支給経費・採用期間［EB/OL］．［2019 - 11 - 07］．https：//www. jsps. go. jp/j-pd/pd_ oubo. html.

日本学術振興会．特別研究員の選考方法［EB/OL］．［2019 - 11 - 07］. https：//www. jsps. go. jp/j-pd/pd_ houhou. html

Re-envisioning project resources［EB/OL］．［2019 - 10 - 25］. http：//depts. washington. edu/envision/project_ resources/metathemes. html.

日本学術振興会．卓越大学院プログラム制度概要［EB/OL］．［2019 - 07 - 21］．https：//www. jsps. go. jp/j-takuetsu-pro/gaiyou. html.

Stanford University. Graduate admissions［EB/OL］．［2019 - 11 - 09］. https：//physics. stanford. edu/academics/prospective-students/graduate-admissions.

Stanford Univerisity. Graduate student advising［EB/OL］．［2019 - 10 - 21］．https：//physics. stanford. edu/academics/graduate-students/graduate-resources/graduate-student-advising.

Stanford University. TAing the PHYS 20 or PHYS 40 series discussion sections［EB/OL］．［2019 - 10 - 21］．https：//physics. stanford. edu/academics/graduate-students/teaching-assistantships/teaching-assistant/taing-phys - 20 - or-phys - 40.

Stanford University. Head Teaching Assistant（HTA）for the PHYS 20 and 40 series［EB/OL］．［2019 - 11 - 20］．https：//physics. stanford. edu/academics/graduate-students/becoming-ta-physics/head-teaching-assistant-hta-phys - 20 - and - 40 - series.

Stanford University. Degree Milestones［EB/OL］．［2019 - 10 - 21］．https: //physics. stanford. edu/academics/graduate-students/degree-milestones.

Stanford University. Doctor of philosophy in physics [EB/OL]. [2019 – 10 – 21]. https: //exploredegrees. stanford. edu/schoolofhumanitiesandsciences/physics/#doctoraltext.

Stanford University. Qualifying exam [EB/OL]. [2019 – 10 – 21]. https: //physics. stanford. edu/academics/graduate-students/graduate-resources/qu-alifying-exam.

Stanford University. 4. 7. 1 Doctoral degrees, university oral examinations & committees: policy [EB/OL]. [2019 – 11 – 10]. https: //gap. s-tanford. edu/handbooks/gap-handbook/chapter – 4/subchapter – 7/page – 4 – 7 – 1.

Stanford University. 4. 8. 1 Doctoral degrees, dissertations & dissertation reading committees: policy [EB/OL]. [2019 – 11 – 10]. https: //gap. stanford. edu/handbooks/gap-handbook/chapter – 4/subchapter – 8/page – 4 – 8 – 1.

The preparing future faculty program [EB/OL]. [2019 – 10 – 25]. http: //www. preparing-faculty. org/.

Technische Universität München. Bestätigung über die Ableistung der verpflichtenden Qualifizierungselemente [EB/OL]. [2019 – 07 – 20]. https: //www. hfp. tum. de/fileadmin/w00bwi/hfp/Promotion/Documentation_ qualification_ programme_ all-in-one. pdf.

Technische Universität München. Kursprogramm für das WS 2019/20 [EB/OL]. [2019 – 07 – 15]. https: //www. gs. tum. de/promovierende/qualifizierung/ueberfachliche-qualifizierung/course-program/.

文部科学省. 「大学院活動状況調査」（平成 29 年度実施）[EB/OL]. [2019 – 05 – 10]. http: //www. mext. go. jp/component/b_ menu/shingi/giji/_ _ icsFiles/afieldfile/2018/03/28/1409264_ 30_ 1. pdf.

文部科学省. 北海道大学の全学教育 TA の例 [EB/OL]. [2019 – 07 – 22]. http: //www. mext. go. jp/b_ menu/shingi/chukyo/chukyo4/015/attach/1314299. htm.

文部科学省. 参考資料 2 高等教育局主要事項 – 平成 15 年度概算要求等

［EB/OL］．［2019 - 03 - 23］．http：//www. mext. go. jp/b_ menu/shingi/chukyo/chukyo4/gijiroku/attach/1410950. htm.

文部科学省．大学院の課程の目的等の主な変遷［EB/OL］．［2019 - 06 - 24］．http：//www. mext. go. jp/b_ menu/shingi/chukyo/chukyo0/toushin/05090501/021/003 - 9. pdf.

文部科学省．大学院学生に対する主な経済的支援（フェローシップ、奨学金など）［EB/OL］．［2019 - 04 - 17］．http：//www. mext. go. jp/b_ menu/shingi/chukyo/chukyo0/toushin/attach/1335469. htm.

文部科学省．高等教育の戦時体制化［EB/OL］．［2019 - 06 - 20］．http：//www. mext. go. jp/b_menu/hakusho/html/others/detail/1317703. htm.

文部科学省．科学技術・学術審議会資料3 - 3 総合政策特別委員会中間取りまとめ（案）［EB/OL］．［2019 - 06 - 27］．http：//www. mext. go. jp/b_ menu/shingi/gijyutu/gijyutu0/shiryo/attach/1358396. htm.

文部科学省．平成13年度文部科学白書［第1部 参考 学校卒業後の進学・就職の流れ］［EB/OL］．［2018 - 09 - 20］．http：//www. mext. go. jp/b_ menu/hakusho/html/hpab200101/hpab200101_ 2_ 070. html.

文部科学省．文部科学统计要覧（平成31年版）［EB/OL］．［2019 - 07 - 21］．http：//www. mext. go. jp/b_ menu/toukei/002/002b/1417059. htm.

文部科学省．学術行政［EB/OL］．［2019 - 06 - 20］．http：//www. mext. go. jp/b_ menu/hakusho/html/others/detail/1318252. htm.

文部科学省．資料2 - 2「博士論文研究基礎力審査」の導入について（案）［EB/OL］．［2018 - 09 - 20］．http：//www. mext. go. jp/b_ menu/shingi/chukyo/chukyo4/004/gijiroku/attach/1313590. htm.

文部科学省．資料3 - 2 大学院教育振興施策要綱（案）［EB/OL］．［2019 - 04 - 08］．http：//www. mext. go. jp/b_ menu/shingi/chukyo/chukyo4/004/gijiroku/attach/1408063. htm.

文部科学省．「2040年を見据えた大学院教育のあるべき姿~社会を先導する人材の育成に向けた体質改善の方策~」［EB/OL］．［2019 - 07 - 21］．http：//www. mext. go. jp/component/b_ menu/shingi/toushin/__ icsFiles/afieldfile/2019/03/12/1412981_ 012. pdf.

Yale Univerisity. History of Yale Graduate School［EB/OL］．［2019 - 03 -

03］. https：//gsas. yale. edu/about-gsas/history-yale-graduate-school.

Yale Univerisity. Traditions & history ［EB/OL］. ［2019 - 03 - 03］. https：//www. yale. edu/about-yale/traditions-history.

Yale University. Policies and regulations graduate school of arts and sciences programs and policies 2018 - 2019 ［EB/OL］. ［2019 - 03 - 17］. http：//catalog. yale. edu/gsas/policies-regulations. 11 - 14.

早稲田大学. 大学院政治学研究科博士学位申請について ［EB/OL］. ［2019 - 07 - 06］. https：//www. waseda. jp/fpse/gsps/students/doctoral/.

早稲田大学. 学位規則 ［EB/OL］. ［2019 - 07 - 06］. http：//www. waseda. jp/soumu/kiyaku/d1w_ reiki/35190928000200000000/35190928000200000000/35190928000200000000. html.

后　记

随着我国博士生教育在国家教育体系中的作用日益凸显，我国社会主要矛盾已经转化为人民日益增长的美好生活需要和不平衡不充分的发展之间的矛盾。为实现美好生活，越来越多的学生选择了攻读博士学位，博士生培养规模不断扩大，这对博士生培养模式提出了新的挑战，引起了社会的广泛关注。提到博士生培养模式，很多人都会谈到德国的师徒制、美国的研究生院制，似乎再对该问题进行研究已没有任何新意。经历了博士生培养阶段，我深感目前大家理解的博士生培养模式就像显现于海平面的冰山一样，海平面之下巨大的推动力才是导致不同国家培养模式不同的根本原因。这种推动力不仅仅是博士生教育本身，国家的政策、经济等都发挥着重要的作用。如何能在纷繁复杂的培养模式中找到共同点？不同国家之间以及博士生培养模式自身的发展是否存在着普遍规律？能否从一个全新的视角来剖析博士生培养模式这个复杂系统？带着这些疑问，顺着复杂系统的研究路径出发，探寻到赫尔曼·哈肯提出的协同学是以一些现代系统理论的新成果为基础，进一步揭示了各种系统和现象中从无序到有序转变的更为深刻的共同规律，而博士生培养模式符合协同学的特征，因此最终选取"协同学视阈下博士生培养模式的国际比较研究"为题，力求采用协同学的视角来分析博士生培养模式。对于我来说，这个项目是一个巨大的挑战，协同学被广泛应用于物理学、化学、生物学、计算机科学、工程学、经济学、社会学等领域，但尚未应用于教育领域，抽象的理论怎样才能与实践相结合，用来分析博士生培养模式？这个问题困扰了我很久，迟迟不知如何落笔。好在天津大学作为中国第一所现代大学，坚持"强工、厚理、振文、兴医"的发展理念，形成了工科优势明显、理工结合，经、管、文、法、医、教育、艺术、哲学等多学科协调发展的综合学科布局，不仅图书馆资源丰富，而且具有交叉学科研究经验的专家力量雄厚，研究积累丰硕。在四年多的研究过程中，我得到了许多专家的指导和帮助，最终找到了"系统动力学"这个将协同学本质予以反映的重要方法。由于系统动力学也是一门交叉、综合性的新学科，20世纪80年代初才开始从该学科的创始人、美国麻省理工学院福瑞斯特引入我国，该研究比其他学科研究更需要自然、工程、社会等诸学科的相互支持、合作与渗透，在课题的研究过程中，克服了许多困难，经历了反反复复的讨论和修改，十易其稿。尤其是博士生培养模式的系统动力学模型的构建，花费了一年多的时间进行模型的设计与修改完善，虽然还有很多未考虑充分的地方，但呈现出来的模型已经能够较好地仿真各个国家的博士生培养模式，达到了本课题的预期研究目的。

特别感谢全国教育科学规划领导小组的资助！如何将管理学与教育学有机衔接起来是困扰我多年的难题，导致博士毕业后始终没有明确的研究方向，陷入学术瓶颈中。正是在这一课题的研究过程中，让我对研究生教育产生了浓厚的兴趣，从此致力于研究生教育研究。在课题研究中，一方面被协同学在宏观尺度上剖析系统的结构及演变规律的特性，系统动力学分析过去、剖析现在、面向问题、设计未来的特点所吸引；另一方面又深感研究力量薄弱、研究基础亟待夯实，急需建立一支稳定的研究团队，需要持续的数据积累，需要加大国内外的合作研究。感谢我的硕士研究生们乐于参与到本书的资料查找、翻译等工作中来！马韶君（第一章）、秦逸伦（第三章）、杨鑫（第四章）、马晓晴（第五章）、徐密（第六章）、张增和张鑫宁（第七章），此外，郭瑞、张琪佩、李小雪、陈琳等也参与了资料的整理等。本课题的完成伴随着我们团队的共同成长，期间有多位硕士生相继毕业，但这是一次宝贵的锻炼机会，不仅收获了学术的成长，也加深了师生之间、生生之间的感情。感谢张海燕、于蕾、邢媛等课题组成员的辛勤努力！感谢秦琳、陈志伟、赵丽妍以及德国教育研究群的各位老师们，不但为我答疑解惑，而且还提供了大量有关德国博士生培养的资料！感谢天津市学位办、天津大学研究生院、天津大学人文社科处、天津大学教育学院等机构的大力支持和帮助！天津市教委副主任白海力、科学技术与研究生工作处苏丹、阮澎涛、缪楠、刘海波，天津大学研究生院郑刚、贾宏杰、胡明列、卢铮松、孙鹤、齐崴、何芳，天津大学人文社科处张俊艳、李君怡、刘俊卿、刘辰羽，天津大学教育学院闫广芬院长、杨院、高耀、李永刚、胡德鑫、李莞荷等对本课题的研究给予了极大的帮助，在此深表感谢！也要感谢在本课题申请评审和结题评审，以及开题、中期时给予指导的专家们，他们的评审意见对本课题的完善具有重要的指导意义！同时，本书的出版，获得了天津大学人文社科处、中国社会科学出版社的大力支持，深表感谢！尤其要感谢我的家人，是他们让我没有后顾之忧，全身心地投入到课题研究中来，并时刻督促我、激励我、支持我，正是家人的帮助，让我顺利完成了本课题的研究。

今年是协同学理论创建50周年，感谢哈肯教授创立了协同学这么一门具有高度跨学科性质的理论；感谢王其藩教授不遗余力地以系列系统动力学书籍让我有机会接触到这个能够将协同学高深理论与实践相结合的方法！

本书的撰写参考、借鉴了大量已有研究成果，在此对参考文献的作者们致以深深的谢意！由于本课题涉及的国家涵盖了德语、日语、英语等多种语言资料，加之水平有限，书中难免错漏，恳请同行专家多批评指正，以帮助我们不断完善。

经过四年多的努力，这本书终于要画上句号了，一颗忐忑的心也总算能初步获得些许宁静。希望本书所提供的资料和方法能够为我国博士生教育发展提供思路，我和我的团队也将以此为起点，继续在研究生教育这片沃土上耕耘，这已成为我的学术志趣所在，希望能为我国研究生教育的蓬勃发展贡献力量，"虽不能至，然心向往之"。

王梅书于北洋园
2019年12月10日

院、天津大学人文社科处、天津大学教育学院等机构的大力支持和帮助！天津市教委副主任白海力、科学技术与研究生工作处苏丹、阮澎涛、缪楠、刘海波，天津大学研究生院郑刚、贾宏杰、胡明列、卢铮松、孙鹤、齐崴、何芳，天津大学人文社科处张俊艳、李君怡、刘俊卿、刘辰羽，天津大学教育学院闫广芬院长、杨院、高耀、李永刚、胡德鑫、李莞荷等对本课题的研究给予了极大的帮助，在此深表感谢！也要感谢在本课题申请评审和结题评审，以及开题、中期时给予指导的专家们，他们的评审意见对本课题的完善具有重要的指导意义！同时，本书的出版，获得了天津大学人文社科处、中国社会科学出版社的大力支持，深表感谢！尤其要感谢我的家人，是他们让我没有后顾之忧，全身心地投入到课题研究中来，并时刻督促我、激励我、支持我，正是家人的帮助，让我顺利完成了本课题的研究。

今年是协同学理论创建50周年，感谢哈肯教授创立了协同学这么一门具有高度跨学科性质的理论；感谢王其藩教授不遗余力地以系列系统动力学书籍让我有机会接触到这个能够将协同学高深理论与实践相结合的方法！

本书的撰写参考、借鉴了大量已有研究成果，在此对参考文献的作者们致以深深的谢意！由于本课题涉及的国家涵盖了德语、日语、英语等多种语言资料，加之水平有限，书中难免错漏，恳请同行专家多批评指正，以帮助我们不断完善。

经过四年多的努力，这本书终于要画上句号了，一颗忐忑的心也总算能初步获得些许宁静。希望本书所提供的资料和方法能够为我国博士生教育发展提供思路，我和我的团队也将以此为起点，继续在研究生教育这片沃土上耕耘，这已成为我的学术志趣所在，希望能为我国研究生教育的蓬勃发展贡献力量，"虽不能至，然心向往之"。

王梅书于北洋园

2019年12月10日